PATENT

U1076055

专利有效性检索

马天旗　赵　星　欧阳石文／编著

知识产权出版社
全国百佳图书出版单位
—北京—

图书在版编目（CIP）数据

专利有效性检索/马天旗，赵星，欧阳石文编著．—北京：知识产权出版社，2021.9

ISBN 978-7-5130-7643-2

Ⅰ.①专…　Ⅱ.①马…②赵…③欧…　Ⅲ.①专利—信息检索　Ⅳ.①G254.97

中国版本图书馆CIP数据核字（2021）第155327号

内容提要

本书从不同技术领域挑选了一些难以被宣告无效的专利进行实例演练，站在企业、专利代理和咨询机构的普通专利检索人员的角度，总结归纳了专利检索人员需掌握的基础知识，提炼出了成长为检索专家所必需的经验和技能，并全面和体系化地构建了专利有效性检索的思路、流程、策略和模式。本书适合各种专利检索人员及企事业单位知识产权管理人员和工作人员阅读。

责任编辑：黄清明　张利萍　　**责任校对**：王　岩

封面设计：博华创意·张冀　　**责任印制**：刘译文

专利有效性检索

马天旗　赵　星　欧阳石文　编著

出版发行：知识产权出版社有限责任公司　　**网　　址**：http://www.ipph.cn

社　　址：北京市海淀区气象路50号院　　**邮　　编**：100081

责编电话：010-82000860转8117　　**责编邮箱**：hqm@cnipr.com

发行电话：010-82000860转8101/8102　　**发行传真**：010-82000893/82005070/82000270

印　　刷：天津嘉恒印务有限公司　　**经　　销**：各大网上书店、新华书店及相关专业书店

开　　本：787mm×1092mm　1/16　　**印　　张**：16.25

版　　次：2021年9月第1版　　**印　　次**：2021年9月第1次印刷

字　　数：327千字　　**定　　价**：79.00元

ISBN 978-7-5130-7643-2

作者序

专利有效性检索，在有些场合也称专利无效检索，其地位在各类专利检索场景和目的中都极为重要。专利有效性检索的有效运用，能给企业带来“知己知彼，百战不殆”的效果。“知己”指的是企业在主动维权前，即在利用企业自身专利起诉市场竞争对手的产品侵权之前，通过针对自身专利所做的专利有效性检索，来了解自身“攻击性武器”的威力和稳定性，以帮助企业做出是否采取维权行动的决策；“知彼”指的是企业在遭遇竞争对手的专利攻击时，即对方起诉企业某产品侵犯其某项或某几项专利权时，通过针对对方起诉所依据专利的无效证据检索，来收集能无效其专利的证据，以帮助企业在无效宣告程序中取得胜利，从而扭转其在专利侵权纠纷中的不利局面。❶

根据2020年中国专利无效决定统计分析❷，在849件被全部无效的实用新型专利中，有832件是依据《中华人民共和国专利法》（以下简称《专利法》）第22条第3款（创造性）和/或第2款（新颖性）的理由被宣告全部无效。在283件被全部无效的发明专利中，有256件是依据《专利法》第22条第3款（创造性）和/或第2款（新颖性）的理由被宣告全部无效。可见，在这些专利全部被无效的案件中，检索出新的现有技术证据是主要原因之一。

与其他检索类型在检索的难度、检索的必要性以及检索的质量要求相比，专利有效性检索无疑是最突出的一个。而且，专利有效性检索是检验一个专利检索人员检索能力、检索知识最好的方式和途径。因此，专利有效性检索被称为“专利检索之巅”，是成长为“专利高级检索专家”的必经之路。

目前，针对检索的书籍有很多种类。其中，有一些专门讲解专利文献基础知识、检索基本知识的书籍，但这些书籍对于专利有效性检索而言，略显“浅尝辄止”；还有一些相对专业的检索书籍，但主要是从培养专利审查员检索能力的角度，从检索数据库的选择、检索要素表达方式和习惯、算符和截词符的使用等专利审查员所使用的检索系统出发，很难让通常使用外网数据库进行检索的企业或服务机构人员“身临其境”

❶ https://www.sohu.com/a/146518071_99895431.

❷ https://mp.weixin.qq.com/s/7XRBtMsg_D8dzagBU8MU1Q#rd.

和“感同身受”。

鉴于此，本书作者首先概述了专利无效检索的理论知识，在此基础上，重点按照不同技术领域挑选了一些被多次提起无效最终检索到更接近现有技术证据而被无效的专利进行实例演练，对这些专利的“回炉”检索并不是根据最后已知的结果进行反推，而是按照正常的检索思路和检索策略进行检索，并站在企业、专利代理和咨询机构的普通专利检索人员的角度，总结归纳出专利检索人员需掌握的基础知识，提炼出成长为检索专家所必需的经验和技能，全面和体系化地构建了专利有效性检索的思路、流程、策略和模式，还进一步分析了重点文献可能会被漏检的原因。期望读者能通过阅读和学习此书，结合工作实际，迅速成长为一名合格的检索专家。

作者之一马天旗，具有14年的发明专利实质审查经验，检索功底扎实，培训新审查员近千人。在《审查业务通讯》（国家知识产权局内部学术刊物）和中国知识产权报上发表过多篇专利检索学术文章，如《关键词的扩展及表达》《基本检索要素难以表达的专利案例检索》《专利技术追踪途径》等，曾作为主要研究人员参与了国家知识产权局局级课题：专利检索指导手册专项（机械组）、检索技能细化分析及提升方法研究等，还参与了国家知识产权局人事教育部组织编写的专利审查员系列培训教材《计算机检索高级教程：检索策略和手段分册》的编写工作，并一次性通过国家知识产权局专利检索能力高级水平测试（证书编号201410351）。马天旗负责全书的篇章设计，撰写了前言、理论篇的第1~3章、机械与材料领域的4个案例；不仅梳理了检索人员需掌握的基础知识，还具体提出了检索专家必备的技能和经验，如发明构思的理解和检索策略的制定等，并在检索策略制定部分总结归纳了5种典型的检索策略，诸如“块式”检索策略、“探矿式”检索策略、“补充式”检索策略、“扩展式”检索策略、“追踪式”检索策略、“混合式”检索策略，这6种检索策略概括形象、实用，涵盖全面；还针对性地提出了专利有效性检索的中止检索时机，对专利有效性检索具有较好的实际操作意义。

作者之一赵星，从事电学领域专利审查、专利检索与分析、专利代理等工作累计14年。在工作期间参与过多项专利检索相关课题研究，多次参与新审查员培训教学工作。赵星负责统筹电学领域的4个典型案例和理论篇的修订工作，在专利无效程序中均通过专利有效性检索引入了新的证据，并起到了关键作用，具有很强的代表性，部分案例具有较大的社会影响。在案例统筹过程中，尽量从普通从业人员的视角，采用公众便于获取的公共专利检索资源和工具，结合电学、通信领域专利的特点，从专利检索要素的确定、专利检索实施、专利文献筛选与阅读以及专利文献的认定等环节对上述典型案例的专利有效性检索过程进行了分析，并对其中的检索经验和技巧进行了提炼，对电学、通信领域从事专利检索的人员有很强的借鉴意义。

作者之一欧阳石文，具有十多年的发明专利实质审查经验，并主审过专利无效案件，对无效程序比较了解。他负责统筹医药领域的4个典型案例和理论篇的修订工作，既有一定的共性，又有各自不同的特点，对于检索过程的分析可以得出医药领域检索的特殊性和技巧性，具有较大的参考借鉴意义。其中，在医药领域中检索的角度和对比文件的筛选，相对于机械领域，更多地会受到对权利要求的理解或保护范围的解释，以及创造性评价标准（有其特殊性）的影响，这一点在开展医药领域专利有效性检索时需要特别注意，在医药领域的典型案例中也有深入的分析和明确的指引。上述4个案例的介绍和技巧的总结，对于医药领域从事专利检索人员的检索能力应该会有较大的裨益。其中，案例9具体由王铮撰写，案例10由劳芳撰写，案例11由王芳菲撰写，案例12由欧阳石文撰写，王铮提供协助。

在本书中，针对检索案例中的目标专利统称为“本专利”，专利无效检索和专利有效性检索含义相同。

感谢吴观乐、王澄、李永红和张清奎等审查部老部长们的大力推荐。感谢黄清明、张利萍两位编辑在本书编撰过程中的辛苦工作。

目 录

理论篇

案例篇

理论篇

本篇概述专利检索相关理论知识，包括专利检索的类型、检索人员需掌握的基础知识，以及检索专家必备的技能和经验。

第一章　专利检索的类型及能力要求

根据检索的目的和开展的时机，可将专利检索的类型分为专利性检索和专利有效性检索、专利侵权检索和专利被侵权检索。此外，还有针对大范围专利文献的现有技术状况检索、专利分析专题检索、行业专利全景检索等。

第一节　专利性检索与有效性检索

一、专利性检索

专利性检索通常在准备和提交专利申请前进行，可用于申请提案的预审，用于评估一项发明是否可以获得专利，以及基于现有技术构建尽可能大的保护范围的权利要求书。

二、有效性检索

专利有效性检索通常在专利申请公开或专利授权后，在被诉侵权、诉讼准备、专利许可前实施，依据现有技术确认本专利权利要求书的有效性，主要搜寻因审查过程疏忽或对现有技术的隐瞒等而导致专利被错误授权的证据。

专利性检索的检索范围为全部专利文献，以及出版物、科技论文、产品说明书等非专利文献。专利有效性检索的检索范围为涉案专利最早优先权日之前的申请的所有专利文献和非专利文献（见图 1-1）以及可能的抵触申请。

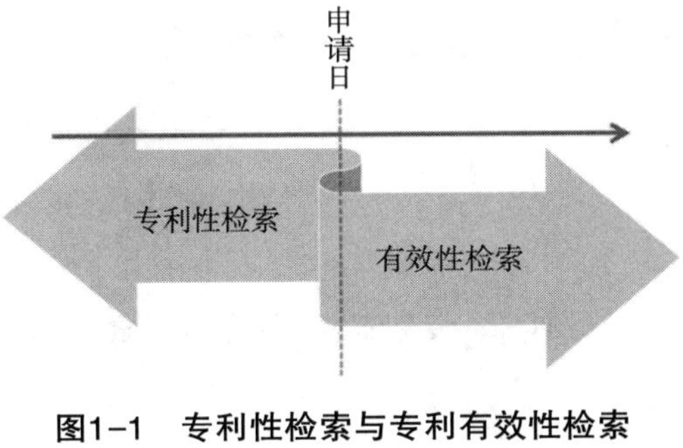

图1-1　专利性检索与专利有效性检索

第二节 专利侵权检索与被侵权检索

一、专利侵权检索

专利侵权检索，又称专利侵权风险分析检索，通常在我方制造、使用、销售、许诺销售一种技术产品或服务之前，判断一件他人可执行专利的权利要求书是否主张或覆盖了所述技术产品或服务中涉及的技术方案。

二、专利被侵权检索

专利被侵权检索，又称专利侵权对象检索，通常在自身产品或服务遇到同类竞品时，在诉讼准备、转让许可或其他运营手段准备前实施，用于判断他人制造、使用、销售、许诺销售一种技术产品或服务是否落入我方的专利权利要求的保护范围。

侵权检索主要用于判断一件可执行专利的权利要求书是否主张了我方的技术方案，通常在我方制造、使用、销售、许诺销售一种技术产品或服务之前实施，重点放在未到期有效专利。

被侵权检索主要用于判断他人制造、使用、销售、许诺销售一种技术产品或服务是否落入我方专利权利要求的保护范围，检索重点放在检索制造、使用、销售、许诺销售的类似技术产品或服务，可对类似专利文献或非专利文献进行逆向追踪。

企业通常会同时实施这两种检索，一方面对自身的市场经营进行侵权风险预判，另一方面审视他人是否侵犯了自己的专利权，如图 1-2 所示。

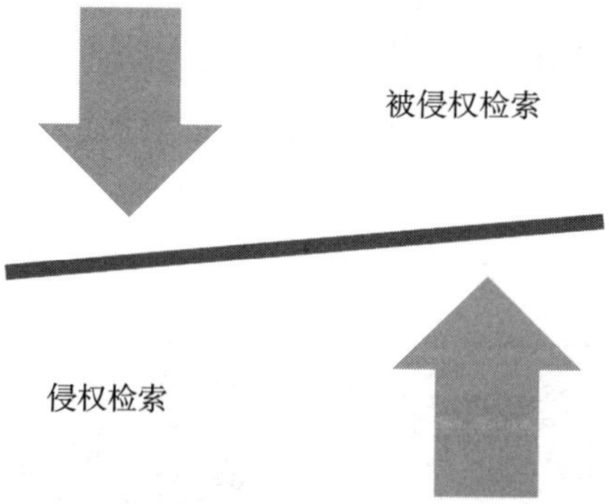

图1-2 专利侵权与被侵权检索

第三节　现有技术状况检索和专题检索

一、现有技术状况检索

现有技术状况检索是进入某技术领域前通过技术扫描，摸底排查确定研发大致方向和进行技术发展前景及趋势的判断。通常现有技术状况检索需要构建精准的检索式，并需要对检索结果进行查全和查准性评判。

二、专利分析专题检索

专利分析专题检索是依据具体需求，如重点专利筛选、人才引进、竞争对手技术实力分析、专利布局策略分析等，需要获取特定专利信息或情报时开展的。通常专利分析专题检索需要构建大量针对性的检索式，亦需要对检索结果进行查全和查准性精确和严格的评判，而且需要到匹配的数据库中进行检索，并对检索结果进行数据整理和人工标引等工作。

三、行业专利全景检索

行业专利全景检索（见图 1-3）主要是在宏观战略决策前、重大投资事项前，需要全方位了解某行业专利申请态势与布局趋势时开展的。通常行业专利全景检索需要根据技术领域的技术范畴构建大量的检索式，并需要对检索结果进行查全和查准性评判。

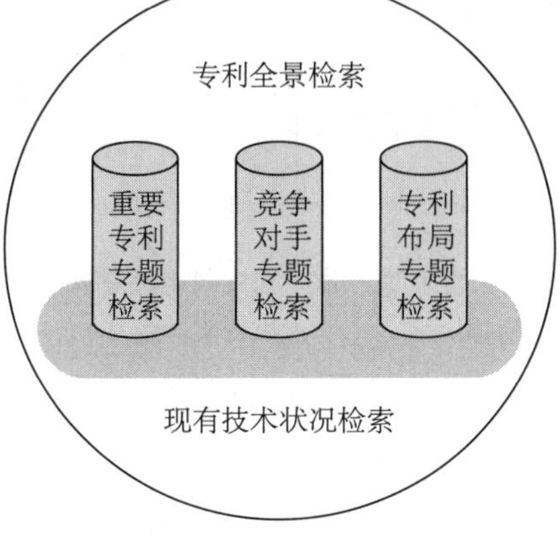

图1-3　现有技术状况检索和专题检索

上面七种类型的检索，开展的时机不同，检索的内容和范围也不尽相同（见表1-1）。从检索的难度和检索的必要性以及检索的质量要求而言，专利有效性检索无疑是最突出的一个。而且，专利有效性检索是检验一个专利检索人员检索能力、检索知识最好的方式和途径。因此，专利有效性检索被称为“专利检索之巅”，是成长为“专利高级检索专家”的必经之路。

表1-1 专利检索的主要类型

检索类型	目 的	时 机	检索内容
专利性检索	评估一项发明是否可以获得专利；基于现有技术构建尽可能大的保护范围的权利要求书	通常在准备和提交专利申请前，可用于申请提案的预审	检索全部范围内的专利文献，还包括出版物、科技论文、产品说明书等非专利文献
有效性检索	依据现有技术确认本专利权利要求书的有效性，主要搜寻因审查过程疏忽或对现有技术的隐瞒而导致专利被错误授权的证据	专利申请公开或专利授权后，通常在被诉侵权、诉讼准备、专利许可前实施更具必要性	涉案专利最早优先权日之前的申请的所有专利文献和非专利文献
侵权检索	判断一件可执行专利的权利要求书是否主张了我方技术方案	在制造、使用、销售、许诺销售一种技术产品或服务之前	未到期有效专利
被侵权检索	判断他人制造、使用、销售、许诺销售一种技术产品或服务是否落入我方专利权利要求的保护范围	自身产品或服务遇到同类竞品时，在诉讼准备、转让许可或其他运营手段准备前实施也具必要性	在制造、使用、销售、许诺销售的类似技术产品或服务，可对类似专利文献或非专利文献进行逆向追踪
现有技术状况检索	技术扫描、摸底排查确定研发大致方向，进行技术发展前景和趋势判断	进入某技术领域前	所有与技术主题相关的专利文献和科技论文或出版物
专利分析专题检索	需要获取特定专利信息或情报	依据具体需求	依据具体需求
行业专利全景检索	全方位了解某行业专利申请态势与布局趋势	宏观战略决策前；重大投资事项前	所有与技术主题相关的专利文献和科技论文或出版物，还包括其他商业信息、市场信息等

第二章　检索人员需掌握的基础知识

专利检索人员需要掌握诸多基础性知识，才能正确和高效地开展针对性的检索工作。这些基础性工作包括专利文献基础知识、专利分类体系基础知识、专利和非专利数据库检索资源，以及专利审查、获权、确权、维权相关信息查询等。

第一节　专利文献基础知识

一、扉页

通常的专利文献单行本包括扉页、权利要求书和说明书，如图 2-1 所示。

图2-1　专利单行本的构成

在专利检索中，扉页中的专利文献著录项目（INID）构成了主要的检索字段或者入口（见表2-1）。

表2-1　专利检索中常用的INID代码及对应著录项目解析❶

INID代码及著录项目定义	举例说明	使用解析
（11）专利、补充保护证书或专利文献号	公开号　CN1768290A 专利申请公告号 JP 特公平 8-34772B2 专利号　US5878290A	一般统称为文献号，具体名称依不同种类说明书而定。如，专利申请公开说明书为公开号，专利公告说明书为公告号，专利说明书为专利号等
（12）文献种类的文字释义	发明专利申请公开说明书 发明专利说明书 实用新型专利说明书	不同说明书的名称各不相同，通常由文字和说明书种类标识代码共同构成，解释说明书的种类
（19）WIPO标准3规定的代码，或公布文献的局或组织	中华人民共和国国家知识产权局 日本特许厅 美国专利商标局 欧洲专利局	指WIPO另一项标准ST.3中规定的两位字母代码，用以表示公告专利文献的国家或机构
（21）申请号	200480008555.5 特昭60-135204 Appl. No.：181.000 专利号　ZL02160832.6	申请号确切地说为申请注册号，是各专利管理机构在受理专利（注册证书）申请时编制的序号。需要说明的是，代码（21）仅用于表示申请号，图中专利号沿用申请号代码（21）标识不符合该标准的规定。当以专利号出版专利说明时则用（11）文献号标识
（22）申请日期	2004.12.24 昭和60年（1985年）6月20日 Filed：Jan. 14. 1994	各国专利局对申请日有不同规定，《中华人民共和国专利法》规定申请日是指专利局收到专利申请文件的日期或者寄出专利申请文件的邮戳日期
（31）优先申请号 （32）优先申请日期 （33）优先申请国家或组织代码	（31）013364/2004 （32）2004.1.28 （33）JP	这3项共同组成《巴黎公约》优先权数据，是构成同族专利的基础

❶ 严笑卫. 专利文献著录项目解析［J］. 中国发明与专利，2007（5）.

续表

INID 代码及著录项目定义	举例说明	使用解析
（43）未经审查的专利文献，对于该专利申请在此日或日前尚未授权，通过印刷或类似方法使公众获悉的日期❶	公开日　2006 年 5 月 3 日	指专利申请在公开程序中说明书的公布日期
（44）经过审查的专利文献，对于该专利申请在此日或日前尚未授权或仅为临时授权，通过印刷或类似方法使公众获悉的日期❷	公告日　平成 8 年（1996 年）3 月 29 日	指专利申请审定公告（也称展出公告）程序中说明书的公布日期
（45）此日或日前已经授权的专利文献，通过印刷或类似方法使公众获悉的日期❸	授权公告日　2005 年 4 月 6 日 Date of patent：Mar. 2. 1999	指专利说明书的公布日期
（51）国际专利分类	H04L9/32 ***G02B15/16*（*2006*，*01*）**	国际专利分类的缩写为"Int. Cl."，2006 年起，国际专利分类分为基本版和高级版。使用基本版分类时，IPC 分类号用普通字体印刷或显示；使用高级版分类时，IPC 分类号用斜体印刷或显示；在每个 IPC 分类号后面的圆括号内标明创建或主要修订的时间版本号（年，月）。其中高级版表示发明信息的，采用黑斜体
（52）内部分类或国家分类	U. S. CL. 396/158；396/165；396/201	指本国使用的专利分类，如美国
（56）单独列出的现有技术文献清单	参考文献 特开昭 60-115234（JP，A） 特开昭 60-5527（JP，A）	刊登在经过专利性审查的专利说明书扉页上，揭示同类技术主题的现有技术信息

❶ 与"（41）未经审查的专利文献，对于该专利申请在此日或日前尚未授权，通过提供阅览或经请求提供复制的方式使公众获悉的日期均指专利申请公开程序中说明书的公布日期"的区别在于：（43）是这种说明书的出版日期，（41）指不出版这种说明书，公开的申请文件经请求仅提供阅览、复制的日期。

❷ 与"（42）经过审查的专利文献，对于该专利申请在此日或日前尚未授权，通过提供阅览或经请求提供复制的方式使公众获悉的日期均指专利申请审定公告（也称展出公告）程序中说明书的公布日期"的区别在于：（44）是这种说明书的出版日期，（42）指不出版这种说明书，公开的申请文件经请求仅提供阅览、复制的日期。

❸ 与"（47）此日或日前已经授权的专利文献，通过提供阅览或经请求提供复制的方式使公众获悉的日期均指专利说明书的公布日期"的区别在于：（45）是这种说明书的出版日期，（47）指不出版这种说明书，公开的申请文件经请求仅提供阅览、复制的日期。

续表

INID 代码及著录项目定义	举例说明	使用解析
（71）申请人名称或姓名 （73）权利人、持有者、受让人或权利所有人名称或姓名	申请人　索尼株式会社 专利权人　华为技术有限公司	专利申请一旦授权，申请人即成为专利权人
（72）发明人姓名，如果是已知的	发明人　张伟 発明者　高頭克衛	对发明创造的实质性特点做出创造性贡献的人
（75）发明人兼申请人的姓名	Inventors；Hidetoshi Masuda；Toshio Nagata，both of Yokohama	主要在美国专利说明书上使用。美国规定发明申请必须由发明人提出，因而在美国发明人与申请人是同一人
（81）依据《专利合作条约》的指定国 （84）依据地区专利条约的缔约国	指定国：AE，BA，CN，DE，ES，GB，IN，JP，MX，RU，US Designated Contracting States：AT，BE，CH，DE，ES，FR，GB，IT，LI，LU，NL，SE	指根据《专利合作条约》提出的国际申请的国家范围或者根据地区专利公约提出的专利申请

二、权利要求书

权利要求书是专利单行本中限定专利保护范围的文件部分（见图 2-2）。权利要求书应当以说明书为依据，清楚、简要地限定专利要求保护的范围。权利要求书应当记载发明或者实用新型的技术特征，正是这些技术特征构成了完整的技术方案。

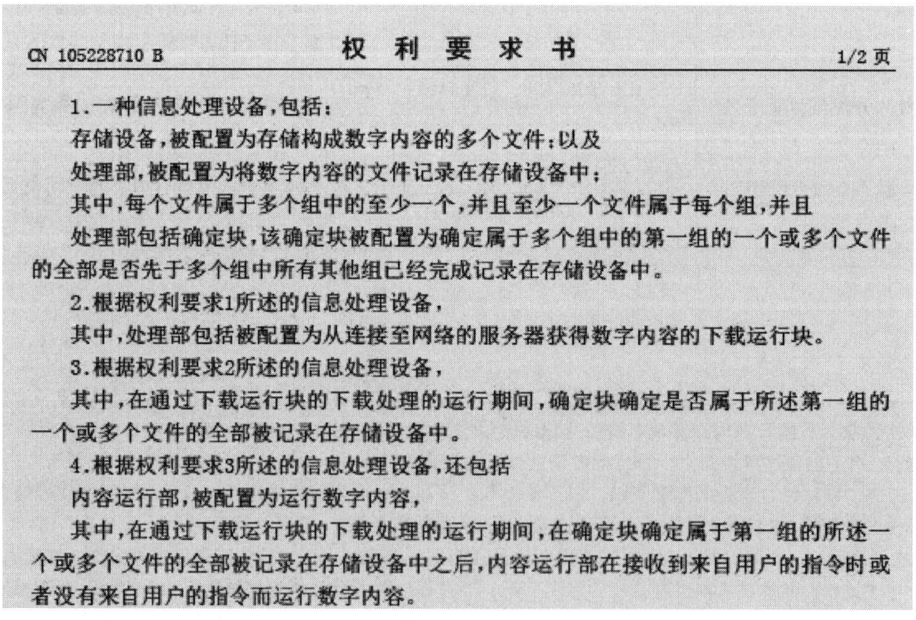

CN 105228710 B　　权　利　要　求　书　　1/2 页

1.一种信息处理设备，包括：

存储设备，被配置为存储构成数字内容的多个文件；以及

处理部，被配置为将数字内容的文件记录在存储设备中；

其中，每个文件属于多个组中的至少一个，并且至少一个文件属于每个组，并且

处理部包括确定块，该确定块被配置为确定属于多个组中的第一组的一个或多个文件的全部是否先于多个组中所有其他组已经完成记录在存储设备中。

2.根据权利要求1所述的信息处理设备，

其中，处理部包括被配置为从连接至网络的服务器获得数字内容的下载运行块。

3.根据权利要求2所述的信息处理设备，

其中，在通过下载运行块的下载处理的运行期间，确定块确定是否属于所述第一组的一个或多个文件的全部被记录在存储设备中。

4.根据权利要求3所述的信息处理设备，还包括

内容运行部，被配置为运行数字内容，

其中，在通过下载运行块的下载处理的运行期间，在确定块确定属于第一组的所述一个或多个文件的全部被记录在存储设备中之后，内容运行部在接收到来自用户的指令时或者没有来自用户的指令而运行数字内容。

图2-2　中国发明专利 CN105228710B 单行本的权利要求书（节选）

权利要求书中至少有一项独立权利要求，还可以有从属权利要求。独立权利要求从整体上反映发明或者实用新型的技术方案，记载解决技术问题的必要技术特征。从属权利要求用附加的技术特征，对引用的权利要求作进一步限定。如图 2-2 所示，中国发明专利 CN105228710B 的权利要求 1 是独立权利要求，权利要求 2~4 为从属权利要求。

三、说明书

说明书是清楚完整地描述发明创造的技术内容的文件部分。附图用于补充说明书文字的描述。各专利管理机构对说明书中发明创造描述的规定大体相同。以中国为例，说明书应当包括下列内容：技术领域、背景技术、发明内容、说明书附图、具体实施方式、说明书摘要等。这些内容对理解本专利发明构思以及检索和分析现有技术都具有独特的作用（见表 2-2）。

表2-2 说明书的构成部分以及对检索的作用

说明书的构成部分	主要撰写内容	对检索的作用	需注意的地方
技术领域	技术领域是要求保护的发明或者实用新型技术方案所属或者直接应用的具体技术领域，该具体的技术领域往往与发明或者实用新型在国际专利分类表中可能分入的最低位置有关	确定分类位置	有可能申请人把本专利的技术领域写成上位的或者相邻的技术领域，或者专利的技术方案本身
背景技术	背景技术部分应当写明对发明或者实用新型的理解、检索、审查有用的背景技术，并且尽可能引证反映这些背景技术的文件。在说明书背景技术部分中，还要客观地指出背景技术中存在的问题和缺点	帮助理解本专利所要解决的技术问题	有时申请人会夸大本专利所要解决的技术问题，或者技术问题与背景技术中现有技术的缺陷不是一一对应
发明内容	（1）要解决的技术问题 （2）技术方案 （3）有益效果 有益效果是指由构成发明或者实用新型的技术特征直接带来的，或者是由所述的技术特征必然产生的技术效果	理解本专利权利要求并确定其保护范围	有时申请人会夸大本专利的技术效果，这需要充分理解权利要求技术特征与技术效果之间是否存在对应关系
具体实施方式	优选的具体实施方式是说明书的重要组成部分，对于充分公开、理解和实现发明或者实用新型，支持和解释权利要求都是极为重要的	充分理解发明构思；提取可检索的关键词	从实施例中提取的关键词通常属于下位概念，往往需要向横向和纵向扩展

续表

说明书的构成部分	主要撰写内容	对检索的作用	需注意的地方
说明书附图	附图的作用在于用图形补充说明书文字部分的描述，使人能够直观、形象化地理解发明或者实用新型的每个技术特征和整体技术方案。对于机械和电学技术领域中的专利申请，说明书附图的作用尤其明显	方便浏览和快速分析现有技术	不能仅看说明书附图是否类似来判断现有技术的相关性
说明书摘要	摘要是说明书技术内容的概要，一般写明发明创造的名称和所属技术领域，并清楚地反映所要解决的技术问题、解决该问题技术方案的要点及主要用途。摘要附图一般是一幅最能说明发明创造技术方案主要技术特征的附图（如果有的话）	关键词检索时的主要搜索范围；方便快速分析现有技术	必要时要进行专利文献的全文检索

四、检索报告

检索报告是专利审查员通过对专利申请所涉及的发明创造进行现有技术检索，找到可进行专利新颖性或创造性对比的文件，向专利申请人及公众展示检索结果的一种文件。出版附有检索报告的专利单行本的国家或组织有欧洲专利局、世界知识产权组织国际局、英国专利局、法国工业产权局等。附有检索报告的专利单行本均为未经审查尚未授予专利权的申请公布单行本。例如，国际申请（单行本）WO2014111984A1的检索报告如图2-3所示。

WIPO标准《ST. 14关于在专利文献中列入引证参考文献的建议》用字母表示相关程度：

X：仅考虑该文献，权利要求所记载的发明不能被认为具有新颖性或创造性；

Y：当该文献与另一篇或多篇此类文献结合，并且这种结合对于本领域技术人员是显而易见时，权利要求所记载的发明不能认为具有创造性；

A：一般现有技术文献，无特别相关性；

E：PCT细则33条1（c）中确定的在先专利文献，但是在国际申请日当天或之后公布的。

INTERNATIONAL SEARCH REPORT

International application No.
PCT/JP2013/005918

A. CLASSIFICATION OF SUBJECT MATTER
G06F9/54(2006.01)i, *A63F13/00*(2006.01)i, *A63F13/12*(2006.01)i

According to International Patent Classification (IPC) or to both national classification and IPC

B. FIELDS SEARCHED
Minimum documentation searched (classification system followed by classification symbols)
G06F9/54, A63F13/00, A63F13/12

Documentation searched other than minimum documentation to the extent that such documents are included in the fields searched

Jitsuyo Shinan Koho	1922-1996	Jitsuyo Shinan Toroku Koho	1996-2013
Kokai Jitsuyo Shinan Koho	1971-2013	Toroku Jitsuyo Shinan Koho	1994-2013

Electronic data base consulted during the international search (name of data base and, where practicable, search terms used)

C. DOCUMENTS CONSIDERED TO BE RELEVANT

Category*	Citation of document, with indication, where appropriate, of the relevant passages	Relevant to claim No.
Y	JP 2003-288290 A (Nippon Telegraph and Telephone Corp.), 10 October 2003 (10.10.2003), paragraphs [0013], [0024], [0030] (Family: none)	1-12
Y	JP 2004-295542 A (Sony Corp.), 21 October 2004 (21.10.2004), paragraphs [0060] to [0063] & US 2004/0250167 A1	1-12
Y	JP 2011-161704 A (Brother Industries, Ltd.), 25 August 2011 (25.08.2011), paragraph [0006] & US 2011/0196667 A1	6

☐ Further documents are listed in the continuation of Box C.　　☐ See patent family annex.

* Special categories of cited documents:
"A" document defining the general state of the art which is not considered to be of particular relevance
"E" earlier application or patent but published on or after the international filing date
"L" document which may throw doubts on priority claim(s) or which is cited to establish the publication date of another citation or other special reason (as specified)
"O" document referring to an oral disclosure, use, exhibition or other means
"P" document published prior to the international filing date but later than the priority date claimed
"T" later document published after the international filing date or priority date and not in conflict with the application but cited to understand the principle or theory underlying the invention
"X" document of particular relevance; the claimed invention cannot be considered novel or cannot be considered to involve an inventive step when the document is taken alone
"Y" document of particular relevance; the claimed invention cannot be considered to involve an inventive step when the document is combined with one or more other such documents, such combination being obvious to a person skilled in the art
"&" document member of the same patent family

Date of the actual completion of the international search 17 October, 2013 (17.10.13)	Date of mailing of the international search report 19 November, 2013 (19.11.13)
Name and mailing address of the ISA/ Japanese Patent Office Facsimile No.	Authorized officer Telephone No.

Form PCT/ISA/210 (second sheet) (July 2009)

图2-3　世界知识产权组织 WO2014111984A1 单行本的检索报告（节选）

五、专利引文

专利引文是指在专利文件中列出的与本专利申请相关的其他文献，如专利文献和科技期刊、论文、著作、会议文件等非专利文献。专利引文种类主要包括审查员审查时引用的对比文件（见图 2-4）和本专利背景技术中引用的参考文献。

（56）对比文件
US 5990857 A, 1999.11.23, 全文.
US 2003/0210220 A1, 2003.11.13, 全文.
CN 1873829 A, 2006.12.06, 说明书第6页第5段至第11页第3段、附图1—7.
CN 1755765 A, 2006.04.05, 全文.
CN 1519630 A, 2004.08.11, 全文.

图2-4　中国发明专利（单行本）CN101377595B 的审查引文

专利发明人在完成本专利申请所述发明创造过程中，参考引用过并被记述在申请文件中的文献称引用参考文献。对于大多数国家的专利文件来说，引用参考文献主要记述在专利单行本的说明书部分中，通常由申请文件撰写者以文字描述方式写入“背景技术”部分中（见图 2-5 和图 2-6）。

另外也有报道一种叫做MP52的蛋白质（WO93/16099及WO95/04819）具有骨形成作用。人们认为成熟型MP52是N端有丙氨酸的120个残基形成的蛋白质，其氨基酸序列在这些申请中有所描述。

图2-5　中国发明专利 CN100456872C 的背景技术中的引文

...The use of CDMA techniques in a multiple access communication system is disclosed in U. S. Patent No. 4,901, 307, entitled "SPREAD SPECTRUM MULTIPLE ACCESS COMMUNICATION SYSTEM USING SATELLITE OR TERRESTRIAL REPEATERS,"assigned to the assignee of the present invention and incorporated by reference herein...

图2-6　WO1999/027747A1 的背景技术中的引文

在美国专利单行本扉页中也会给出申请人的引用参考文献。例如，在 US 7, 213, 034 B2 专利单行本扉页的专利文献著录项目（56）（见图 2-7）中，不带“＊”的专利目录。

(56) **References Cited**

U.S. PATENT DOCUMENTS

5,392,209	A		2/1995	Eason et al.	
5,511,186	A		4/1996	Carhart et al.	
5,623,592	A		4/1997	Carlson et al.	395/348
5,959,297	A		9/1999	Weinberg et al.	250/288
6,004,617	A		12/1999	Schultz et al.	427/8
6,030,917	A		2/2000	Weinberg et al.	502/104
6,034,775	A		3/2000	McFarland	356/364
6,044,366	A	*	3/2000	Graffe et al.	707/2
6,489,168	B1		12/2002	Wang et al.	436/37
6,507,945	B1		1/2003	Rust et al.	717/103
6,618,852	B1		9/2003	Van Eikeren et al.	717/108

图2-7　US 7, 213, 034 B2 专利文献著录项目（56）中的申请人引文

除了上述内容之外，各国专利文献种类代码的规则[1]也是需要掌握的基础知识。这些知识可在《专利分析：检索、可视化与报告撰写》[2] 一书中查询，不在本书中进行赘述。

第二节　专利分类体系基础知识

专利文献分类体系把涉及不同技术内容的不同专利文献分别放在不同的分类位置，每个分类位置都有不同的名字。就像图书分类号一样，给每篇专利文献都设有“技术内容标识”。这样，你需要检索什么技术内容的专利文献，理想状态下只需要到相关的分类位置去找就可以，而不需要把所有专利文献都翻找一遍。

一、IPC

国际专利分类体系（International Patent Classification，IPC）是目前唯一国际通用的专利文献分类和检索工具。根据 WIPO 在 2019 年 1 月的统计，IPC 目前共分为 8 个部、131 个大类、642 个小类、总组数为 74503 条[3]。

例如，分类号 A43B 13/26 参见图 2-8。

A 部——人类生活必需

A43 鞋类

A43B 鞋类的特征；鞋类的部件

A43B 13/00 鞋底（鞋内衬底入 A43B 17/00）；鞋底和鞋跟部件

A43B 13/14 · 以结构形状为特征的

A43B 13/22 · · 防滑或耐磨的鞋底，例如用浸渍或涂敷耐磨层

A43B 13/24 · · · 用嵌垫

A43B 13/26 · · · · 突出鞋底表面的

图2-8　IPC 分类表相关部分

---

[1] 专利文献种类代码是依不同审查制度在不同审批过程中对不同专利申请进行公布时表示不同种类专利文献的一种标识。不同种类专利文献产生的原因有 3 个：一是不同申请种类。包括发明、实用新型、外观设计、增补专利、植物专利。二是不同审查制度。包括登记制、初步审查制、文献报告制、完全审查制、早期公开延迟审查制。三是不同审批公布。包括一级公布、两级公布、三级公布。

[2] 马天旗. 专利分析：检索、可视化与报告撰写［M］. 修订版. 北京：知识产权出版社，2021.

[3] WIPO：IPC Statistics［EB/OL］.［2019-01-06］. https://www.wipo.int/classifications/ipc/en/ITsupport/Version20190101/transformations/stats.html.

A43B 13/26 是一个完整的分类号，其中，“A”代表“部”，含义是“人类生活必需”，是 IPC 体系中的最高层级；“A43”代表“大类”，含义是“鞋类”；“A43B”代表“小类”，它的范围是鞋里面涉及“鞋类的特征；鞋类的部件”等专利文献；“A43B 13”在图 2-8 中并未有所表示，而是用“A43B 13/00”来表示“鞋底”，代表“大组”，需要注意的是，表示大组时，后面要加上“/00”；“A43B 13/26”则代表“小组”，是 IPC 体系中的最低层级。由此看来，一个完整的分类号是由代表部、大类、小类和大组或小组的类号构成的，如图 2-9 所示。

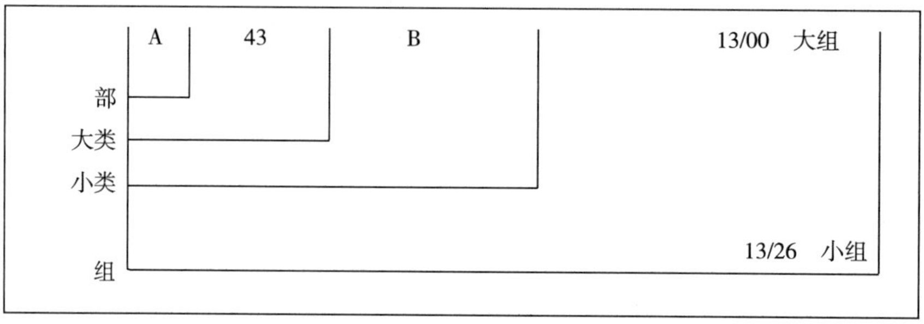

图2-9 完整 IPC 分类号解读示例

大组的文档范围，是从属于该大组的任何一个低层级小组都没有包括专利文献的内容。例如，给涉及羽毛球鞋的专利文献找分类位置。如图 2-10 所示，是大组 A43B 5/00 的分类情况。

A43B 5/00 运动鞋（防滑装置，例如冰刺、足球鞋的钉入 A43C 15/00）
A43B 5/02 · 足球鞋
A43B 5/04 · 滑雪鞋；类似的鞋
A43B 5/06 · 跑鞋
A43B 5/08 · 浴鞋
A43B 5/10 · 网球鞋
A43B 5/12 · 跳舞鞋
A43B 5/14 · 自行车运动员用鞋
A43B 5/16 · 冰鞋
A43B 5/18 · 可附加上的运动用套鞋

图2-10 A43B 5/00 分类情况

由图 2-10 可以看到大组 A43B 5/00 运动鞋，以及其下位小组中有关运动鞋的技术内容所涵盖的范围。可以看出羽毛球鞋不包括在该大组下面的任何小组的范围内，那么涉及羽毛球鞋的专利文献应直接存储在大组 A43B 5/00 中，属于 A43B 5/00 的文档范围。

小组的文档范围，是从属于该小组的任何一个低层级小组都没有包括的技术主题。这可以通过一个例子来理解。如图 2-11 所示，与弓形弹性鞋底相关的专利文献放在哪个分类位置？

A43B 13/00 鞋底（鞋内衬底入 A43B 17/00）；鞋底和鞋跟部件

……

A43B 13/14 · 以结构形状为特征的

A43B 13/16 · · 拼合鞋底（多层不同材料的鞋底入 A43B 13/12）

A43B 13/18 · · 弹性鞋底

A43B 13/20 · · · 充气鞋底

A43B 13/22 · · 防滑或耐磨的鞋底，例如用浸渍或涂敷耐磨层

A43B 13/24 · · · 用嵌垫

A43B 13/26 · · · · 突出鞋底表面的

图2-11 小组文档范围示意

答案是 A43B 13/18，比该小组的等级低的小组“A43B 13/20 · · · 充气鞋底”没有包括“弓形”这一技术内容。这一部分我们来整体看一看大组和小组之间的分类位置范围和文档范围的关系，如图 2-12 所示，示意性地展示了某大组下的情况。

3/00 （大组）

3/02 ·

3/04 · ·

3/06 · · ·

3/08 ·

3/10 · ·

3/12 ·

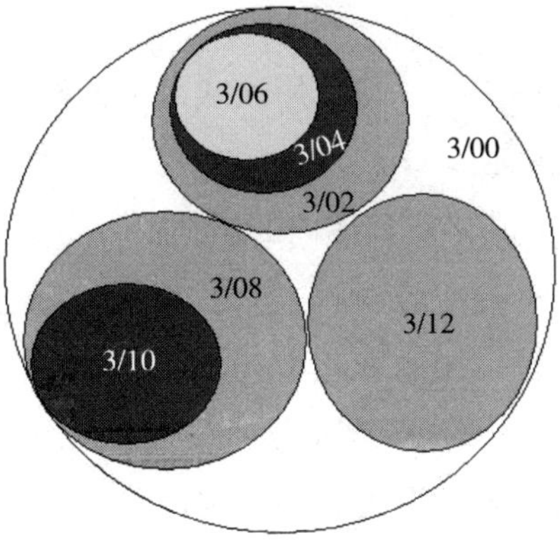

图2-12 大组和小组之间的关系示意

就文档范围来说，大组 3/00 的文档范围是白色部分，一点组 3/02、3/08、3/12 的文档范围是深灰色部分，两点组 3/04、3/10 的文档范围是黑色部分，而三点组 3/06 的文档范围是 3/04 黑色部分包裹的浅灰色部分。就分类位置范围来说，上述大组和小组的分类位置范围是其各自圆圈所包含的范围。由于 3/06、3/10 和 3/12 下没有细分组，因此它们的分类位置范围和文档范围是一致的。其余组的文档范围，都是除去它下面细分组所包含内容的剩余技术内容，这些组的分类范围都是大于文档范围的。具体来说，一点组 3/02 和 3/08 的文档范围不包含比它层级低的两点组 3/04 和 3/10 的内容，依此类推，3/04 的文档范围也不包含 3/06 的内容。

IPC 分类体系中分类位置所包含的技术内容按性质来划分可分成功能分类位置和应用分类位置。功能分类位置的技术主题的特点是：与任何技术对象的本质属性或功能有关或者是与使用或应用某物的方法有关，并且不受某一特定应用领域的限制，或者是即使应用领域不予以说明，在技术上也无影响，也就是说该分类位置的技术主题不专门适于在这一领域应用。以下是一些典型的功能分类位置：

（1）F16K 以阀本身的结构和功能为特征的阀；

（2）F04 液体变容式机械；液体泵或弹性流体泵；

（3）G05B 一般的控制或调节系统；

（4）C07 以化学结构为特征的有机化合物；

（5）F16F 弹簧；减振器；减振装置。

这些功能分类位置的特点是：某物本质的特性或功能，与其应用没有关系，它独立于特定的使用范围，或者是不说明这个应用领域也不影响这个技术主题本身。

应用分类位置的技术内容是受某一特定应用领域限制的，以专门适用于某处为特点，主要有以下 3 种情况：

（1）专门适用于某一特定用途或目的的物，例如：

A61F 2/00 假体

A61F 2/02 ·能移植到体内的假体

A61F 2/24 · ·心脏瓣膜

（2）某物的特殊用途和应用：

C09B 有机染料或用于制造染料的有关化合物

（3）把某物归入一个更大的系统：

B60G 车辆悬架装置的配置

B60G 11/00 以弹簧的布置、定位或类别为特点的弹性悬架

B60G 15/00 以弹簧与减振器组合的布置、定位或类别为特点的弹性悬架

但是，功能性分类与应用分类位置都是相对概念，不是绝对的。使用时，应根据实际情况来理解。

二、CPC

CPC 是在欧洲专利局分类体系（EPO Classification，ECLA）和美国专利分类体系（The USA Classification，UC）融合的基础上开发建立起来的❶（ECLA 和 UC 将在第三节介绍）。CPC 以 ECLA 为基础，融入 UC 中主要涉及商业方法的内容。与 IPC 相比，结构近似，但分类更加详细和准确，特别能够满足专利分析中对检索数据“准确”的要求。

CPC 的分类条目数超过 25 万条❷，远大于 IPC 的 7 万条。也就是说，CPC 中有更多的文件夹分门别类地存储着专利文献。这样就大大地提高了专利文献检索的效率和精度。

图 2-13 为 IPC 与 CPC 对比示例，从中可以看出 CPC 与 IPC 的对比情况（“{……}”示出的内容即为 CPC 对 IPC 进一步细分的内容）。如图 2-13 所示，CPC 具有与 IPC 一样的层级结构，其分类表依照层级递降顺序，依次包括部、大类、小类、大组和小组，小组之间通过小组类名前面的圆点数来决定小组之间的层级关系。而 CPC 分类号的编排，是参照 IPC 标准（WIPO ST. 8），采用与 IPC 完全相同的数字化编排方式。在 CPC 分类号中，“/”前面的数字不超过 4 位，“/”后面的数字不超过 6 位。

例如，需要检索燃气轮机透平结构中透平叶片的液体冷却相关的专利文献。在 IPC 分类表中，查找“叶片冷却”相关分类号。F01D 5/18 已经是最低层级的小组，它的范围不仅包括对叶片的冷却装置，还包括空气叶片，以及对叶片的加热、隔热装置，并不是最准确对应的分类号（见表 2-3）。

---

❶ Guide to the CPC［EB/OL］.［2019-01-06］. http://www.cooperativepatentclassification.org/publications/GuideToTheCPC.pdf: 4.

❷ CPC Annual Report 2016［EB/OL］.［2019-01-06］. http://www.cooperativepatentclassification.org/publications/AnnualReports/CPCAnnualReport2016.pdf.

IPC	CPC
A43B 13/00 鞋底（鞋内衬底入 A43B 17/00）；鞋底和鞋跟部件 A43B 13/14 · 以结构形状为特征的	A43B 13/00 Soles ({Skating boots characterised by the sole A43B 5/1641,} socks A43B 17/00); Sole and heel units A43B 13/14. characterised by the constructive form A43B 13/141 · · {with a part of the sole being flexible, e. g. permitting articulation or torsion} A43B 13/143 · · {provided with wedged, concave or convex end portions, e. g. for improving roll-off of the foot} A43B 13/145 · · · {Convex portions, e. g. with a bump or projection, e. g. 'Masai' type shoes} A43B 13/146 · · · {Concave end portions, e. g. with a cavity or cut-out portion} A43B 13/148 · · · {Wedged end portions}
A43B 13/16 · · 拼合鞋底（多层不同材料的鞋底入 A43B 13/12） A43B 13/18 · · 弹性鞋底	A43B 13/16 · · Pieced soles (with several layers of different material A43B 13/12) A43B 13/18 · · Resilient soles { (skating boots provided with resilient means A43B 5/1658) } A43B 13/181 · · · {Resiliency achieved by the structure of the sole} A43B 13/182 · · · · {Helicoidal springs} A43B 13/183 · · · · {Leaf springs} A43B 13/184 · · · · {the structure protruding from the outsole} A43B 13/185 · · · · {Elasticated plates sandwiched between two interlocking components, e. g. thrustors} A43B 13/186 · · · · {Differential cushioning region, e. g. cushioning located under the ball of the foot (resilient heel not included in the sole A43B 21/26; resilient supports for the heel of the foot A43B 21/32) } A43B 13/187 · · · {Resiliency achieved by the features of the material, e. g. foam, non liquid materials} A43B 13/188 · · · · {Differential cushioning regions} A43B 13/189 · · · {filled with a non-compressible fluid, e. g. gel, water}

图2-13　IPC 与 CPC 对比示意

表2-3　分类号查询结果

目标关键词：叶片冷却	
实际检索关键词	分　类　号
叶片 冷却	F01D 非变容式机器或发动机，如汽轮机 F01D 5/12 · 叶片 F01D 5/14 · · 型式或结构 F01D 5/16 · · · 抵消叶片振动的结构 **F01D 5/18 · · · 空气叶片；对叶片加热、隔热或冷却装置**

在三点组 F01D 5/18 下，CPC 进一步细分出了 5 个四点组，有些还进一步细分出了五点组和六点组，分别涉及 4 种叶片冷却的方式，包括发散冷却、液体冷却、气膜冷却和对流冷却。F01D 5/185 就是要检索的准确分类位置（见图 2-14）。

F01D 5/18... Hollow blades, {i. e. blades with cooling or heating channels or cavities (structure of hollow blades in general F01D 5/147) }; Heating, heat-insulating or cooling means on blades

F01D 5/181.... {Blades having a closed internal cavity containing a cooling medium, e. g. sodium}

F01D 5/182.... {Transpiration cooling}

F01D 5/183..... {Blade walls being porous}

F01D 5/184..... {Blade walls being made of perforated sheet laminae}

F01D 5/185.... {Liquid cooling (F01D 5/181 takes precedence) }

F01D 5/186.... {Film cooling (F01D 5/187 takes precedence) }

F01D 5/187.... {Convection cooling}

F01D 5/188..... {with an insert in the blade cavity to guide the cooling fluid, e. g. forming aseparation wall}

F01D 5/189...... {the insert having a tubular cross-section, e. g. airfoil shape}

图2-14　相关 CPC 分类号

三、ECLA/ICO

ECLA 是欧洲专利局的内部分类体系，是在 IPC 体系基础上的进一步细分，也是 CPC 体系的基础。因此，与 IPC 和 CPC 都有很多相同之处。但随着 CPC 的建立和发展，ECLA 逐渐淡出历史舞台，从 2014 年 11 月起，欧洲专利局检索系统中停止提供 ECLA 相应字段，而只提供 CPC 字段，ECLA 的使用也大大减少。

由于 ECLA 是在 IPC 基础上的进一步细分，因此 ECLA 的主体结构与 IPC 基本相同，主要表现在以下 3 个方面：一是层级结构基本相同，ECLA 也是由 8 个部（A 至 H）以及相应的大类、小类、大组和小组构成的；二是术语基本相同，ECLA 中的类名、类号、参见、附注等都可以引用 IPC 中的相关定义；三是 ECLA 中部、大类、小类、导引标题、大组等的内容与 IPC 基本相同，可参照 IPC。

ICO 是 Indexing Code 的缩写形式，是 EPO 开发的与 ECLA 一起使用的分类体系，用来标引专利文献中的附加信息。ICO 分类表基于 ECLA 分类表构建，ICO 分类号首字母与 ECLA 分类号首字母具有一一对应的关系，其对应关系见表 2-4。

表 2-4　ECLA 与 ICO 对应关系

ECLA 首字母	A	B	C	D	E	F	G	H
ICO 首字母	K	L	M	N	P	R	S	T

内容上与 ECLA 相比，ICO 无类名外的方括号，并且基本去掉了 ECLA 类名中的参见、附注等内容，如表 2-5 所示。

表 2-5　ECLA 与 ICO 对比

ECLA	ICO
E05B47/00D · ［N：with rotary electromotor（actuators with rotary electromotor H02K7/06，H02K23/68）］［C9606］	P05B47/00D · with rotary electromotor

四、FI 和 FT

为了解决 IPC 分类不够细致的问题，日本特许厅建立了日本专利分类体系，即 FI（File Index 的简称）和 FT（File Forming Terms 的简称，也称 F-term）两种分类体系，目前仍在使用。由于 FI 继承了 IPC 的层级关系，因此其结构与 IPC 相似，不同之处主要有以下两个方面。

（1）细分类号

在 IPC 小组下的细分类，称为细分类号，由 3 位阿拉伯数字组成，从使用场合、结构特征等不同方面进行分类。

（2）文件识别符

对 IPC 小组或细分类号进一步细分的符号称为文件识别符，其由 1 位英文字母构成，字母 I 和 O 除外。FI 分类号由 IPC 分类号及细分类号和/或文件识别符构成，其形式包括 A61K6/083,500、A01D34/02 A、G06F9/00,320 A 等。FT 分类号由 5 位字符主题码（Theme Code）、2 位字母视点符（Viewpoint）及 2 位数字位符（Figure）组成。其中，主题码表示技术主题，视点符表示结构、应用等，位符是对视点符的进一步细化。例如，在 FT 分类号 5K067/AA34 中，主题码 5K067 表示技术主题为电话机结构，视点符 AA 表示应用，位符 34 表示有关具体应用。FT 分类表（部分）见表 2-6，反映了主题码、技术主题、相关 FI 分类号、视点符、位符等信息。

表 2-6　FT 分类表（部分）

<table>
<tr><td colspan="2" rowspan="2">5K032</td><td colspan="5">小型网络中的总线系统</td></tr>
<tr><td colspan="5">H04L12/40-12/417</td></tr>
<tr><td rowspan="2">AA</td><td>AA00</td><td>AA01</td><td>AA02</td><td>AA03</td><td>AA04</td><td>AA05</td></tr>
<tr><td>目的和作用</td><td>· 提高传输效率</td><td>· 高速运转或处理</td><td>· 负载减少</td><td>· 提高经济性</td><td>· 阻止故障或事故</td></tr>
<tr><td rowspan="2">BA</td><td>BA00</td><td>BA01</td><td>BA02</td><td>BA03</td><td>BA04</td><td>BA05</td></tr>
<tr><td>应用</td><td>· 家庭使用（如家用总线）</td><td>· 商业使用（如销售点［POS］或者现金售货机［CD］）</td><td>· · 制造业（如制造业自动协议［MAP］）</td><td>· 计算机系统</td><td>· · 多处理</td></tr>
</table>

举例说明[1]：

一种高强度高延伸率 Cr17 型冷轧带钢，其特征在于，所述冷轧带钢的化学成分包含：C ≤ 0.015wt%、Si：0.2 ~ 0.8wt%、Mn：0.1 ~ 0.8wt%、P ≤ 0.04wt%、S ≤ 0.015wt%、Cr：16.5 ~ 19.5wt%、N ≤ 0.015wt%、Ti：0.1 ~ 0.6wt%、Nb：0.2 ~ 0.6wt%，余量为 Fe 和不可避免的杂质，且满足 C+N≤0.03wt%。

由于日本在合金领域申请量较大，可以在相关数据库中实施 FT 检索，经查阅获得表 2-7 中的相关 FT 分类号。

表 2-7　相关 FT 分类号

检索要素	FT（4K032/）
C≤0.015wt%	AA04（小于 0.1%）
Si 0.2~0.8wt%	AA31（1%以下的 Si）
Mn 0.1~0.8wt%	AA16（2%以下的 Mn）
P≤0.04wt%	AA27（P）
S≤0.015wt%	AA29（S）
Cr 16.5~19.5wt%	AA13（10%以上的 Cr）
N≤0.015wt%	AA21（N）
Ti 0.1~0.6wt%	AA35（Ti）
Nb 0.2~0.6wt%	AA22（Nb）

实施检索式：

/FT AND 4K032/AA04，4K032/AA31，4K032/AA16，4K032/AA27，4K032/AA29，

[1] 唐志勇，等. 合金组合物的检索策略探讨［J］. 审查业务通讯，19（7）.

4K032/AA13，4K032/AA21，4K032/AA35，4K032/AA2

获得多篇 X 文献：JP2011241477A、JP2012162795A、JP2012153953A、JP2011179114A、JP2011122237A、JP2011225944A、JP2011214063A。

五、UC

美国专利分类体系（US Patent Classification，USPC 或 UC）是世界上最复杂的分类体系，是美国专利商标局用来对自己的专利文献进行分类和检索的体系。

UC 是以最接近功能为分类原则。所谓“最接近功能”，表示作用类似的、可获得类似效果的方法、装置等集中放在同一类目里面。例如，将液体的制冷或冷却设置成一个大类，然后关于任何液体的冷却都分类到这里，例如牛奶的冷却、啤酒的冷却等都放在这里。这跟 IPC 不同，关于液体冷却，有一个功能分类 F28，并且还有专门针对牛奶、啤酒的应用分类 A23。由于基本分类原则不同，造成 UC 分类在结构和具体分类规则上都与 IPC 存在很大差别。UC 分类号由“大类”和“小类”构成，书写方式是“大类/小类”。UC 分类号最早从 2 开始编排，目前增加到 987 大类，但不是连续的，有些数字没有相应的大类，例如，大类直接从 930 多直接跳到 950 多，即它们之间没有大类。例如 2/410，2 就是大类，410 是小类，是对大类的进一步细分。2 表示服饰，410 表示用于穿戴者头部。整个分类号的含义就是用于穿戴者头部的服饰。

上述各主要专利分类体系的查询网址见表 2-8。

表 2-8　主要专利分类体系的查询网址

分类体系	查询网址	适用文献范围
IPC	WIPO 的 IPC 网站（www. wipo. int/classifications/ipc） 国家知识产权局也会及时将修订内容翻译成中文，并通过官方网站（www. cnipa. gov. cn）公布最新版本的 IPC 分类表的中文版	适合检索几乎所有专利文献
CPC	CPC 官方网站网址为 http://www. cooperativepatentclassification. org 查询 CPC 分类表和分类定义的网址为 http://www. cooperativepatentclassification. org/cpcSchemeAndDefinitions/table. heml EPO 的 Espacenet 网站，是查询 CPC 分类表、分类定义的推荐途径，网址为 http://worldwide. espacenet. com/classification?locale=en_EP USPTO 网站可以查询和获取 CPC 分类表，也可使用 CPC 进行检索，网址为 https://www. uspto. gov/web/patents/classification/cpc/html/cpc. html	比较适合检索美国和欧洲专利文献
EC/ICO	EPO 的 Espacenet 网站，是查询 EC/ICO 分类表、分类定义的推荐途径，网址为 http://worldwide. espacenet. com/classification?locale=en_EP	比较适合检索欧洲专利文献
FI/FT	日本特许厅工业产权图书馆 FI 和 FT 分类号的查询网址为 www. ipdl. inpit. go. jp	只适合检索日本专利文献

续表

分类体系	查　询　网　址	适用文献范围
UC	美国专利商标局网站（https://www.uspto.gov）提供UC分类号的查询功能	只适合检索美国专利文献

六、DC/MC

德温特分类号DC、德温特手工代码MC为德温特世界专利索引DWPI数据库中的分类体系。DC是从应用角度编制，将技术领域分为三大类，即化学、工程和电子电气，每个大类又分为多个部。对于药物领域、光催化剂领域检索时可以优先考虑使用。MC分为化学专利索引手工代码CPI和电气专利索引手工代码EPI。DC/MC分类手册可以在Thomson官网查询（http://thomsonreters.com）。举例说明：

技术方案：一种药物组合物，包含药物活性剂、芯与包含内膜与外膜的衣层，内膜包含醋酸纤维素、羟丙基甲基纤维素，外膜包含乙基纤维素和羟丙基纤维素。

由于技术方案涉及药物剂型的内部结构即多层包衣结构，在MC手工代码中，可以查找B12-M11K，其代表具有两层或多层包衣的片剂。据此可以在DWPI中用手工代码进行检索。[1]

第三节　数据库的选择使用

一、专利信息数据库的类型

虽然编码型专利题录数据的数据库是基于专利文献著录项目而建立的，但数据库加工者并不会把每件专利的所有专利文献著录项目收录到一个数据库中。数据库加工者会根据检索需要，把专利题录数据的数据库分别处理成专利（全文）检索数据库、专利全文图像数据库、专利法律状态数据库、同族专利数据库、专利引文数据库、专利司法判例数据库等，具体见表2-9。

[1] 国家知识产权局专利局专利审查协作北京中心．化学领域文献实用检索策略［M］．北京：知识产权出版社，2012.

表 2-9　专利信息数据库的组成

名　称	收　录　内　容	作　用
专利检索数据库	专利题录数据，具体包括专利号或文献号、申请号、申请日、申请人或专利权人、发明人或设计人、专利分类号、优先权信息、发明名称、摘要等❶	查询专利对比文件或参考文献
专利全文检索数据库	编码化专利全文，具体包括各种专利文献著录项目，编码化的专利说明书和权利要求书	在专利全文（说明书和权利要求书）中进行主题词检索
专利全文图像数据库	TIFF 或 PDF 格式的专利单行本扫描图像	浏览专利单行本
专利法律状态数据库	包括简单专利法律状态数据及专利申请、审查过程数据等，其中简单专利法律状态数据通常包括不同公布级别的公布时间和公布类型等数据，如申请号、申请日、文献号、公布或公告日、法律状态说明。而专利申请、审查过程数据涵盖专利申请审查过程中的所有相关信息	查询专利申请是否授权、专利是否有效等状态，以及失效原因等信息
同族专利数据库	同一专利族的不同国家出版或公布的文献号、申请号、申请日、公布或公告日、名称、IPC 号、申请人、发明人等	查询同一专利族的专利数量、所属同族专利种类等信息
专利引文数据库	引用的参考文献和/或审查对比文件的专利文献号（或非专利文献号），及其被引用的相关信息	查找专利的引用和被引用关系
专利司法判例数据库	专利号或文献号、专利权人、发明名称、原告、被告、决定书等	查找围绕专利进行的诉讼信息、法律文书等

二、主要国家或组织专利数据库网站

在检索专利时，通常使用一些商用的或者免费的专利数据库，但这些数据库的收录范围有限，一些国家或组织的早期专利文献很难被收录进去，有些国家或组织除了发明，其他的专利类型也没有被收录进去。所以有时为了做到全面检索，需要到具体国家或组织的专利数据网站进行补充检索，因此了解主要国家或组织的专利数据库网站十分必要（见表 2-10）。

❶　专业化的专利检索数据库还会包括经过标引的关键词、细分的专利摘要等数据，特别是专利摘要数据会进一步细分成新颖性、用途、有益效果、技术描述等若干个子字段。

表 2-10　主要国家或组织专利数据库网站地址

国家或组织	常用数据库	参　考　网　址
世界知识产权组织	Patentscope 专利数据库	http: //patentscope. wipo. int/
	Globaldesign 外观设计数据库	http: //www. wipo. int/designdb/
中国	中国专利公布公告查询	http: //epub. cnipa. gov. cn/
	中国及多国专利审查信息查询	http: //cpquery. cnipa. gov. cn/
	专利检索及分析系统	http: //pss-system. cnipa. gov. cn
美国	专利授权数据库	http: //patft. uspto. gov/netahtml/PTO/search-bool. html
	专利申请公布数据库	http: //appft. uspto. gov/netahtml/PTO/search-bool. html
	专利申请信息检索系统	https: //portal. uspto. gov/pair/PublicPair
欧洲专利局	Espacenet 检索系统	https: //worldwide. espacenet. com/
	专利审查信息	https: //register. epo. org
	专利引文数据	http: //ccd. fiveipoffices. org
日本	日本专利信息服务平台	https: //www. j-platpat. inpit. go. jp/web/all/top/BTmTopEnglishPage
	审查过程数据	https: //aipn. j-platpat. inpit. go. jp/AI2/cgi-bin/AIPNINDEX
韩国	韩国知识产权信息服务网站	http: //www. kipris. or. kr/enghome/main. jsp
	审查过程数据	http: //kposd. kipo. go. kr: 8088/up/kpion/
印度尼西亚	专利检索系统	http: //e-statushki. dgip. go. id
以色列	专利检索系统	http: //www. ilpatsearch. justice. gov. il/UI/MainPage. aspx
印度	专利检索系统	http: //ipindiaonline. gov. in/patentsearch/search/index. aspx
	外观设计检索系统	http: //ipindiaservices. gov. in/designsearch/
新加坡	发明检索系统	https: //www. ip2. sg/RPS/WP/CM/SearchSimpleP. aspx? SearchCat-egory=PT
	外观设计检索系统	https: //www. ip2. sg/RPS/WP/CM/SearchSimpleP. aspx? SearchCat-egory=DW
德国	发明与实用新型检索数据库	https: //depatisnet. dpma. de/DepatisNet/depatisnet? window = 1&space = menu&content=index&action=einsteiger&switchToLang=en
西班牙	发明与实用新型检索系统	http: //invenes. oepm. es/InvenesWeb/faces/
	外观设计检索系统	http: //invenes. oepm. es/DisenosWeb/faces/
法国	发明与实用新型检索系统	http: //bases-brevets. inpi. fr/en/home. html
	外观设计检索系统	http: //bases-modeles. inpi. fr/

续表

国家或组织	常用数据库	参考网址
英国	发明检索系统	https: //www. ipo. gov. uk/p-ipsum. htm
	外观设计检索系统	https: //www. ipo. gov. uk/types/design/d-os/d-find/d-find-product. htm
意大利	专利检索系统	http: //www. uibm. gov. it/uibm/dati/
葡萄牙	发明与实用新型检索系统	http: //servicosonline. inpi. pt/pesquisas/main/patentes. jsp?lang=EN
	外观设计检索系统	http: //servicosonline. inpi. pt/pesquisas/main/design. jsp?lang=EN
俄罗斯	专利检索系统	http: //www1. fips. ru/wps/portal/Registers/
乌克兰	专利检索系统	http: //base. ukrpatent. org/searchINV/search. php? action=setsearchcond&dbname=inv&lang=eng&sortby
阿根廷	发明与实用新型检索系统	https: //portaltramites. inpi. gob. ar/consultasmodelos/patentes
	外观设计模型与参数检索系统	https: //portaltramites. inpi. gob. ar/consultasmodelos/Modelos_parametros
巴西	专利检索系统	https: //gru. inpi. gov. br/pePI/jsp/patentes/PatenteSearchAvancado. jsp
加拿大	大实体与小实体发明检索系统	http: //www. ic. gc. ca/opic-cipo/cpd/eng/introduction. html
	外观设计检索系统	http: //www. ic. gc. ca/app/opic-cipo/id/bscSrch. do? lang=eng&wt_src=cipo-id-main&wt_cxt=toptask
澳大利亚	标准专利与创新专利检索系统	http: //pericles. ipaustralia. gov. au/ols/auspat/quickSearch. do
	外观设计检索系统	http: //pericles. ipaustralia. gov. au/adds2/adds. adds_simple_search. paint_simple_search
新西兰	专利检索系统	https: //www. iponz. govt. nz/manage-ip/
	外观设计检索系统	https: //www. iponz. govt. nz/manage-ip/
埃及	专利检索系统	http: //www. egypo. gov. eg/Search. aspx
欧亚专利组织	欧亚专利信息系统	http: //www. eapatis. com/enSearch/ms. exe?; noneed | 0 | QS | enguest, enguest
海湾阿拉伯国家合作委员会	授权专利数据库	http: //www. gccpo. org/CustomersService/GrantSearchEn. aspx
	GCC 专利公报	http: //www. gccpo. org/PatentGazette/ArchiveEn. aspx

三、科技论文与技术标准信息网站

在进行专利有效性检索时，除了全面检索相关的专利文献之外，包含技术信息的科技文献和技术标准文献是必须要检索的。对这些非专利文献的检索网址也是必须要了解的，具体网站地址见表 2-11。

表 2-11　技术信息获取途径

类型	网站名称	网　址
中国技术信息资源	中国知网	www. cnki. net
	万方数据	www. wanfangdata. com. cn
	维普网	www. cqvip. com
	百度学术	xueshu. baidu. com
	超星数字图书馆	book. chaoxing. com
	国家科技图书文献中心	www. nstl. gov. cn
	中国科学院文献情报中心	www. las. ac. cn
	学位论文中心	http: //etd. calis. edu. cn
	香港公共图书馆	webcat. hkpl. gov. hk
	台湾学术书籍数据库	books. twscholar. com/home/index
	台湾学术文献数据库	www. airitilibrary. cn
	台湾博硕士论文知识加值系统	ndltd. ncl. edu. tw
	台湾学术期刊在线数据库	www. twscholar. com
部分国家和地区技术信息资源	谷歌学术	scholar. google. com
	自然杂志	www. nature. com
	科学杂志	www. sciencemag. org
	Web of Science	http: //apps. webofknowledge. com/
	EI	www. engineeringvillage. com
	Science Direct	www. sciencedirect. com
	Springer	link. springer. com
	SAGEPUB	journals. sagepub. com
	化学文摘	www. cas. org
	生物学文摘	www. biosis. org
	PubMed	pubmed. ncbi. nlm. nib. gov
	JSTOR	www. jstor. org

续表

类型	网站名称	网　址
部分国家和地区技术信息资源	EBSCO	connect. ebsco. com
	IEL 全文数据库	http: //ieeexplore. ieee. org
	美国计算机学会会议录	http: //portal. acm. org
	国际光学工程学会会议录	http: //www. spiedl. org
	WorldCat	https: //firstsearch. oclc. org
	美国物理联合会	http: //aip. scitation. org/
	英国物理学会	http: //iopscience. iop. org/

标准是专利分析中经常用到的技术资料，通常分为国际标准和国家标准。常用的国际标准和国家标准查询地址见表 2-12。

表 2-12　标准信息获取途径

类型	网站名称	网　址
国际标准	IEEE	www. ieee. org
	国际标准化组织	www. iso. gov
	国际电工委员会	www. iec. ch
	国际电信联盟	www. itu. int
	美国国家标准学会	www. ansi. org
	美国石油学会	www. api. org
	美国机械工程师协会	www. asme. org
	美国材料与实验协会	www. astm. org
	英国标准协会	www. bsi. org. uk
	德国标准化学会	www. din. de
	日本工业标准调查会	www. jisc. ge. jp
国内标准	中国国家标准化管理委员会	www. sac. gov. cn
	中国标准服务网	www. cssn. net. cn
	中国标准化协会	http: //www. china-cas. org

四、专利确权和维权相关数据库

专利确权和维权信息对于专利的有效性检索也十分必要，如通过专利无效决定数据库和司法判例数据库可以分析哪些现有技术已经被使用过及其效力如何，并从中找出有价值的检索信息线索。涉及中国专利文献的复审无效审查决定数据可从 http://reexam-app.cnipa.gov.cn/reexam_out1110/searchIndex.jsp 中查询；相关司法判例数据可以从中国裁判文书网（wenshu.court.gov.cn）或者北大法宝（www.pkulaw.cn）中查询。

五、特殊数据库及特殊检索途径

在专利检索中还可能涉及一些专门的数据库。例如对于化合物结构的检索，在STN 数据库和 Science Finder 中进行检索更为有效；对于涉及生物序列（核苷酸或氨基酸）的发明，还需要在专门的序列对比库中进行检索，比较常用的是在 NCBI 中的 BLAST 进行序列比对。

此外，还可能需要检索一些特殊类型的信息，比如对于中药发明而言，可能需要查询《中华人民共和国药典》等中的相关信息，则需要到专门网站和书籍中进行检索或查找，而这些信息往往有可能并没有收录到相关的检索数据库。

举例说明：

发明专利 200910215815.0，其授权公告时的权利要求 1 为：

1. 一种复方血栓通中药制剂，其特征在于由下列原料制得的活性成分组成或由下列原料制得的活性成分加药学上可接受的附加剂组成：

三七 200~1000 克　黄芪 50~400 克　丹参 40~250 克

玄参 60~400 克　三七药渣粉 100~800 克

其中的三七药渣粉是将三七粉碎，加 50~90V/V% 乙醇浸渍或超声提取或加热回流或渗漉两次，第一次 3~6 天，第二次 1~3 天，滤过，合并滤液，回收乙醇并浓缩至相对密度为 1.05~1.30，药渣烘干，粉碎成细粉，过筛即得三七药渣粉。

对于这种中药配方类的发明专利，可以查阅《中华人民共和国药典》和《国家新药注册数据》。通过查阅发现（2001 年 12 月 31 日，国家食品药品监督管理局新药审评中心，WS-211-(Z-030)-96)公开了一种复方血栓通胶囊，其处方为三七 250g、黄芪 80g、丹参 50g、玄参 80g。其制法为：以《国家新药注册数据（1985—2000）》上四味，三七粉碎，以 50% 乙醇浸渍两次，第一次 5 天，第二次 2 天，滤过，合并滤液，回收乙醇，浓缩成稠膏，药渣烘干，粉碎成细粉，过筛；其余黄芪等三味以 50% 乙醇加热回流两次，第一次 3 小时，第二次 2 小时，滤过，合并滤液，回收乙醇，喷雾干燥，与上述稠膏、细粉及滑石粉适量混匀，干燥，粉碎成细粉，装入胶囊，制成 1000 粒，即得。可见，其与授权权利要求 1 的区别仅在于：一是授权权利要求 1 限定了三七药渣粉的具体用量范围；二是授权权利要求 1 限定了三七浓缩稠膏的密度范围。故该《国家新药注册数据（1985—2000）》可以作为无效宣告证据使用。

第三章　检索专家必备技能和经验

专利有效性检索的主要过程通常包括理解发明构思、检索要素确定与表达、制定检索策略、比对检索结果等步骤。必要时，在检索中止前还要进行补充检索和扩展检索（参见图 3-1）。补充检索主要是调整检索策略或者检索要素表达形式以进行新一轮的检索。扩展检索主要是从应用性和功能性角度出发对其他技术领域的扩展检索。

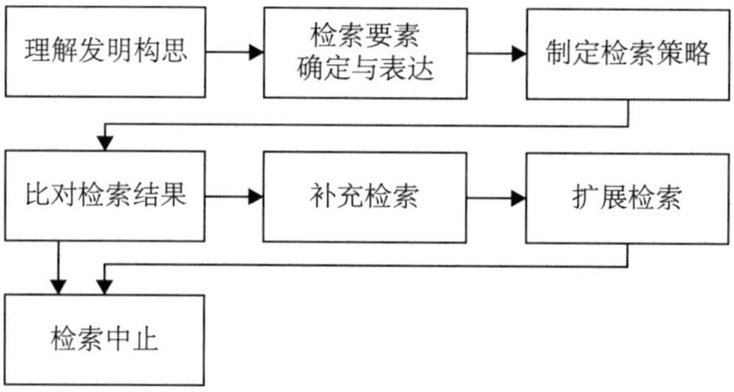

图3-1　专利有效性检索的主要过程

第一节　发明构思的理解

首先应当以独立权利要求所限定的技术方案作为检索的主题，应当把重点放在独立权利要求的发明构思上。[1] 在对发明构思的理解过程中，要明白技术问题是驱使发明人进行发明创造的动力，现有技术是发明的基础，技术手段是在现有技术的基础上解决该技术问题的技术手段，技术效果是衡量技术问题被技术手段解决的程度，是技术手段在解决技术问题时必然带来的。因此，技术问题、技术手段和技术效果构成了理解发明构思的三要素，对理解整个发明构思是不可或缺的。

对专利的有效性检索而言，把对发明构思的理解看得多重要都不为过！

理解发明构思是进行专利检索的起点，并贯穿于检索要素的确定与表达、检索结

[1] 《专利审查指南 2010》第二部分第七章第 3.2 节。

果的判定等整个检索过程。对于发明构思的理解，大部分情况下都是在不断检出“最接近现有技术”的过程中。专利检索就是一个学习发明构思的过程，是一个不断理解发明构思的循环（见图 3-2）。

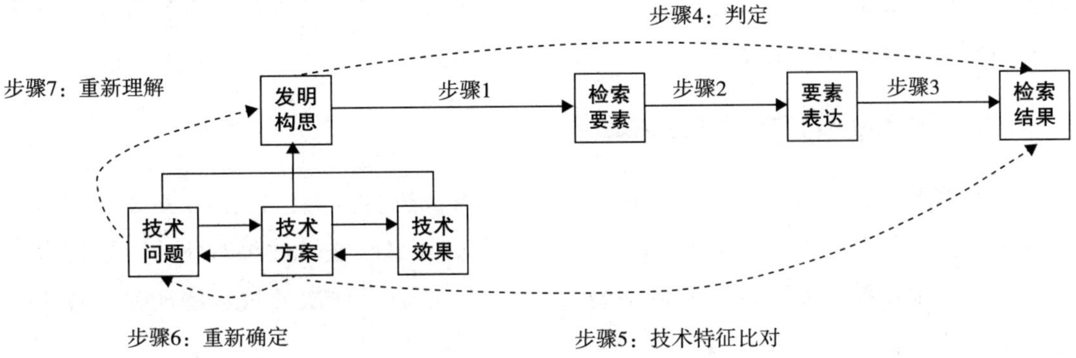

图3-2　通过检索理解发明构思的循环

理解发明构思，重点放在本专利相对于现有技术做出“智慧贡献”的主要技术特征上。要分析相对于现有技术做出贡献的核心技术特征和主要技术特征，就需要详细了解现有技术的缺陷、本发明的发明目的，以及本专利依据的主要技术手段有哪些，而且要找到对现有技术做出贡献的技术特征能够带来的直接技术优势的效果证据（见图 3-3）。

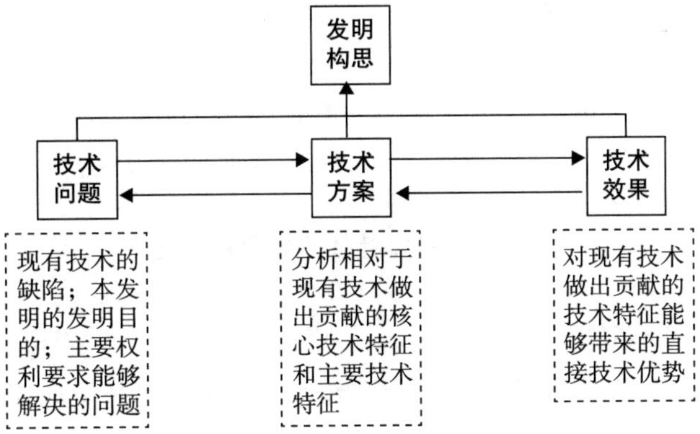

图3-3　发明构思三要素的解读

第二节　检索要素确定与表达

《专利审查指南 2010》指出，基本检索要素是体现技术方案的基本构思的可检索的要素。确定基本检索要素时需要考虑技术领域、技术问题、技术手段、技术效果等方面。在确定了基本检索要素之后，应该结合检索的技术领域的特点，确定这些基本检索要素中每个要素在计算机检索系统中的表达形式。[1] 而体现技术方案技术构思的是主要技术特征构成的技术手段，因此对于权利要求技术方案中技术特征的梳理是把发明构思分解成可检索要素的途径。

一、核心和主要技术特征的确定

一般情况下，可将权利要求 1 中的所有技术特征进行分类，根据图 3-3 中的思路找出核心技术特征（技术主题）和解决技术问题必须且与技术效果对应的主要技术特征，两者是最主要的需要表达的检索要素。此外，还有一些次要技术特征和可替代性的次要技术特征（见图 3-4）。

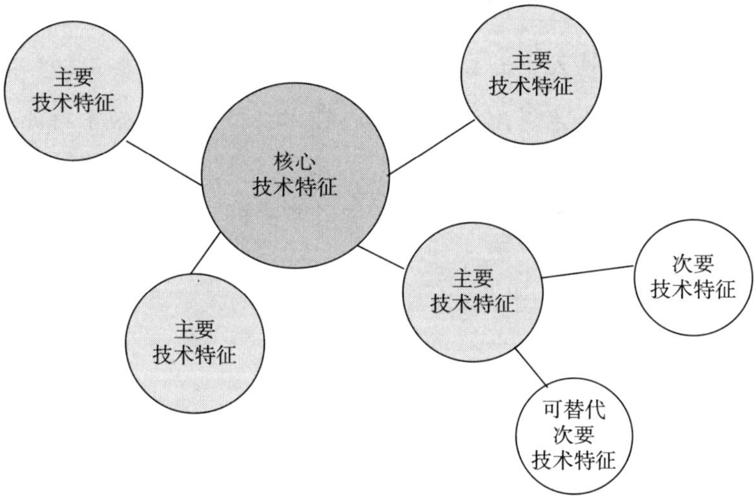

图3-4　技术特征的梳理和分类

举例说明：[2]

一种具有止退功能的螺纹螺杆（见图 3-5），包括螺杆及形成于其上的螺纹，其特征在于，形成于所述螺纹螺杆（1）上的螺纹沿螺杆形成前后端（2，4）两部分，在这两部分中间开设有无螺纹的凹槽部分（3）。

---

[1] 《专利审查指南 2010》第二部分第七章第 5.4.2 节。

[2] 改编自：国家知识产权局学术委员会 2013 年度专项课题研究项目——专利检索指导手册（机械领域：[案例 4-4]）；课题负责人：孟俊娥；课题组组长：尚颖。

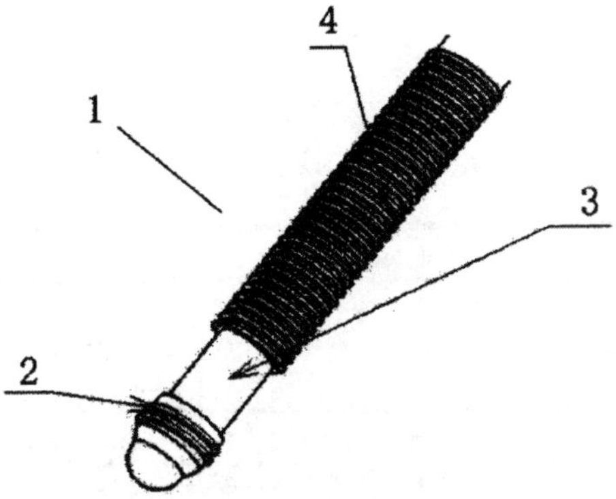

图3-5　具有止退功能的螺纹螺杆

在现有的许多机电装置的领域中，往往需要螺钉与螺母在啮合之后的反复的拧紧拧出过程中具有防止脱落功能（即止退功能），使螺纹螺杆在工作过程中保持不与螺母等啮合件脱离（例如车灯上调光螺钉与螺母之间的啮合等）。但在很多场合下，因操作现场的环境和受力状态的不同变化，现有的螺纹螺杆往往很难达到要求，从而导致一些连接部件与螺钉脱离导致整个总成的失效或者报废，例如灯具中的调光机构总成。本发明结构是为了改善上述问题，对螺钉螺杆本身的结构作了设计创新，使其达到止退功能。

通过分析发现，核心技术特征（技术主题）是“螺杆”，解决技术问题必须且与技术效果对应的主要技术特征是“无螺纹凹槽”，如图 3-6 所示。

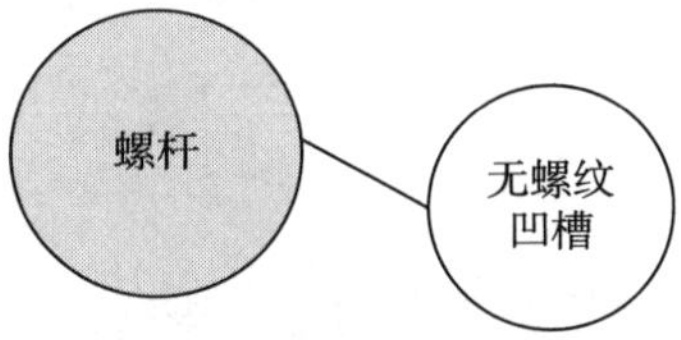

图3-6　本专利权利要求的核心和主要技术特征

对于技术特征较多的权利要求，比如部件较多的产品权利要求及工艺步骤较多的方法权利要求而言，更需要首先将本专利声称的对现有技术做出贡献的主要技术特征归纳梳理出来，如本书中案例 2 的权利要求 1，框内的特征为主要技术特征，并将其归纳成“棘齿传动”“内外杆体的锁合结构”“配合旋转脱水的沥水桶”（见图 3-7）。其他已经是现有技术的技术特征可以不作为主要的检索要素。

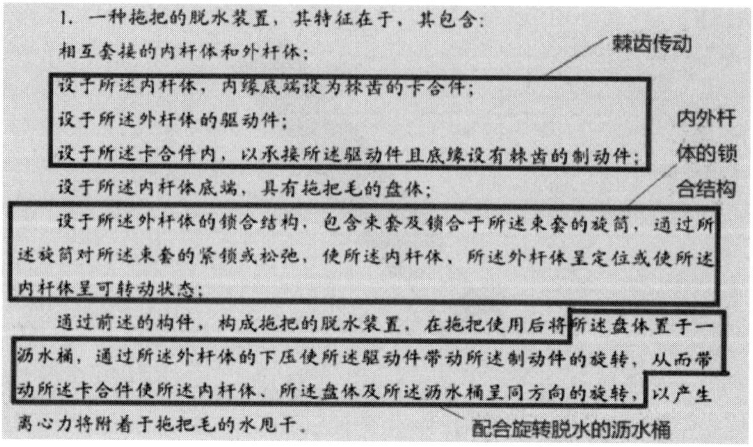

1. 一种拖把的脱水装置，其特征在于，其包含：
相互套接的内杆体和外杆体；
设于所述内杆体，内缘底端设为棘齿的卡合件；
设于所述外杆体的驱动件；
设于所述卡合件内，以承接所述驱动件且底缘设有棘齿的制动件；
设于所述内杆体底端，具有拖把毛的盘体；
设于所述外杆体的锁合结构，包含束套及锁合于所述束套的旋筒，通过所述旋筒对所述束套的紧锁或松弛，使所述内杆体、所述外杆体呈定位或使所述内杆体呈可转动状态；
通过前述的构件，构成拖把的脱水装置，在拖把使用后将所述盘体置于一沥水桶，通过所述外杆体的下压使所述驱动件带动所述制动件的旋转，从而带动所述卡合件使所述内杆体、所述盘体及所述沥水桶呈同方向的旋转，以产生离心力将附着于拖把毛的水甩干。

图3-7　梳理主要技术特征

通过对权利要求的核心技术特征和主要技术特征进行梳理，可以列出表达这些技术特征的特征表达表，分别通过分类号和关键词来表达，见表3-1。

表3-1　核心和主要技术特征的要素表达

要素表达	检索要素		
	技术主题（核心技术特征）	主要技术特征 a	主要技术特征 b
分类号表达	C1=C11 or C12 or C13 or ...	C2=C21 or C22 or C23 or ...	C3=C31 or C32 or ...
关键词表达	K1=k11 or k12 or k13 or ...	K2=k21 or k22 or k23 or ...	K3=k31 or k32 or k33 or ...

二、检索要素的关键词表达

对于关键词的表达，可参照表3-2中的方法进行。

表3-2　关键词的表达维度和角度

关键词表达维度	表达角度	案例说明
形式上准确和完整	语言类别及表达习惯	台湾地区专利数据库需使用中文繁体关键词；表达习惯不同，如二氧化硅（二氧化矽）
	英美语言拼写形式	tap（英式）和 faucet（美式）
	单复数、词性如何利用截词符	Can?（罐头），heat+
	可能的错别字	泄漏（泄露）；碳化（炭化）

续表

关键词表达维度	表达角度	案例说明
意义上准确和完整	同义词	莱菔子（萝卜籽）
	近义词	密封（防泄漏）
	反义词	密封（泄漏）
	上下位概念	自动下排装置（U形管）；移动终端（手机、电脑）
角度上准确和完整（以本书中“干煎炸锅案例”为例）	作用	干煎炸锅案例中加热空气的作用是：用热空气输入热量
	效果	实现的效果是：“干煎炸”
	用途	热空气的用途是：加热（食物）
	解决的技术问题	解决的问题是：实现不浸入油脂中的煎炸

三、检索要素的分类号表达

对于分类号的表达，首先应当了解相关技术主题的准备分类位置和分类方法，图3-8、图3-9、图3-10分别从物品（产品）、制造或处理产品的设备或方法、零/部件等技术主题的专利文献给出了最佳分类位置的IPC分类流程。

值得注意的是，对于专利有效性检索而言，可以考虑先检索最准确的分类位置，然后再对其他不太准确的分类位置进行扩展检索。这是因为很多专利文献可能会分错位置，或者早期文献没有相对准确的分类位置。

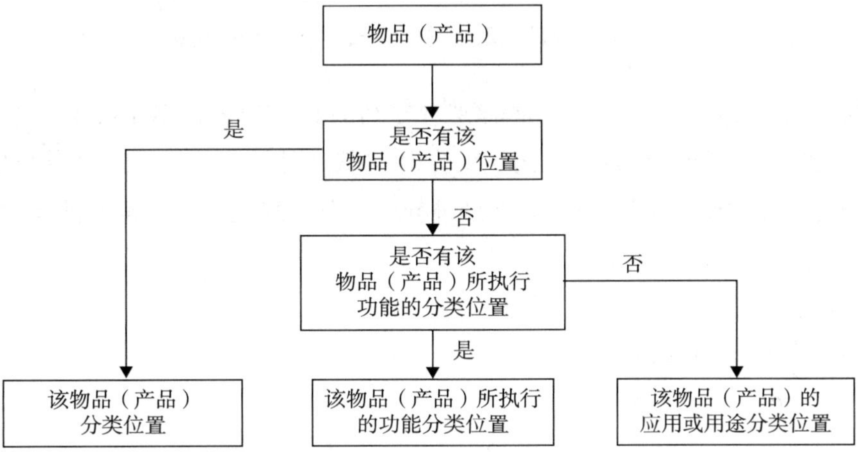

图3-8　物品（产品）最佳分类位置的IPC分类流程

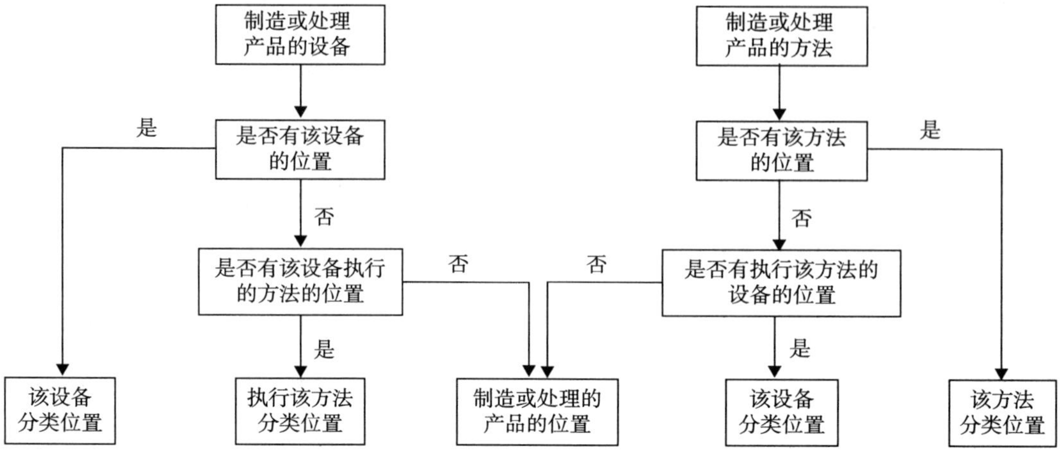

图 3-9　制造或处理产品的设备或方法最佳分类位置的 IPC 分类流程

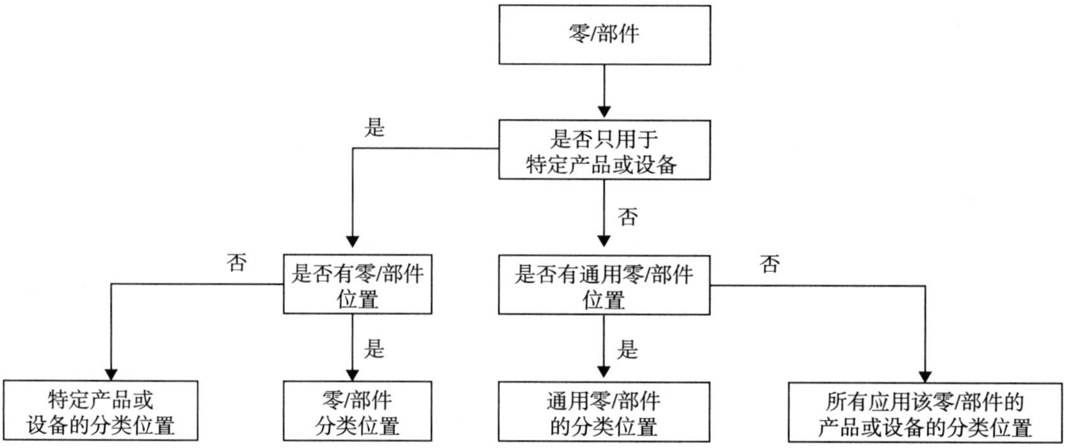

图 3-10　零/部件最佳分类位置的 IPC 分类流程

在进行专利有效性检索时，通常需要对专利的分类号进行多个分类体系的表达，以便进行精确检索，同时覆盖多个国别的专利文献。另外，还可以通过专利相关的关键词等检索获得的专利文献，对其分类号进行统计分析来确定专利可能涉及的分类号，作为检索的范围。

举例说明：[1]

公开号：EP1816085A2

申请日：2006 年 1 月 25 日

申请人：GUALA CLOSURES S. P. A

[1] 国家知识产权局学术委员会 2013 年度专项课题研究项目，研究报告课题名称：《专利检索指导手册》。承担部门：机械发明审查部；课题负责人：孟俊娥；课题组组长：尚颖；起止时间：2013 年 5 月至 2013 年 10 月。

权利要求（翻译）：一种用于瓶子的防伪密封件（见图 3-11），该瓶子尤其适合于容纳贵重饮料，所述瓶子（1）设置有沿所述瓶子的纵轴线（X—X）从其底部（3）轴向延伸的颈部（2），该颈部与瓶体相连；所述颈部（2）设置有在其自由端（5）的区域里的开口（4）；所述密封件包括用于所述颈部（2）的开口（4）的止动装置（6），该装置通过螺纹连接（8，9）连接至斟倒主体（11）的壁（10）的外表面；所述止动装置（6）设置有朝向瓶体（1）的自由圆周边缘（24）；第二部分　容器封口件领域 126 套筒（17）沿所述颈部（2）的外表面轴向布置，并且所述套筒（17）具有：用于防止所述套筒相对于所述颈部（2）的外表面轴向运动和角运动的装置（18，19）；以及至少一个环形凸缘（20），所述至少一个环形凸缘沿着和所述颈部（2）的外表面相反的方向径向延伸；所述斟倒主体（11）在轴向方向上连接至所述套筒（17）；以及相对于所述套筒（17）处于径向外部并与其同心的管状元件（22），所述管状元件从所述瓶子的颈部（2）的底部（3）基本轴向延伸到所述止动装置（6）的自由边缘（24）的区域；其特征在于，所述套筒的所述环形凸缘（20）设置有其径向区域至少一部分，所述径向区域至少一部分位于所述止动装置（6）的自由边缘（24）和所述管状元件（22）的相对轴向末端（25）的至少一个径向部分之间，其中所述管状元件与所述套筒（17）同心。

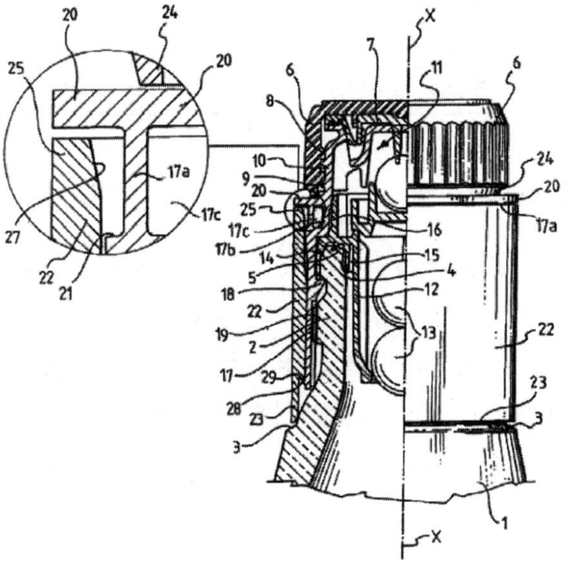

图 3-11　说明书附图

“用于瓶子的防伪密封件”多个分类体系的表达见表 3-3。

表3-3 "用于瓶子的防伪密封件"多个分类体系的表达

分类体系	相关分类位置	分类号与技术方案的相关度
IPC	B65D45/32	相关（功能分类）
	B65D49/12	
	B65D49/04	
	B65D55/02	
CPC	B65D45/322	十分相关（功能分类）
	B65D55/0872	
	B65D49/04	十分相关（应用分类）
EC	B65D45/32A	十分相关（功能分类）
	B65D55/08D	
	B65D49/04	十分相关（应用分类）
ICO	L65D101/00A3	相关（功能分类）
UC	215/200	相关（功能分类）
FT	3E084/KA11	相关（功能分类）
	3E084/KA12	
	3E084/KA13	
FI	B65D45/32	相关（功能分类）
	B65D49/12	
	B65D49/04	十分相关（应用分类）

四、特殊检索要素的表达

上述涉及通常的专利检索时检索要素涉及的分类号和关键词的表达。但对于一些特殊类型的发明专利，其检索要素的表达有其特殊性。例如，涉及核苷酸或氨基酸序列发明，有时采用分类号或关键词检索效率不高，可以考虑选择序列的一部分进行检索，或在基因数据库中进行序列比对检索，则需要选择合适的序列片段。

对于化合物发明，如涉及马库什通式，则可以根据母核构建马库什结构式作为检索要素，涉及已知化合物的用途或方法发明，可通过 RN 号（即 CAS 号）进行检索，也可根据其母核构建马库什结构式作为检索要素。

举例说明：

发明专利 97197460.8，其授权公告时的权利要求 1 中涉及通式如下：

$$A\text{-}O\text{-}CH_2\text{-}P(O)(\text{-}OC(R^2)_2OC(O)X(R)_a)(Z) \qquad (1a)$$

据此可以绘制成如下结构片段在 STN 中进行检索：

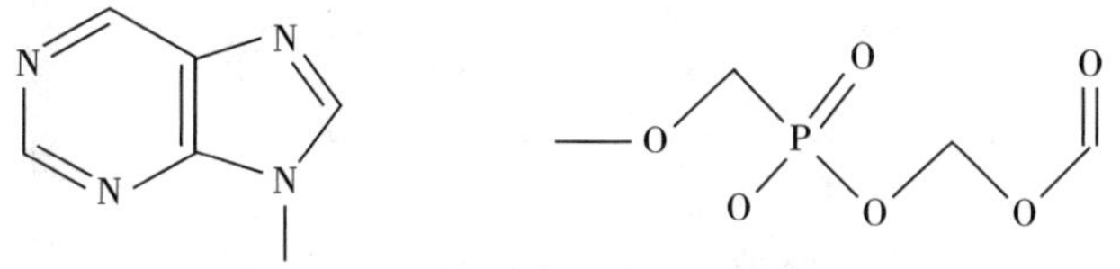

其中该结构片段中，环原子和链原子均为开放位点，支持任意的非融合取代。

第三节　检索策略制定

一、“块式”检索策略

如果权利要求是要素 A、B 和 C 的组合，在检索这种权利要求时，应当首先对 A+B+C 的技术方案进行检索，如果未查找到可评述其新颖性、创造性的对比文件，则应当对 A+B、B+C、A+C 的分组组合以及 A、B 和 C 单个要素进行检索。

这里包含了两种“块检索”思路：一是全检索要素的“块检索”；二是部分检索要素“块检索”。这两种构成了完整的“块式”检索策略。

由表 3-1 可知，全要素检索式和部分要素检索式如下：

（C1 OR K1）AND（C2 OR K2）AND（C3 OR K3） → 全要素检索

（C1 AND C2）OR（C1 AND K2）OR（K1 AND C2）OR（K1 AND K2）
（C1 AND C3）OR（C1 AND K3）OR（K1AND C3）OR（K1 AND K3）
（C3 AND C2）OR（C3 AND K2）OR（K3 AND C2）OR（K3 AND K2）
} 部分要素组合检索

“块检索”策略是最常规的检索策略，在没有充分了解该技术领域的专利文献分布和不十分了解本专利技术主题的专利申请趋势和布局态势的情况下，实施“块检索”策略是最稳妥的办法。

举例说明：

一种发光二极管结构，该发光二极管结构如下：

碗状反射面（1），环绕发光二极管周围设置；

印刷电路板（4），位于发光二极管下部；

散热装置（3），位于印刷电路板下部，并具有多个突起部，各突起部之间平行设置，其摘要附图如图 3-12 所示。

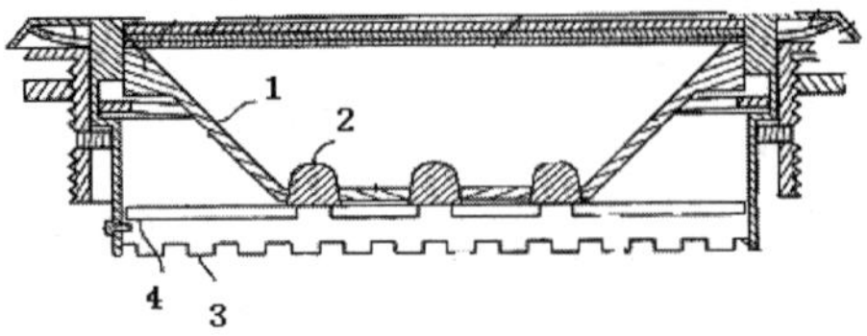

图 3-12 摘要附图（一）

通过对技术方案进行分析，选取“发光二极管”“反射碗”“散热”“印刷电路板”作为基本检索要素，并构造检索块。具体如下：

发光二极管：led? or (light w emit+w diode?)

反射碗：reflect+ or cup? or mirror? or bowl?

散热：(heat or thermal) d (sink or dissipate or radiat+)

印刷电路板：PCB or (circuit w board?)

参考检索过程如下：

(1)	DWPI	362081	led? or (light w emit+w diode?)
(2)	DWPI	864389	reflect+ or cup? or mirror? or bowl?
(3)	DWPI	115836	(heat or thermal) d (sink or dissipate or radiat+)
(4)	DWPI	331783	PCB or (circuit w board?)
(5)	DWPI	480	1 and 2 and 3 and 4

通过采用块检索策略检索过程可获得对比文件 US2007228386，其摘要附图如图 3-13 所示。

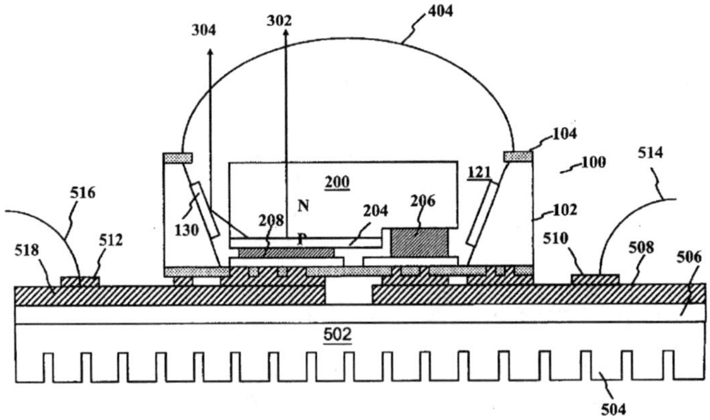

图 3-13 摘要附图（二）

通过阅读该文献的内容可知，与本发明十分相关。

二、“探矿式”检索策略

如果已达到本领域的技术人员的水平，熟悉相关技术主题专利文献相对“容易出现”的位置，对主要和核心技术特征的表达了如指掌，就像可以快速锁定某种矿石最容易出现的地方一样（见图 3-14），则可以直接实施“探矿式”检索策略。

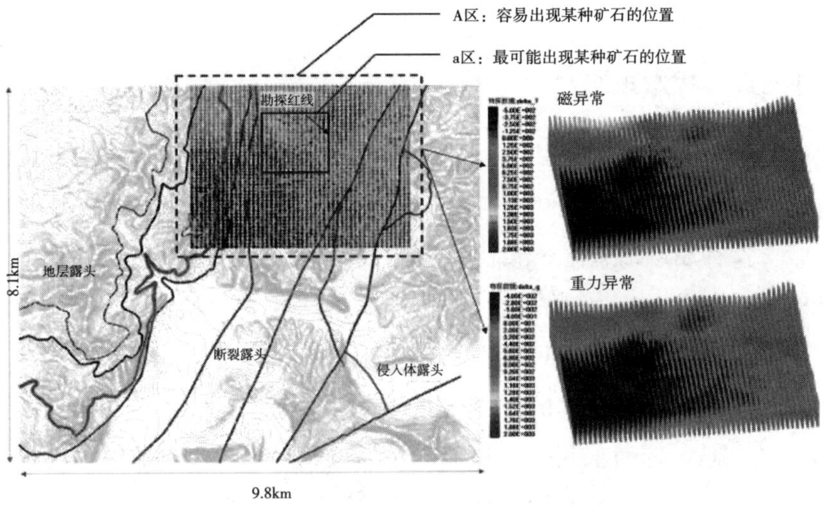

图 3-14 “探矿式”检索策略类比示意

实施“探矿式”检索策略，首先可以非常容易地对核心和主要技术特征进行分类号和关键词表达，并容易区分哪些分类号和关键词表达得最准确和合理（见表 3-4）。

表 3-4 “探矿式”检索策略的分类号和关键词表达（星号的多少代表准确性大小）

要素表达	检索要素		
	核心技术特征	主要技术特征 a	主要技术特征 b
分类号表达	C11（★★★） C12（★★） C13（★）		
关键词表达		k21（★★★） k22（★★） k23（★）	k31（★★★） k32（★★） k33（★）

其次，可优先实施这些最准确的分类号和关键词的检索；然后再实施次准确的分类号和关键词进行检索，依次进行检索：

S1：（C11 and k21 and k31）

S2：（C12　and　k21　and　k31）

S3：（C13　and　k21　and　k31）

S4：（C11　and　k21　and　k31）

S5：（C11　and　k21　and　k32）

S6：（C11　and　k21　and　k33）

S7：……

三、“补充式”检索策略

“补充式”往往在进行“块式”检索策略和“探矿式”检索策略的过程中实施。比如在实施“块式”检索策略时发现了更相关的分类号或者更准确的关键词，及时进行补充式检索，这种属于精确制导的“补充式”检索。

还有针对特定数据库的“补充式”检索，如将“块式”检索策略和“探矿式”检索策略在其他具体国家的专利数据库中重新实施一遍。

再者，基于最接近现有技术的“补充式”检索（类似于创造性的三步法），由于不能检索到X类文献，退而求其次，基于本专利与最接近现有技术的“区别特征”，进行针对性的补充检索，如检索Y类文献或公知常识性证据等。

案例[1]：

申请号：201180024432.0

发明名称：用于飞行器和船舶因特网服务的混合卫星和网状网络系统

申请人：高通股份有限公司

发明人：A. 加拉里　R. 克里希南　B. 田

背景技术：向飞行器上的乘客提供基于卫星的宽带服务的现有尝试的高成本已经导致远程飞行器的覆盖是不可行的。本申请为了改善飞行器和船舶对诸如因特网之类的基于地面的网络的接入，提出一种方法，包括地面段、移动段和卫星段的混合卫星-网状网络提供移动平台与因特网之间的高带宽通信，仅当移动段节点与地面段节点之间的网状网络通信链路不可用时才使用卫星段，移动段节点可在接入终端模式或接入点模式中起作用以在网络的网状部分中根据路由算法与其他移动段节点通信，移动段节点采用自适应频率重用、链路级数据率自适应、链路级功率控制以及自适应波束成形天线。

权利要求：1. 一种方法，包括：由混合卫星-网状网络中的第一移动段节点执行

[1] 李超，金源. 国家知识产权局学术委员会2015年度专项课题研究项目：分领域检索手册（通信领域）（案例编号：TX4-7）［R］. 2015：102.

第一尝试以直接地或经由所述混合卫星-网状网络中的第二移动段节点来建立至所述混合卫星-网状网络中的任何地面段节点的通信路径；确定由所述第一移动段节点进行的所述第一尝试的失败或成功；以及响应于确定所述第一尝试的失败，由所述第一移动段节点执行第二尝试以经由所述混合卫星-网状网络中的卫星段来建立至所述混合卫星-网状网络中的任何地面段节点的通信路径。

由于有比较准确的 CPC 分类号，可以尝试首先使用较为相关的 CPC 分类号进行检索。

1	SIPOABS	1046	H04B7/18584
2	SIPOABS	2595	H04B7/18506
3	SIPOABS	28	1 and 2

没有检索到相关文献，进一步采用关键词结合分类号进行扩展检索。

4	SIPOABS	1423915	mix??
5	SIPOABS	10	1 and 4
6	SIPOABS	3	2 and 4

还是没有找到相关文献。

此时考虑扩展 CPC 分类号，由于与 H04B7/18584 并列的点组 H04B7/1858、H04B7/18582、H04B7/18586、H04B7/18589、H04B7/18591、H04B7/18593、H04B7/18595、H04B7/18597 等都是侧重其他方面的分类位置，而不是侧重数据包路由，因此可以考虑将 H04B7/18584 扩展到其上位点组 H04B7/18578·····向个体的地面站提供宽带数据业务的卫星系统。

7	SIPOABS	1754	H04B7/18584 or H04B7/18578
8	SIPOABS	38	7 and 2
9	SIPOABS	17	7 and 4

还是没有找到相关文献。

继续扩展 CPC 分类号，将 H04B7/18506 扩展到其下位点组 H04B7/18508·····带有作为中继使用的人造卫星系统的，即卫星航空移动业务，及其并列点组 H04B7/18504·····飞行器用来作为中继或高空大气平台。

10	SIPOABS	4083	H04B7/18506 or H04B7/18508 or H04B7/18504
11	SIPOABS	55	10 and 7

还是没有找到相关文献。

继续扩展关键词。

12　SIPOABS　219040　（mobile s net????）/BI

13　SIPOABS　82　12 and 10

检索到一篇 Y 类文献 US2005053026A1，公开日期为 2005 年 3 月 10 日。

权利要求 1 与上述对比文件的区别特征在于：由混合卫星-网状网络中的第一移动段节点执行第一尝试以直接地或经由所述混合卫星-网状网络中的第二移动段节点来建立至所述混合卫星-网状网络中的任何地面段节点的通信路径。基于上述区别特征，继续调整检索思路。

14　SIPOABS　250130　（（first or second or selected） s net????）/BI

15　SIPOABS　49　10 and 14

找到另一篇 Y 类文献 EP1926234A2，公开日期为 2008 年 5 月 28 日。

四、“扩展式”检索策略

在实施上面 3 种检索策略后仍未发现有价值的文献时，可以实施“扩展式”检索策略。首先是分类号的逐级扩展，先从较为相关的下位组进行检索，接着按照层级结构进行扩展。如果相关分类是应用性分类，则向相关的功能性分类位置进行扩展。最后，向应用相似的领域进行扩展。

举例说明[1]：

1. 一种圆锯机的夹具快拆结构（见图 3-15），其特征在于，包含有：一盘座，是位于该圆锯机底部且具有至少一卡掣组，该卡掣组具有二贯孔，各该贯孔可界定出一安装段以及一限位段，该限位段的宽度小于该安装段的宽度；至少一夹台，具有一固定座及结合于该固定座底面的二凸柱，该二凸柱分别穿设对应的贯孔且于自由端具有一头部，该头部外径介于该贯孔的安装段宽度与限位段宽度之间，该固定座是受外力作用于一第一位置与一第二位置间移动，该固定座于该第一位置时，该二凸柱位于该安装段，该固定座于该第二位置时，该二凸柱位于该限位段，且凸柱的头部嵌卡于该限位段。

[1] 国家知识产权局专利局人事教育部. 计算机检索高级教程：检索策略与专利审查分册（试用版）[M]. 北京：知识产权出版社，2020：45-48.

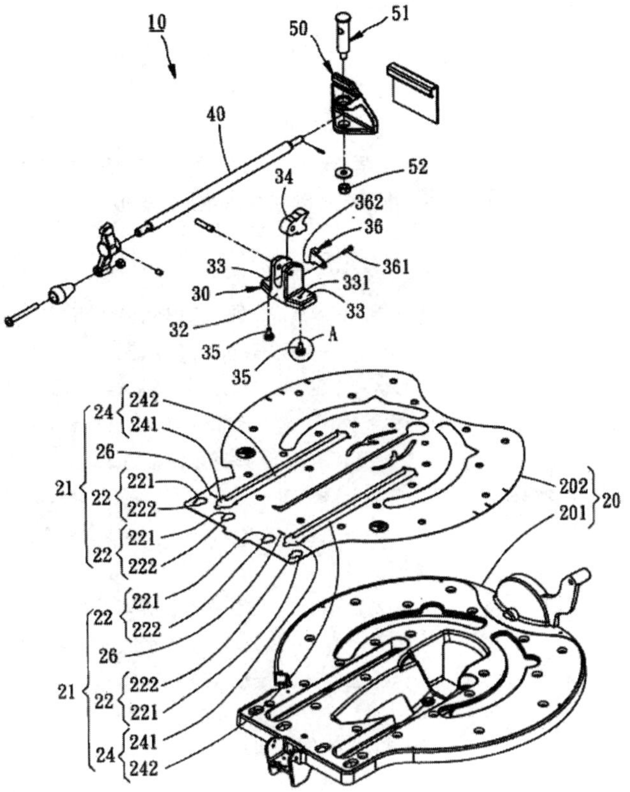

图 3-15　一种圆锯机的夹具快拆结构

按照常规的检索策略，检索要素为圆锯机（B23D47/04）、凸柱（column）、贯孔（keyhole）。检索结果如图 3-16 所示。

B23D47/04	.工件进给，定位，夹固或转动的装置的
B	作业；运输
B23	机床；其他类目中不包括的金属加工
B23D	刨削；插削；剪切；拉削；锯；锉削；刮削；其他类目不包括的用切除材料方式对金属加工的类似操作（齿轮或类似物的入B23F；用局部加热方式切割金属入B23K；用于仿形或控制装置入B23Q）
B23D 47/00	仅以特殊部分结构件为特征的圆锯片锯床或锯切装置（这些部分本身的结构部件入B23Q；与执行操作无特殊关联的便携式机动工具的零件或部件，例如外壳、机体入B25F5/00）
B23D 47/04	.工件进给，定位，夹固或转动的装置的

图 3-16　检索结果（一）

但是，采用上述检索方式没有检索到很相关的文献。考虑这种圆锯机的夹具快拆结构是一种通用性强的机械连接机构，可扩展至功能分类位置：F16B35/04，其检索结果如图 3-17 所示。

F16B35/04 .具有为将螺栓固定在物体上或物体内，而带有特殊形状的头或杆（通过用辅助零件将螺栓锁定在物体内以防转动入F16B39/00）

F	机械工程；照明；加热；武器；爆破
F16	工程元件或部件；为产生和保持机器或设备的有效运行的一般措施；一般绝热
F16B	紧固或固定构件或机器零件用的器件，如钉、螺栓、簧环、夹、卡箍或楔；连接件或连接（用于传送旋转运动的联轴器入F16D）
F16B 35/00	螺栓；支撑螺栓；双头螺栓；螺钉；止动螺钉（壁内销钉入F16B13/00；切割螺纹的螺钉入F16B25/00）
F16B 35/04	.具有为将螺栓固定在物体上或物体内，而带有特殊形状的头或杆（通过用辅助零件将螺栓锁定在物体内以防转动入F16B39/00）

图 3-17　检索结果（二）

通过对功能分类位置 F16B35/04 的扩展检索，检索到文献 WO96/41960，其摘要附图如图 3-18 所示，经阅读全文，该文献可以作为 X 类文献。

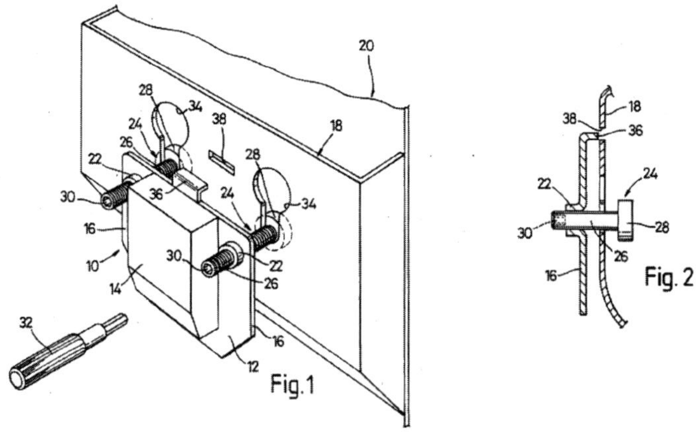

图 3-18　摘要附图

五、“追踪式”检索策略

“追踪式”检索策略既可以在实施上面的检索策略的过程中实施，也可以在完成上面的检索策略之后单独实施。“追踪式”检索策略最常见的是针对本专利的申请人（发明人）的追踪；其次是对本专利（或者检索到的相关文献）的引证文献的追踪；还可以是对本专利同族文献审查信息的追踪；也可以是对本专利相关同类产品或服务信息的专利技术逆向追踪等。

举例说明❶：

案例 1：

申请号：200710096607.4

申请人：高田株式会社

发明名称：安全带卷收器

权利要求 1：一种安全带卷收器（见图 3-19），包括用于卷绕并收容安全带的卷轴；和预张紧器，其具有将多个滚珠排列成一列状态的滚珠列的滚珠导向管以及产生用于使所述滚珠列朝向所述滚珠导向管前端侧移动的喷出气体的气体产生单元，通过所述滚珠列的移动使所述卷轴向卷绕方向旋转，从而向所述安全带施加张力；其特征在于，所述预张紧器具有能够使所述滚珠导向管内的所述滚珠列停止移动的滚珠列移动停止单元。

相关附图：

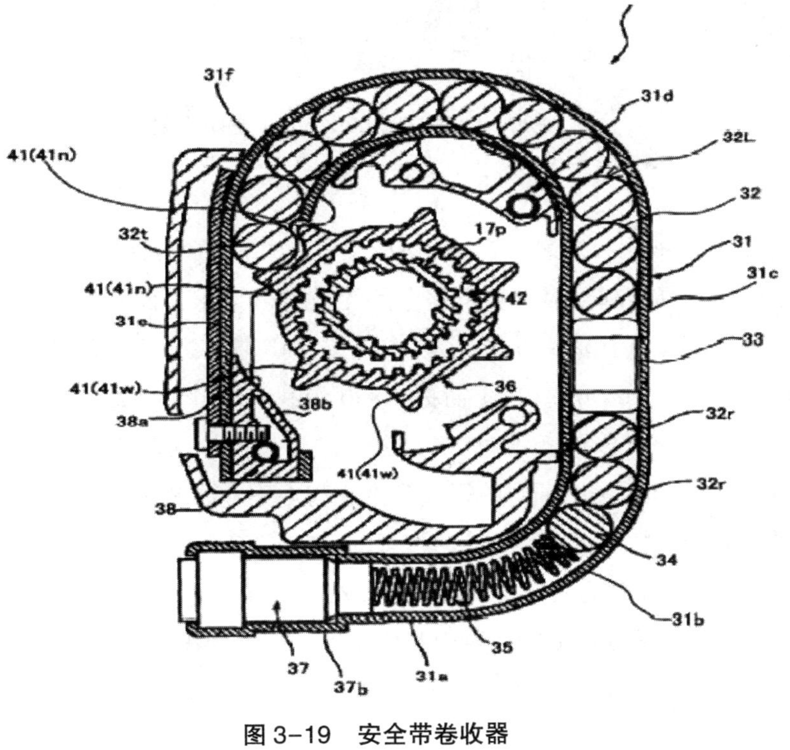

图 3-19　安全带卷收器

❶ 国家知识产权局人事教育部. 专利审查员系列培训教材——计算机检索高级教程（下册：检索策略）[M]. 北京：知识产权出版社，2020：31-33.

发明目的：提供一种滚珠方式的预张紧器，即使在过度松弛的情况下，作为预张紧方式的高约束用而能够向安全带给予汽车乘员约束系统充足的张力。

本专利申请人为高田株式会社，其发明点在于安全带卷收器中的张紧器结构。可以优先考虑本领域世界上主要的三大安全带生产厂商，通过三大生产厂商来限定申请人，它们分别是日本高田（TAKATA）、美国天合（TRW）和瑞典奥托立夫（AUTOLIV），结合分类号限定的技术领域能够大大缩小文献阅读范围。

通过检索式：((TAKATA)/PA OR (TRW)/PA OR (AUTOLIV)/PA) and ((B60R22/46)/IC OR (B60R22/44)/IC)可快速检索一篇可以用来评述本申请创造性的对比文件 WO2005/080150A1。该对比文件的发明附图如图 3-20 所示。

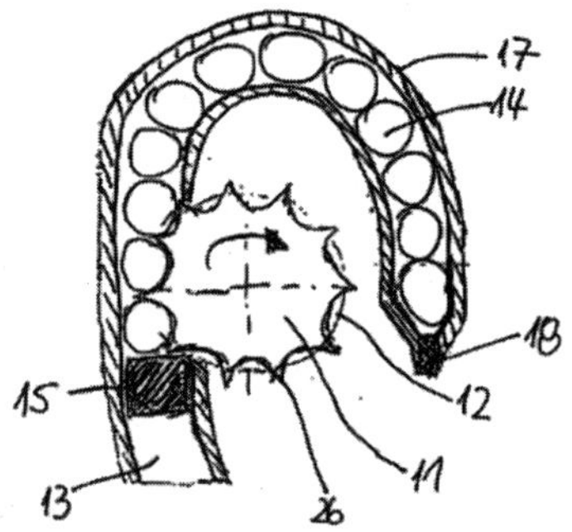

图 3-20　WO2005/080150A1 发明附图

案例 2：

2019 年 2 月 1 日，Adobe 公司对 RAH 公司的 US7312897B2（以下简称“897 专利”，见图 3-21）提出基于多方复审程序的无效宣告请求，而其中一项重要证据正是通过对该专利的引文进行追踪获取。在“897 专利”授权公开文件的引证信息中，可以追踪获取专利 US5416890A（以下简称“890 专利”，见图 3-22）。该专利于 1991 年 12 月 11 日申请，并于 1995 年 5 月 16 日公开。通过对该文献进行进一步引证分析发现，“890 专利”的非专利引证中的第二篇论文与本案非常相关，进一步对该作者所发表的论文进行追踪，最终找到另一篇同作者的论文。

Adobe 公司提出的对比文件为 5 篇美国专利、1 篇论文以及 Adobe 的用户手册，可见，追踪检索策略在无效证据的检索中起到了极其关键的作用。

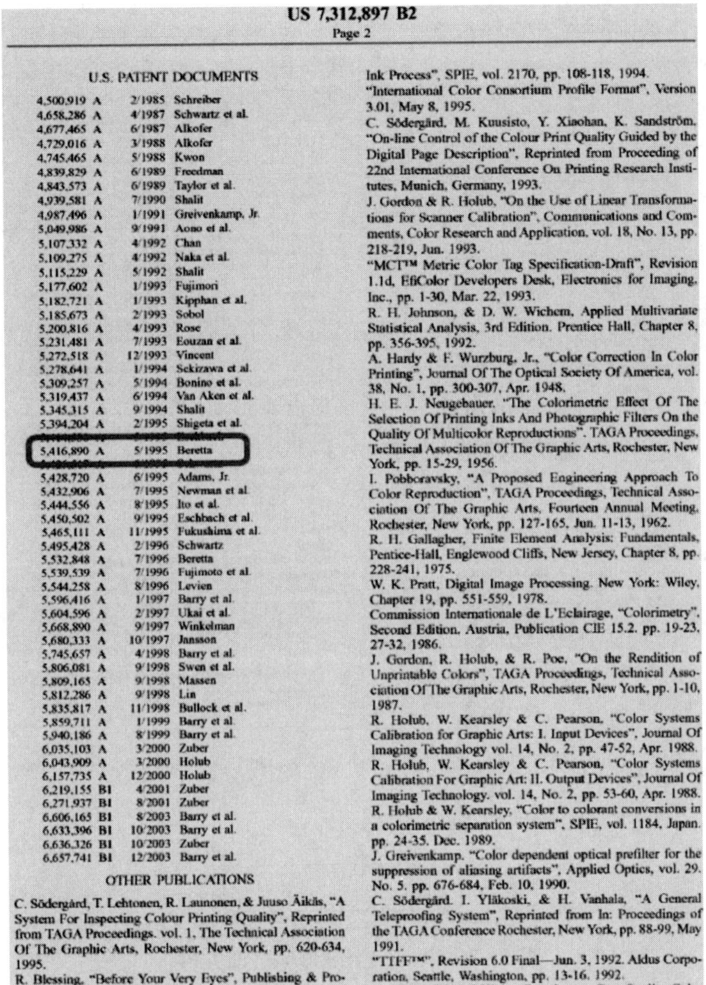

US 7,312,897 B2

Page 2

U.S. PATENT DOCUMENTS

4,500,919	A	2/1985	Schreiber
4,658,286	A	4/1987	Schwartz et al.
4,677,465	A	6/1987	Alkofer
4,729,016	A	3/1988	Alkofer
4,745,465	A	5/1988	Kwon
4,839,829	A	6/1989	Freedman
4,843,573	A	6/1989	Taylor et al.
4,939,581	A	7/1990	Shalit
4,987,496	A	1/1991	Greivenkamp, Jr.
5,049,986	A	9/1991	Aono et al.
5,107,332	A	4/1992	Chan
5,109,275	A	4/1992	Naka et al.
5,115,229	A	5/1992	Shalit
5,177,602	A	1/1993	Fujimori
5,182,721	A	1/1993	Kipphan et al.
5,185,673	A	2/1993	Sobol
5,200,816	A	4/1993	Rose
5,231,481	A	7/1993	Eouzan et al.
5,272,518	A	12/1993	Vincent
5,278,641	A	1/1994	Sekizawa et al.
5,309,257	A	5/1994	Bonino et al.
5,319,437	A	6/1994	Van Aken et al.
5,345,315	A	9/1994	Shalit
5,394,204	A	2/1995	Shigeta et al.
[illegible]			
5,416,890	A	5/1995	Beretta
[illegible]			
5,428,720	A	6/1995	Adams, Jr.
5,432,906	A	7/1995	Newman et al.
5,444,556	A	8/1995	Ito et al.
5,450,502	A	9/1995	Eschbach et al.
5,465,111	A	11/1995	Fukushima et al.
5,495,428	A	2/1996	Schwartz
5,532,848	A	7/1996	Beretta
5,539,539	A	7/1996	Fujimoto et al.
5,544,258	A	8/1996	Levien
5,596,416	A	1/1997	Barry et al.
5,604,596	A	2/1997	Ukai et al.
5,668,890	A	9/1997	Winkelman
5,680,333	A	10/1997	Jansson
5,745,657	A	4/1998	Barry et al.
5,806,081	A	9/1998	Swen et al.
5,809,165	A	9/1998	Massen
5,812,286	A	9/1998	Lin
5,835,817	A	11/1998	Bullock et al.
5,859,711	A	1/1999	Barry et al.
5,940,186	A	8/1999	Barry et al.
6,035,103	A	3/2000	Zuber
6,043,909	A	3/2000	Holub
6,157,735	A	12/2000	Holub
6,219,155	B1	4/2001	Zuber
6,271,937	B1	8/2001	Zuber
6,606,165	B1	8/2003	Barry et al.
6,633,396	B1	10/2003	Barry et al.
6,636,326	B1	10/2003	Zuber
6,657,741	B1	12/2003	Barry et al.

OTHER PUBLICATIONS

C. Södergård, T. Lehtonen, R. Launonen, & Juuso Äikäs, "A System For Inspecting Colour Printing Quality", Reprinted from TAGA Proceedings. vol. 1, The Technical Association Of The Graphic Arts, Rochester, New York, pp. 620-634, 1995.
R. Blessing, "Before Your Very Eyes", Publishing & Production Executive, Aug. 1995.
"Graphic Technology-Color Reflection Target For Input Scanner Calibration", American National Standard, Annex B, pp. 18-20, Jun. 1993. (ANSI© IT, Jul. 2, 1993).
H. Boll, "A Color To Colorant Transformation For A Seven Ink Process", SPIE, vol. 2170, pp. 108-118, 1994.
"International Color Consortium Profile Format", Version 3.01, May 8, 1995.
C. Södergård, M. Kuusisto, Y. Xiaohan, K. Sandström, "On-line Control of the Colour Print Quality Guided by the Digital Page Description", Reprinted from Proceeding of 22nd International Conference On Printing Research Institutes, Munich, Germany, 1993.
J. Gordon & R. Holub, "On the Use of Linear Transformations for Scanner Calibration", Communications and Comments, Color Research and Application, vol. 18, No. 13, pp. 218-219, Jun. 1993.
"MCT™ Metric Color Tag Specification-Draft", Revision 1.1d, EfiColor Developers Desk, Electronics for Imaging, Inc., pp. 1-30, Mar. 22, 1993.
R. H. Johnson, & D. W. Wichem, Applied Multivariate Statistical Analysis, 3rd Edition. Prentice Hall, Chapter 8, pp. 356-395, 1992.
A. Hardy & F. Wurzburg, Jr., "Color Correction In Color Printing", Journal Of The Optical Society Of America, vol. 38, No. 1, pp. 300-307, Apr. 1948.
H. E. J. Neugebauer, "The Colorimetric Effect Of The Selection Of Printing Inks And Photographic Filters On the Quality Of Multicolor Reproductions", TAGA Proceedings, Technical Association Of The Graphic Arts, Rochester, New York, pp. 15-29, 1956.
I. Pobboravsky, "A Proposed Engineering Approach To Color Reproduction", TAGA Proceedings, Technical Association Of The Graphic Arts, Fourteen Annual Meeting, Rochester, New York, pp. 127-165, Jun. 11-13, 1962.
R. H. Gallagher, Finite Element Analysis: Fundamentals, Pentice-Hall, Englewood Cliffs, New Jersey, Chapter 8, pp. 228-241, 1975.
W. K. Pratt, Digital Image Processing. New York: Wiley, Chapter 19, pp. 551-559, 1978.
Commission Internationale de L'Eclairage, "Colorimetry", Second Edition, Austria, Publication CIE 15.2. pp. 19-23, 27-32, 1986.
J. Gordon, R. Holub, & R. Poe, "On the Rendition of Unprintable Colors", TAGA Proceedings, Technical Association Of The Graphic Arts, Rochester, New York, pp. 1-10, 1987.
R. Holub, W. Kearsley & C. Pearson, "Color Systems Calibration for Graphic Arts: I. Input Devices", Journal Of Imaging Technology vol. 14, No. 2, pp. 47-52, Apr. 1988.
R. Holub, W. Kearsley & C. Pearson, "Color Systems Calibration For Graphic Art: II. Output Devices", Journal Of Imaging Technology. vol. 14, No. 2, pp. 53-60, Apr. 1988.
R. Holub & W. Kearsley, "Color to colorant conversions in a colorimetric separation system", SPIE, vol. 1184, Japan. pp. 24-35, Dec. 1989.
J. Greivenkamp, "Color dependent optical prefilter for the suppression of aliasing artifacts", Applied Optics, vol. 29. No. 5, pp. 676-684, Feb. 10, 1990.
C. Södergård, I. Yläkoski, & H. Vanhala, "A General Teleproofing System", Reprinted from In: Proceedings of the TAGA Conference Rochester, New York, pp. 88-99, May 1991.
"TIFF™", Revision 6.0 Final—Jun. 3, 1992. Aldus Corporation, Seattle, Washington, pp. 13-16, 1992.
C. Hoyt, "Toward Higher Res. Lower Cost Quality Color and Multispectral Imaging", Reprinted from Advanced Imaging, Apr. 1995.
"Abstracts of Awards for Fiscal Year 1995", SBIRP, U.S. Department of Commerce, pp. 46.

图 3-21 US7312897B2 引证文件

US005416890A

United States Patent [19]

Beretta

[11] **Patent Number:** **5,416,890**

[45] **Date of Patent:** **May 16, 1995**

[54] **GRAPHICAL USER INTERFACE FOR CONTROLLING COLOR GAMUT CLIPPING**

[75] Inventor: **Giordano B. Beretta**, Palo Alto, Calif.

[73] Assignee: **Xerox Corporation**, Stamford, Conn.

[21] Appl. No.: **805,224**

[22] Filed: **Dec. 11, 1991**

[51] **Int. Cl.**⁶ **G06T 5/00**
[52] **U.S. Cl.** **395/131**; 395/140
[58] **Field of Search** 395/131, 140; 345/150

[56] **References Cited**

U.S. PATENT DOCUMENTS

4,488,245	12/1984	Dalke et al.	364/526
4,694,286	9/1987	Bergstedt	304/703
4,721,951	1/1988	Holler	340/701
4,958,220	9/1990	Alessi et al.	358/76
4,972,257	11/1990	Birnbaum et al.	358/80
4,985,853	1/1991	Taylor et al.	364/521
5,264,927	11/1993	Miyoshi et al.	395/131 X

FOREIGN PATENT DOCUMENTS

0313796	5/1989	European Pat. Off.	G06F 3/023
0403081	12/1990	European Pat. Off.	G09G 1/28
0448250	9/1991	European Pat. Off.	H04N 1/46

OTHER PUBLICATIONS

Microsoft *PowerPoint, Desktop Presentations Program*, User's Manual, Microsoft Corporation, Redmond,

Stone, M. C. "Color, Graphic Design, and Computer Systems", *COLOR research and application*, vol. 11, Supplement 1986, pp. S75–S82.

Guitard, R. and Ware, C., "A Color Sequence Editor", *ATM Transactions on Graphics*, Jul. 1990, 9:3, pp. 338–341.

Robertson, P. K., "Perceptual Color Spaces—Visualizing Color Gamuts: A User Interface for the Effective Use of Perceptual Color Spaces in Data Displays", *IEEE Computer Graphics & Applications*, Sep. 1988, pp. 50–64.

Hedin, C–E., and Derefeldt, G., "Palette—A color selection aid for VDU images", *Perceiving, Measuring, and Using Color, Proceedings of SPIE*, Santa Clara, Calif., Feb. 1990, vol. 1250, pp. 165–176.

Hansen, R., "Breaking the Color Barrier", *Computer Graphics World*, Jul. 1990, pp. 39–48.

Beretta, G. B., *A New Approach to Imaging IC Layout and Schematics*, Xerox Palo Alto Research Center, EDL–88–3, 1988.

"Electronics for Imaging: Quality Color on the Desktop", *The Seybold Report On Desktop Publishing*, Oct. 3, 1990, pp. 16–22.

(List continued on next page.)

Primary Examiner—Mark K. Zimmerman
Attorney, Agent, or Firm—Judith C. Bares

[57] **ABSTRACT**

A graphical user interface provides for interactively modifying, on the user's display, the appearance of a palette of colors on one or more hardcopy output devices. The interface provides a graphical representation of a color space in a color space window on the user's display and draws each color in the palette in its current location in the color space, thereby showing the relationship of each color in the palette with other colors in the palette. The interface stores all color representations as device independent color specifications. The user interface stores a plurality of colorimetrically measured colors representing the gamut of one or more target hardcopy output devices, and displays the boundaries of a selected device gamut in the color space. The user manually controls the appearance of a color on an output printer device by moving a color from a current location outside the target gamut to a destination location inside the gamut. The user may also edit the color's lightness signal. A gamut clipping process ensures that the modified color is producible in the target gamut. When the user moves a color from inside a displayed target gamut to outside the gamut, a gamut constraining process prevents the color from being moved beyond the boundaries of the gamut. The user may flexibly and conveniently display and edit the palette of colors in any of several color spaces available, one of which is the uniform CIELAB color space. Modifications to palette colors are stored for future use.

10 Claims, 34 Drawing Sheets

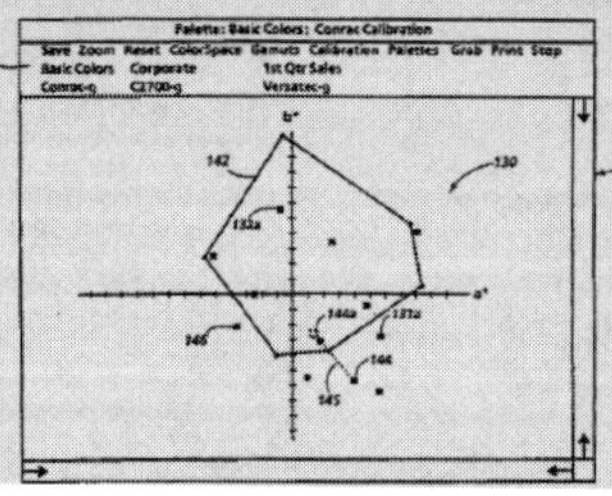

图 3-22　US5416890A 引证文件

六、“混合式”检索策略

在实际检索过程中，往往是各种检索策略“混合”使用。在对这些检索策略混合使用时，注意这些检索策略间的相互嵌套关系，不管如何混合使用，一定要构成完整检索策略。也就是说，完整的检索思路不能混乱，否则会导致漏检。

检索策略的制定有时并非刚开始就能精确确定，往往需要在检索过程中，根据检索情况进行调整，因此在实际检索过程中，上述检索策略可以结合使用。

第四节　检索实施

一、检索结果比对

对于检索结果与本专利的比对方法，可参考如下的对比文献与本专利的由技术问题、技术方案（分解或技术特征）、技术效果组成的完整发明构思对比，见表 3-5。对于对比文献和目标专利的技术特征对比原则，重点参看《专利审查指南 2010》第二部分第三章和第四章的内容。

表 3-5　对比文献与本专利完整发明构思对比

检索结果	本申请的发明构思					对比结果
	技术问题	技术方案			技术效果	
	……	技术特征 1	技术特征 2	技术特征 n	……	
对比文件 1	√	√	√	√	√	X 类文献
对比文件 2	√	√	√	×	未完全达到	Y 类文献
对比文件 3	√	√	×	√	未完全达到	Y 类文献
对比文件 4	√	×	×	×	×	A 类文献
对比文件 5	×	×	×	×	×	不相关文献

二、检索结束（中止）时机

从理论上说，任何完善的检索都应当是既全面又彻底的检索。但是从成本的合理性角度考虑，检索要有一定的限度。审查员要随时根据已经检索出的对比文件的数量和质量决定是否应当中止检索。考虑的原则是用于检索的时间、精力和成本与预期可能获得的结果要相称。在这一原则下，审查员在没有获得对比文件而决定中止检索时，应当至少在最低限度数据库内进行了检索。最低限度数据库一般情况下应当包括中国专利文摘类数据库、中国专利全文类数据库、外文专利文摘类数据库、英文专利全文类数据库以及中国期刊全文数据库。[1]

以上是《专利审查指南 2010》中规定的专利审查员在进行专利性检索时可以中止检索的时机。但对于本书中的针对专利有效性的检索而言，要求应当更高一些，如图

[1] 《专利审查指南 2010》第二部分第七章第 8.1 节。

3-23 所示。专利有效性检索可以中止检索的情形如下：

（1）找到一份与本专利的全部权利要求密切相关的对比文件，并且认为它清楚地公开了本专利的全部权利要求的全部技术特征，或者由它所公开的内容使所属技术领域的技术人员能够得出权利要求书中的全部技术方案，该对比文件能够单独影响本专利的全部权利要求的新颖性或创造性，构成检索报告中所规定的 X 类文件或 E 类文件。

（2）找到两份或者多份与本专利的全部权利要求密切相关的对比文件，并且认为，所属技术领域的技术人员能够容易地把它们结合起来，得出权利要求书中的全部技术方案，即这些对比文件结合起来能够影响本专利的全部权利要求的创造性，构成检索报告中所规定的 Y 类文件。

（3）应当实施了完整的常规检索策略和必要的补充检索策略、扩展检索策略和追踪检索策略，且已经尽可能地将检索覆盖到所有中外文专利、图书期刊、技术标准数据库以及其他在国内外公开使用或者以其他方式为公众所知的技术。

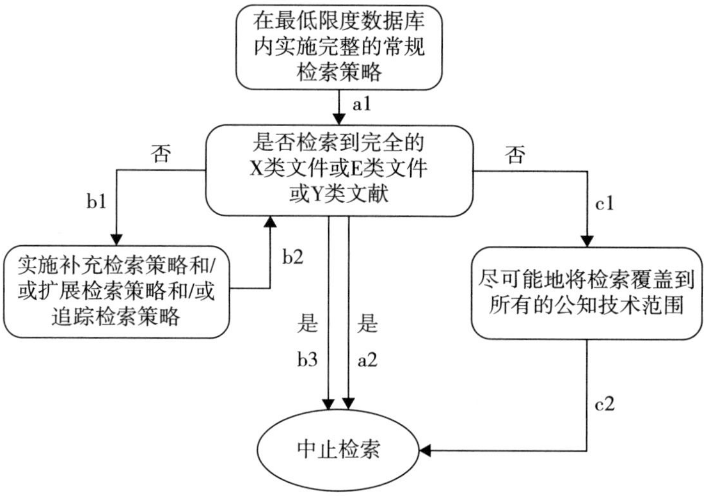

图 3-23 专利有效性检索的中止检索时机

三、检索过程的迭代/自适应

专利检索是一个不断反复的过程，要注重中间检索结果的利用。

一旦检索开始，就必须考虑到所获得的中间检索结果，在迭代过程中不断地修改和调整初始的主要检索焦点，并且如果必要的话，应该在移动中改变所有先前的标准和策略，以尽可能短的时间将搜索引导到最佳的现有技术。

例如，欧洲专利局（EPO）审查人员在接受检索培训时，会使用闭环的迭代和自适应方法优化检索，对检索的中间结果的质量进行持续监控，并对初始检索式进行严格审视。

专利检索主要有4个阶段，每个检索阶段都需要将当前阶段找到的中间检索结果对前一阶段进行严格审视（见图3-24）。如果在前一阶段出现了问题或可以改进，这些中间结果（有价值文献）可能会提供有关它的线索。通过这种方式，检索方式或检索策略从一条线性路径转变为一系列循环或迭代，从而不断改进结果，并更精确地缩小目标范围。这就允许自适应的检索策略，直到检索结束时才固定。

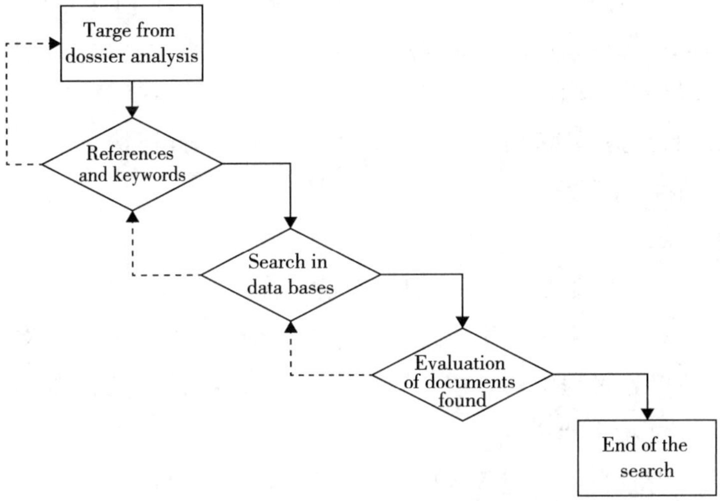

图3-24 迭代/自适应式专利检索❶

举例说明❷：

本申请涉及一种陶粒负载型中低温SCR脱硝催化剂，所述催化剂按质量百分比包括：氧化锰0.019%~20%；过渡金属元素Y的氧化物0.01%~15%；其余为陶粒载体，所述过渡金属元素Y包括Fe、Co、Sb、Mo、Rh中的一种或几种。

该申请背景技术记载，传统的中低温SCR脱硝催化剂载体包括二氧化钛、活性氧化铝、碳基材料、分子筛等，然而这些以传统材料为载体制备的中低温SCR催化剂往往存在低温活性不高、机械强度差、成本高、难于实现工业化应用等问题；而作为建筑材料的陶粒从上述记载的内容看，申请对现有技术的主要技术贡献是选择陶粒作为SCR催化剂载体。

在初始审查时，首先基于检索人员对SCR脱硝催化剂的已有认知来初步理解发明。检索人员当时的认知范围是：SCR脱硝催化剂的载体通常为二氧化钛、活性氧化铝、

❶ RICARDO OLTRA-GARCIA. Efficient searching with situation specific and adaptive search strategies: Training material for patent searchers [J]. World Patent Information, 2018, 54 (S9): 29-32.

❷ 王旭涛. 基于理解发明与准确检索之辩证关系的检索策略 [J]. 审查业务通讯, 26 (3).

碳基材料等常规催化剂载体，并且很多实际上已经实现了工业化，尚未发现采用陶粒作为载体来制备 SCR 脱硝催化剂，甚至用陶粒作为一般催化剂载体都比较少见，陶粒通常在化工领域作为吸附剂使用；另外，就 SCR 催化剂而言，活性组分通常是 V、Cr 等，Mn 并非常见的必要活性元素，为了初步了解现有技术状况，扩展对本领域知识的掌握，首先用本领域最常规的检索方式进行初步检索：

（1）（锰 or Mn）p（铁 or Fe or 钴 or Co or 镍 or Ni or 铜 or Cu or 铈 or Ce or 钒 or V or 铬 or Cr or 锆 or Zr or 镧 or La or 锑 or Sb or 钼 or Mo or 铑 or Rh）p 陶粒

另外，考虑到虽然催化剂的性能由其自身的结构和/或组成决定，但是由于权利要求书中还包括涉及催化剂用途的权利要求，并且从为了使审查意见更具有说服力的角度，在检索时尽可能选择领域相同或相近的技术领域，因此还构造了如下检索式：

（2） SCR or 脱硫 or 脱硝

（3） /ic BO1D53/

将检索式（2）和检索式（3）分别与检索式（1）的结果进行逻辑组合并进行检索结果筛选，并未得到使用陶粒作为载体制备 SCR 催化剂的现有技术文件。

但在对比文件筛选过程中，发现一篇涉及陶粒负载活性金属盐制备废水处理催化剂的专利文献（下文称作“文献 1”）。在文献 1 中，描述了陶粒的详细制备方法，其制备原料与本申请背景技术中记载的原料相比更为广泛，只要满足无机原料进行成型和烧结，制得的产品通常都可以称作陶粒，并且指出陶粒作为催化剂载体存在强度差、易破碎的缺点，因而在陶粒制备中向其中加入例如 SiO_2 和 Al_2O_3 来克服所述缺点。

通过上述检索还发现，选择“脱硫”“脱硝”作为检索要素，导致检索噪声比较大，并且噪声主要来自石油炼制领域的大量脱硫、脱硝相关文献。因此，在后面的检索中需要进行调整，将相关关键词替换为分类号“B01D53/86”（利用催化方法净化空气的一般方法）进行表达。

在初步检索中，还需要通过检索来确定锰（Mn）是否为 SCR 催化剂中的常见元素。如果能够确定 Mn 是 SCR 催化剂中的常见活性元素，则检索的焦点便可以聚焦在陶粒上，从而使检索效率更高。通过初步检索，获得多篇公开了 Mn 作为活性组分的 SCR 催化剂。例如，其中一篇文献（下文称作“文献 2”），排除了 Mn 作为主要技术特征，利用镍、铈的氧化物中的一种或多种为助剂。文献 2 公开的催化剂与申请请求保护的催化剂相比，其区别仅在于载体不同。同时，还获得了针对 Mn 作为催化剂活性组分的相应分类号。

在上述工作的基础上，可以确定将检索完全聚焦于陶粒作为 SCR 催化剂载体，甚至作为普通催化剂载体是没有问题的，进而判断现有技术是否整体上给出了使用陶粒作为中低温 SCR 催化剂载体的技术启示。此时，再结合对文献 1 的理解，对申请的理解与最初的理解相比已经更为准确和全面。

根据从文献1得到的信息，如果以“陶粒”作为关键要素进行检索，可能会存在漏检，因为有些载体虽然名称上不称作陶粒，例如可以称为成型体、颗粒、丸粒、球体、珠等，但是从其制备方法看，同样也可以被视为陶粒。同时，已知陶粒的常见制备原料为污泥、粉煤灰、炉渣、高岭土、硅藻土、膨润土等，并且在烧结后基本都成为无机硅酸盐形式［有对应的分类号 BO1J21/16（包含黏土或其他矿物硅酸盐的催化剂）］，因此构造检索式（4）来替代“陶粒”，同时结合检索式（5）和检索式（6）进行检索：

（4）BO1J21/16/ic or(灰 or 土 or 泥 or 渣 or 矿)s(烧 or 高温)

（5）BO1D53/86/ic or(SCR or 催化还原)

（6）BO1J23/34/ic(含锰催化剂)

通过将检索式（4）~检索式（6）的结果进行逻辑组合，获得不少相关文献。其中一篇专利文献（下文称作“文献3”）公开了一种以赤泥为载体负载锰铈的SCR催化剂，所述SCR催化剂包括赤泥、Mn和Ce，其中赤泥为载体，Mn为活性组分，Ce为助剂，Mn、Ce负载量均占催化剂质量百分比的5%~15%，该催化剂通过包括以下3个步骤的方法制得：①将干燥的拜耳法赤泥、粉煤灰和膨润土混合均匀，加水，用模具制成圆柱体，烘干；②将烘干后的圆柱体煅烧，冷却至室温后，研磨至所需粒径，即得赤泥载体；③将锰源和铈源溶于水，完全溶解后，再加入赤泥载体，浸渍后烘干并煅烧。由文献3中催化剂载体的制备方法可知，该载体可以被视为陶粒。因此，可以用文献3来评述申请技术方案的新颖性，同时还检索到陶粒作为催化剂载体的很多其他文献，例如使用陶粒作为芬顿催化剂臭氧氧化催化剂、光催化剂等的载体。这些文献还指出陶粒内部具有蜂窝状微孔，具有一定的比表面积和强度以及耐腐蚀性，并且公开了与其他常规催化剂载体例如AlO、SiO_2等的性能优劣对比，可以用来与文献2结合评述申请技术方案的创造性。

从上述对案例的理解和检索过程来看，在初步理解发明和初步检索后，根据对初步检索结果即中间结果的分析，及时调整检索思路，将检索的重点聚焦到使用陶粒作为催化剂载体，并且通过对现有技术和申请技术方案的动态比对，对陶粒的含义有了更准确的认识，改变了初始对发明和现有技术的理解，对申请和现有技术的整体状况有了更为全面和准确的理解和把握。

上述案例就是很形象的迭代/自适应式专利检索，其检索思路可以用图3-25来简单描述。

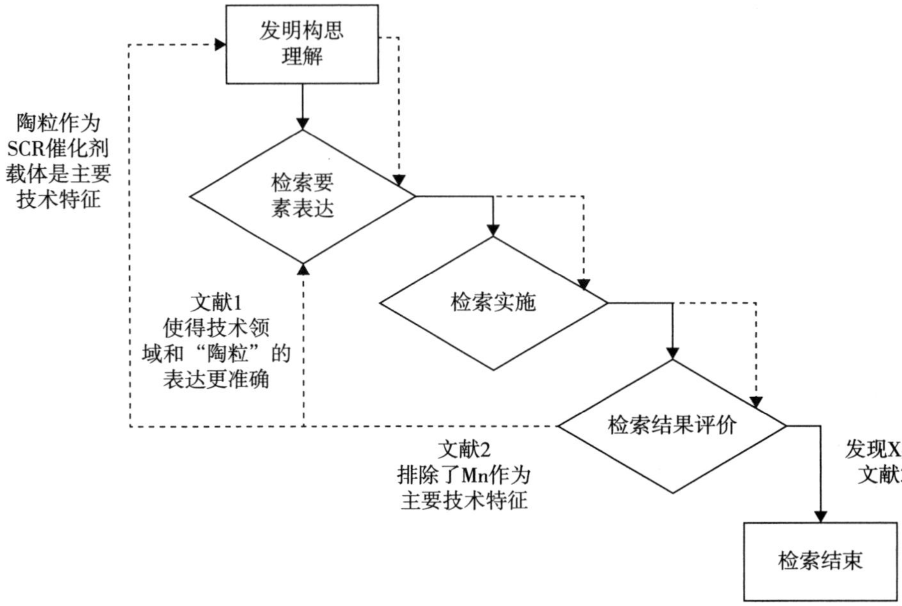

图 3-25　迭代/自适应式专利检索案例思路概括

案例篇

本篇按照机械与材料领域、电学与通信领域以及医药与化学领域分别选取了 4 个案例（总共 12 个案例）进行实践演练，从普通专利检索人员的角度，总结归纳了专利检索人员需掌握的基础知识，提炼了检索经验和技能，并反映了构建专利有效性检索的思路和检索策略。

第四章　机械与材料领域案例

案例 1　自动涂敷油脂的煎炸锅

一、案例背景

空气炸锅是一种可以用空气来进行“油炸”的厨具，主要是利用空气替代原本煎锅里的热油，让食物变熟；同时热空气还吹走了食物表层的水分，使食材达到近似油炸的效果。空气炸锅的工作原理是“高速空气循环技术”，它通过高温加热机器里面的热管来产生热空气，然后用风机将高温空气吹到锅内加热食物，使热空气在封闭的空间内循环，利用食物本身的油脂煎炸食物，从而使食物脱水，表面变成金黄色，达到近似煎炸的效果。

法国 SEB 公司获得授权的 ZL200910159735.8 号“干煎炸锅”专利被认为是我们日常生活中使用的“空气炸锅”的系列发明专利之一。该案是在“干煎炸锅”系列发明专利先后经历 15 次无效宣告请求才最终被宣告无效。

ZL200910159735.8 号涉及一种自动涂敷油脂的煎炸锅，专利扉页如图 4-1 所示。

[19] 中华人民共和国国家知识产权局

[51] Int. Cl.
A47J 37/04 (2006.01)
A47J 39/00 (2006.01)

[12] 发明专利说明书

专利号 ZL 200580018875.3

[45] 授权公告日 2009 年 9 月 9 日

[11] 授权公告号 CN 100536736C

[22] 申请日 2005.6.8
[21] 申请号 200580018875.3
[30] 优先权
[32] 2004.6.8 [33] FR [31] 0406214
[86] 国际申请 PCT/FR2005/001415 2005.6.8
[87] 国际公布 WO2006/000699 法 2006.1.5
[85] 进入国家阶段日期 2006.12.8
[73] 专利权人 塞伯股份有限公司
地址 法国埃克里
[72] 发明人 让 - 马克 · 帕扬
让 - 克洛德 · 比扎德
[56] 参考文献
CN1310593A 2001.8.29
US4581989 1986.4.15
CN2439239Y 2001.7.18
DE4125057C1 1993.2.18
US4439459 1984.3.27
US4649810 1987.3.17
EP0213074A1 1987.3.4
DE2102062 1972.7.27
审查员 ×××
[74] 专利代理机构 北京三友知识产权代理有限公司
代理人 ×××

权利要求书 4 页 说明书 18 页 附图 4 页

[54] 发明名称
自动涂覆油脂的煎炸锅

[57] 摘要

本发明提供一种自动涂覆油脂的煎炸锅。本发明涉及一种干式烹调煎炸锅(1)，该煎炸锅包括：容纳待煎炸的食物物品的主体(2)；用于通过将所述食物物品与油脂混合而给所述物品自动涂覆油脂膜的装置(5，6)，所述装置安装在所述主体(2)内；安装在所述主体(2)上的主加热器装置(24)，该主加热器装置设计成产生热流(25)，该热流定向成直接冲击至少一部分所述食物，所述主加热器装置(24)提供用于烹调的热的至少主要部分。所述煎炸锅的烹调装置是多种多样的。

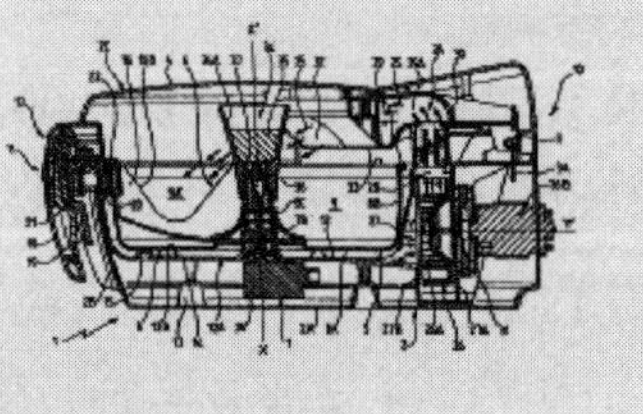

图4-1 自动涂敷油脂的煎炸锅的专利扉页

本专利的权利要求 1 和对应的附图如图 4-2 所示。

1. 一种干煎炸锅（1），该干煎炸锅包括用于容纳待煎炸的食物的主体（2），在所述主体（2）内安装有一装置（5，6），所述装置用于通过将所述食物与油脂混合而给所述食物自动涂覆油脂膜，该干煎炸锅还包括安装在所述主体（2）上的主加热器装置（24），该主加热器装置设计成产生热流（25），该热流定向成直接冲击至少一部分所述食物，所述主加热器装置（24）提供用于烹调的热的至少主要部分。

图 4-2 本专利的权利要求 1 和对应的附图

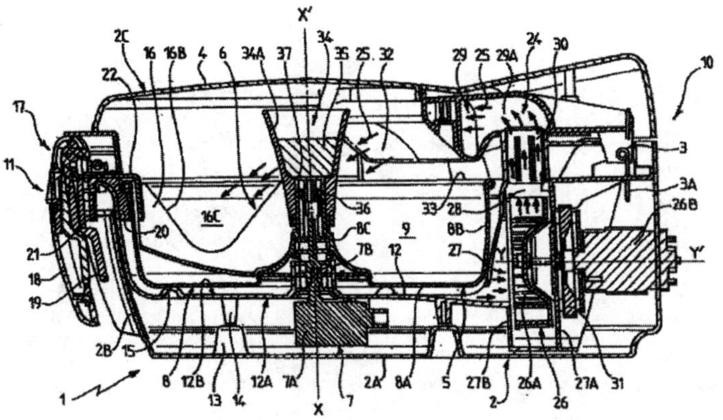

图 4–2　本专利的权利要求 1 和对应的附图（续）

二、理解发明构思

在理解本专利发明构思的过程中，首先要确定本专利要解决的技术问题是什么。而技术问题通常需要仔细阅读说明书的全文，尤其是背景技术部分提及的现有技术的缺陷、发明内容部分描述的本专利的目的。其次要分析主要技术方案（通常是围绕权利要求 1）中主要技术特征以及与之对应的具体实施方式中的技术效果。以上分析思路如图 4–3 所示。

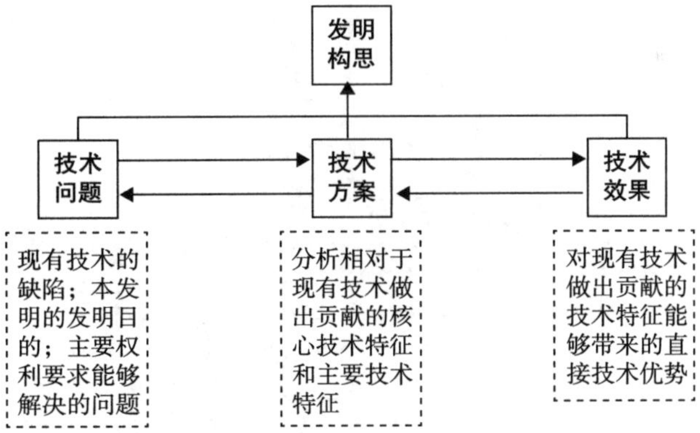

图 4–3　发明构思分析思路

从本专利的说明书中可以得知，本专利所要解决的技术问题是由于现有产品存在“电煎炸锅倒空困难、存在烫伤风险、口味差、不利于健康等”“烤箱的口味和品相差”等缺陷，而提供一种安全、经济、口味好的清洁干煎炸设备（见图 4–4）。权利要求 1 的技术方案中的核心技术特征是干煎炸设备，主要技术特征是自动敷油装置和热流主加热装置（见图 4–5），对于这两个装置的限定是采取功能性语言。达到的技术效果是能够自动给食物涂敷油膜并以热流方式配合油膜给食物进行主要加热的干煎炸（见图 4–6）。

200580018875.3　　说　明　书　　第1/18页

自动涂覆油脂的煎炸锅

技术领域

本发明涉及食物烹调器具的一般技术领域，具体涉及设计用于利用油脂煎炸食物的煎炸锅类型的家用器具。

本发明涉及一种煎炸锅，该煎炸锅包括用于在其中容纳供煎炸的食物的主体。

本发明还涉及一种煎炸食物的方法。

背景技术

利用家用电煎炸锅煎炸诸如土豆块的食物已经在现有技术中公知。传统上，这种家用电煎炸锅包括用于充入油或油脂的容器，以及加热该容器内容物的加热装置。

已知的电煎炸锅使用油或熔融油脂的高温浴，例如借助烹调篮将待煎炸的食物浸入其中。

然而，通过浸入热油浴进行煎炸的传统方式虽然通常令人满意，但还存在几个缺点。

首先，这种传统的煎炸锅利用大量的油产生烹调浴，这使得用户在煎炸锅的填充操作期间、在移动煎炸锅时，最重要是在倒空煎炸锅时遇到困难。

所述高温烹调浴或者由于溅出器具容器，或者在用户不当操作（使器具翻倒）时而存在与之相关的烫伤危险。该烫伤危险或意外由于这样的情况而加剧，即，在待煎炸的食物放入油中之前，如此大量的油必须预加热相对较长的时间。这可能导致用户忘记油在预加热，这种疏忽的后果可能是损失惨重。

另外，因为必须定期购买大量的油（通常煎炸 1 千克（kg）新鲜土豆块最少必需 1.5 升（L）到 2L 的油），所以这种已知的煎炸锅使用起来

200580018875.3　　说　明　书　第2/18页

相对较昂贵。这样，用户将自然倾向于通过多次重复使用而节省油，这从卫生和口味的角度来看是不能令人满意的。另外，用户可能在油已经变质时重复使用油，这对健康有害。当用户丢弃废油时，这可能造成破坏环境的后果。

最后，将如此大量的油加热到高温会释放令人特别厌恶的气味，而且也会使油聚合，导致器具的清洁困难和费劲。

还已知现成的称为“烤箱煎炸食物（oven fries）”的食物产品，它由预浸有油的经过预烹调的土豆块构成，以进行烤箱烹调而不需将它们浸入油中。

通常认为，“烤箱煎炸食物”的口味品质普通，并且在所有情况下都远低于通过浸入油中烹调的煎炸食物，后者通常具有由脆壳包围的软核。

另外，“烤箱”烹调需要使用预制的产品，该产品实质上不具有象新鲜食物那样吸引人的感官品质。

发明内容

因此，本发明的目的在于弥补上述各种缺点并且提出一种新颖的煎炸锅和一种新颖的煎炸方法，所述煎炸锅和煎炸方法使用起来特别卫生、安全且经济，而且容易使用和维护，同时允许用户在选择待煎炸的食物方面有很大的自由度。

本发明的另一目的在于提出一种新颖的煎炸锅和一种新颖的煎炸方法，所述煎炸锅和煎炸方法的设计特别简单可靠。

本发明的另一目的在于提出一种新颖的煎炸锅和一种新颖的煎炸方

图 4-4　本专利所要解决的技术问题

200580018875.3　　**权　利　要　求　书**　　第1/4页

1. 一种干煎炸锅（1），该干煎炸锅包括用于容纳待煎炸的食物的主体（2），在所述主体（2）内安装有一装置（5，6），所述装置用于通过将所述食物与油脂混合而给所述食物自动涂覆油脂膜，该干煎炸锅还包括安装在所述主体（2）上的主加热器装置（24），该主加热器装置设计成产生热流（25），该热流定向成直接冲击至少一部分所述食物，所述主加热器装置（24）提供用于烹调的热的至少主要部分。

图 4-5　权利要求 1 中的主要技术特征

根据本发明的主要特征，煎炸锅 1 包括安装在主体 2 中的一装置，该装置用于通过将待煎炸的食物与油脂混合而给所述食物自动涂覆油脂膜。

换言之，与食物浸入油中的现有技术装置相比，本发明基于这样的原理，即，通过给食物的表面涂覆薄油层或任意其它适当的食物等级油脂而简单地进行煎炸。从而，因为少量的油在放于主体 2 中的各个食物块的表面上形成薄的基本均匀的涂层，所以烹调不在油浴中进行，在油浴中烹调就意味着围绕食物的全部或部分存在大量的油脂。

如上所述，油脂自动（即，不需要用户直接和实质的作用）涂覆，从而在食物表面上产生油脂膜。换言之，因为在主体 2 内具有给食物自动涂覆油脂膜的装置，所以用户只需要将食物放入主体 2 中的煎炸锅 1，

图 4-6　权利要求 1 中主要技术特征能带来的技术效果

有利地，煎炸锅 1 包括安装在主体 2 上的主加热器装置 24，其设置成产生定向为基本直接地冲击主体 2 中的至少部分食物的热流 25。

术语“主加热器装置”表示能自行提供用于烹调的热的至少主要部分的加热器装置。优选地，主加热器装置 24 设计并布置成供应全部热。

这里使用的术语“热流”表示热的方向流，其例如与可完全通过静态加热获得的简单的自然对流效应相比，具有有效控制的动态特征。

效果：因为将热流 25 引导成在没有中间介质（例如容器底部）的情况下直接施加在容器 8 中存在的食物上，所以这有助于良好的热交换，并且通过与食物上存在的油膜配合以这样的方式烹调，该方式与油浴中获得的方式基本相同，但没有油浴的缺点。

图 4-6　权利要求 1 中主要技术特征能带来的技术效果（续）

技术问题、技术方案、技术效果三者相互关联，包括技术问题能否由所述技术方案来解决，是否能够达到预期的技术效果，技术效果和技术问题是否对应等。所以说，技术问题、技术方案、技术效果是一个有机的整体。经过对本专利的深入分析，可以梳理出本专利发明构思的 3 个要素（见图 4-7）。

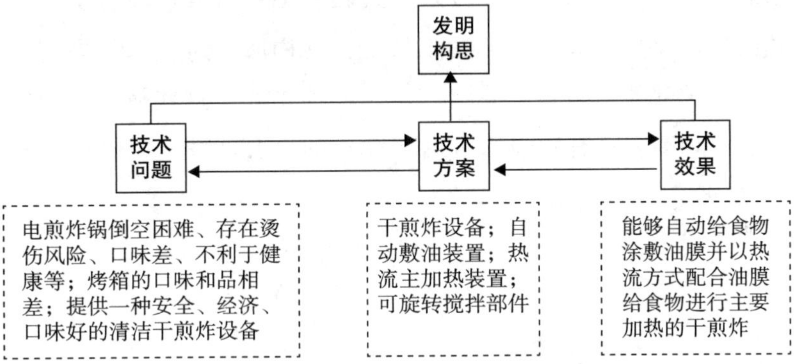

图 4-7　本专利发明构思的三要素

进而，可以将本专利的技术构思概括成一句话：针对电煎炸锅倒空困难、存在烫伤风险、口味差、不利于健康以及烤箱的口味和品相差等的问题，通过设置有能够自动给食物涂敷油膜的自动敷油装置和以热流方式配合油膜给食物进行主要加热的热流主加热装置的一种安全、经济、口味好的清洁干煎炸设备来解决。

三、确定检索要素

确定检索要素时应当重点放在检索对象的发明构思中对现有技术做出“智慧贡献”的技术特征上，技术问题和技术效果可用来细化、补充和完善这些检索要素。因此，需要对主要技术方案中的技术特征进行分类，可将技术特征分为核心技术特征、主要技术特征、次要技术特征以及可替代次要技术特征（见图 4-8）。

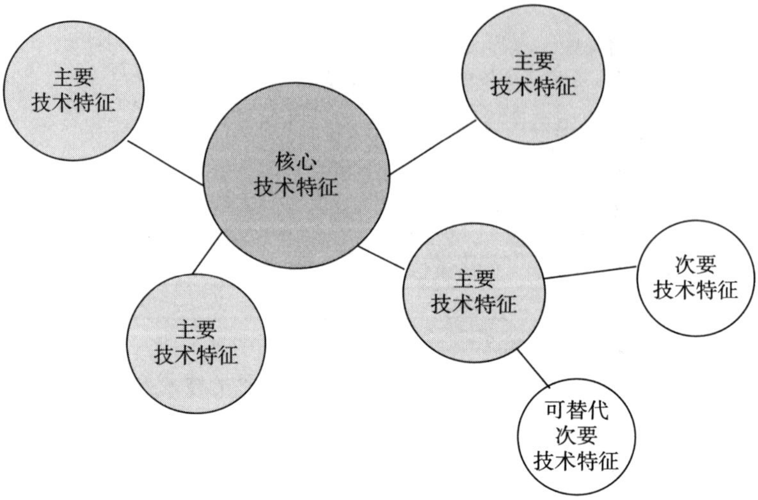

图 4-8 体现发明构思的技术特征分类

按照这个思路，本专利权利要求书中主要的技术特征可分解为："干煎炸设备"可作为一级的核心技术特征，其对确定技术领域和分类号具有重要意义；自动敷油装置和热流主加热装置可作为二级的主要技术特征，其构成了对技术效果的重要支撑；可旋转搅拌部件和容纳部件是构成"关键"从属权利要求（这些从属权利要求是构成权利要求层级的重要环节，具有较强的可退守性）的重要部件，可以作为三级的次要技术特征（见图 4-9）。

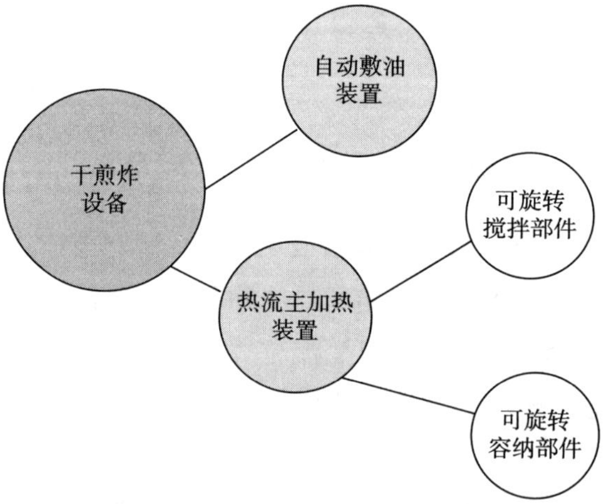

图 4-9 体现本专利发明构思的三种技术特征

四、表达检索要素

根据图 4-8 中的核心技术特征和主要技术特征制作检索要素表达表格（见表 4-1）。

表 4-1 本专利检索要素表达

要素表达	检索要素		
	干煎炸设备	自动敷油装置	热流主加热装置
分类号表达			
关键词表达			

1. 分类号的选取

首先，查阅 IPC 分类表，看看是否能够找到比较恰当的分类位置。

经过查阅，发现小组分类号“A47J 37/00”比较相关，其下一点组中可明显排除的是“A47J 37/10 · 煎锅，包括盖子或把油浇在肉上的装置”“A47J 37/12 · 在油中炸东西用的器具，包括炸鱼专用的器具”，但其余 3 个一点组“A47J 37/01”“A47J 37/04”“A47J 37/06”似乎都比较相关。

A47J 37/00 烘；烤；煎；炸(烤炉，非家用烘烤装置或设备入 A21B；家用炉或灶入 F24B，F24C)

A47J 37/01 · 烘烤专用的容器（烤炉中用的入 A21B）

A47J 37/04 · 有活动安装的食品支架或有活动加热器具的烘烤装置；烤肉叉

A47J 37/06 · 烘烤器；烤肉格子；烤三明治的格子

A47J 37/07 · · 户外使用的烘烤装置；烘整肉的架子

A47J 37/08 · · 电烤面包片装置

A47J 37/10 · 煎锅，包括盖子或把油浇在肉上的装置

A47J 37/12 · 在油中炸东西用的器具，包括炸鱼专用的器具

通过 EPO 网站查阅对应的小组分类原文（见图 4-10），可以发现以下几点。

A47J 37/00	**Baking; Roasting; Grilling; Frying** (bakers' ovens, non-domestic baking apparatus or equipment **A21B**; domestic stoves or ranges **F24B**, **F24C**)
A47J 37/01	• Vessels uniquely adapted for baking (for use in baker's ovens **A21B**)
A47J 37/015	• • {electrically heated}
A47J 37/04	• Roasting apparatus with movably-mounted food supports or with movable heating implements; Spits {(field-cookers **A47J 33/00**, **A47J 36/26**, **F24B**)}
A47J 37/041	• • {with food supports rotating about a horizontal axis (**A47J 37/042** takes precedence)}
A47J 37/042	• • {with food supports arranged on wheels or spiders rotating about a horizontal axis}
A47J 37/043	• • {with food supports rotating about a vertical axis}
A47J 37/044	• • {with conveyors moving in a horizontal or an inclined plane (**A47J 37/045**, **A47J 37/046** take precedence)}
A47J 37/045	• • {with endless conveyors}
A47J 37/046	• • {with horizontal turntables}
A47J 37/047	• • {with rotating drums or baskets}
A47J 37/048	• • {Sausage grills with rotating rollers}
A47J 37/049	• • {Details of the food supports not specially adapted to one of the preceding types of food supports}
☑ A47J 37/06	• Roasters; Grills; Sandwich grills
☑ A47J 37/0605	• • {specially adapted for "raclettes"}
☑ A47J 37/0611	• • {the food being cooked between two heating plates, e.g. waffle-irons}

图 4-10　分类原文

（1）A47J37/01 中的容器对应的英文是“Vessels”，查阅英文词典可知通常指的是盛装液体的容器（a curved container that is used to hold liquid）（见图 4-11）。与本专利的“干煎炸”有点儿背道而驰。

vessel *noun* [C] (CONTAINER)

formal

a curved container that is used to hold liquid

器皿；容器

图 4-11　英文词典中“Vessels”的含义

（2）A47J37/04 对应的英文是“·Roasting apparatus with movably-mounted food supports or with movable heating implements; Spits（field-cookers A47J33/00，A47J36/26，F24B）”主题词是“Roasting apparatus”，烘烤装置。

（3）A47J37/06 对应的英文是“·Roasters; Grills; Sandwich grills”，似乎与本专利也相近，但通过查阅其词义以及网上对应的产品图片，可知代表的是相对大型的烘烤设备（见图 4-12）。

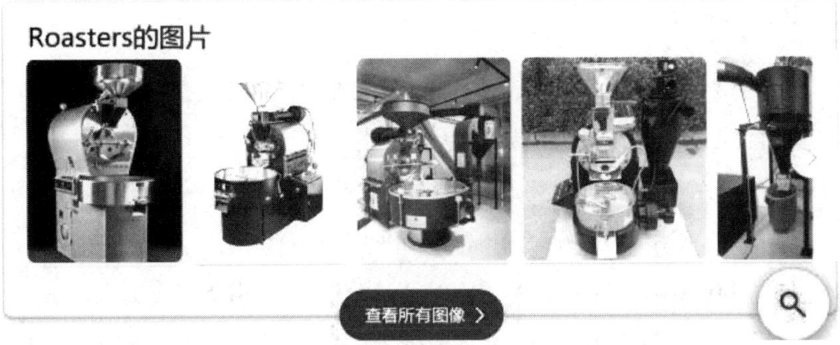

图 4-12　Roasters 对应产品的图片

因此，当需要充分了解 IPC 具体分类号的准确含义时，有时需要对照其英文原文进行分析，充分了解具体英文词汇的含义，必要时可以翻阅对应分类号的专利文献。

经过以上分析，比较准确的分类位置首先是 A47J37/04，其次是 A47J37/06（相近同位组），A47J37/00（上位小组），最后，必要时扩展检索到 A21B。

2. 关键词的遴选

本专利已有相对准确的分类号，可将关键词的遴选先集中在主要技术特征“自动敷油”“热流主加热”上。由于“热流主加热”属于功能性限定，可将本专利的具体实施例“热空气流”作为检索词。“自动敷油”也属于功能性限定，用到的具体装置“存储装置 34”“阻塞装置 37”“排出孔 36”不好表达，且这些具体结构在权利要求书中只提到了油的“存储装置 34”，可见不是重要保护的创新点，确有必要时建议用效果语句“apply oil automatically”间接表达。

最终本专利的检索要素表达见表 4-2。

表 4-2　本专利的检索要素表达（星号的多少与其重要性和准确性成正比）

要素表达	检索要素		
	干煎炸设备	自动敷油装置	热流主加热装置
分类号表达	A47J37/04（★★★） A47J37/06（★★） A47J37/00（★★） A21B（★）		
关键词表达	dry+（★★）	apply oil automatically（★）	hot air（★★★） heat+（★） warm+（★）

五、制定检索策略

由于本专利的检索要素可表达成较为准确的分类号和关键词。因此，针对本专利的检索策略选择前文所述的“探矿式”检索策略。

S1：A47J37/04 AND（HOT 2W AIR）

S2：（A47J37/04 AND（HEAT+ or WARM+））NOT S1

S3：（A47J37/06 AND（HOT 2W AIR））NOT（S1 OR S2）

S4：（A47J37/06 AND（HEAT+ or WARM+））NOT（S1 OR S2 OR S3）

S5：（A47J37/00 AND（HOT 2W AIR））NOT（S1 OR S2 OR S3 OR S4）

S6：（A47J37/00 AND（HEAT+ or WARM+））NOT（S1 OR S2 OR S3 OR S4 OR S5）

……

在检索工具中实施上述检索策略，比如在国家知识产权局免费对公众开放的检索分析数据库中进行检索（网址：http://pss-system.cnipa.gov.cn），检索界面和检索式S1的检索过程如图4-13和图4-14所示，其中在执行S1检索式时，就已发现X类文献WO89/10085A1。

图4-13 检索分析数据库检索界面

图 4-14　检索式 S1 的检索过程

由于检索关键词“hot air”属于具体实施方式，在现有技术中，其出现在摘要里的概率不会太高，如果数据浏览量不是太大的话，可将这一关键词在专利全文的字段中进行检索。

虽然为了方便检索将发明构思具象成核心和主要的技术特征，但作为检索结果（检索到的最接近的一项现有技术）用于评判是否真的影响本专利的新颖性和创造性时，还需要再次上升到发明构思的层面，看看这些技术特征所起的作用和达到的效果是否相同，即是否采用了与本专利相同的发明构思。作为影响本专利新颖性的现有技术，一定是公开了本专利完整和全部的发明构思；作为影响本专利创造性的现有技术，至少是公开了本专利主要或者部分的发明构思。

六、检索结果确定

通过上面的一系列检索式的检索，获得如下检索结果，对这些现有技术与本专利进行比对分析如下：

文献 1：CN1310593A

通过加热容器 10 底部来烹调容器中的食品，实际上仍是传统的油浴烹调装置，不是本专利权利要求 1 的所述干煎炸锅。叶片 15 的作用是使食品离开液池，并使得食品上的液体滴回到液池中。因此，叶片 15 并非本专利权利要求 1 的“给食物自动涂覆油脂膜”的装置。文献 1 的主要说明书附图如图 4-15 所示。

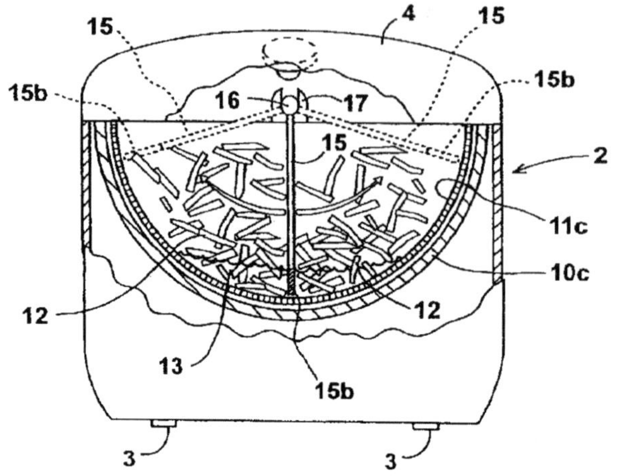

图 4-15 文献 1 的主要说明书附图

文献 2：DE2102062A1

公开了可以加入一些润滑剂（如奶油或脂肪），在刮刀是在制动或阻挡机构 12 的配合下，给食物自动涂覆油脂膜。但其主要热源来自加热板，而将热辐射器安装在盖子上是额外地促进对食物的加热。文献 2 的主要说明书附图如图 4-16 所示。

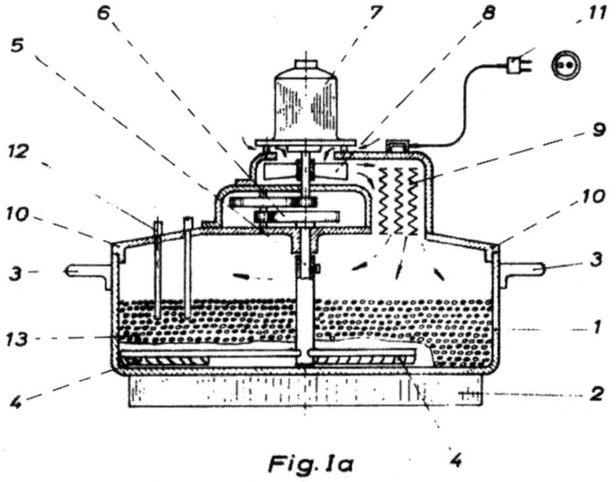

图 4-16 文献 2 的主要说明书附图

文献 3：WO90/13225A1

公开了自动涂敷油膜的装置，具体的烹饪方式是先要通过红外辐射配合蒸汽预烹饪除湿食物，然后持续将油脂喷射堆积在食物表面，其工作原理更类似于烘焙箱。文献 3 的主要说明书附图如图 4-17 所示。

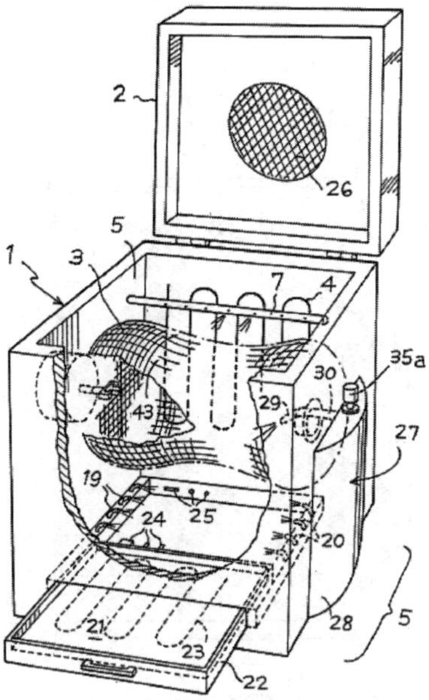

图 4-17　文献 3 的主要说明书附图

文献 4：US4581989A

其公开的加热方式是先加热油脂，然后再将加热好的油脂分散成油脂颗粒或油雾，再依靠空气的对流循环，将热油颗粒循环于整个腔室中以及食物的周围，依靠热油颗粒的热量与食物接触进行热交换来实现对食物的加热。文献 4 的主要说明书附图如图 4-18 所示。

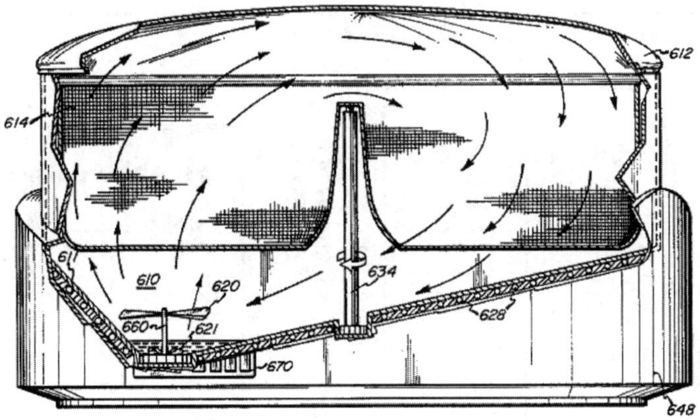

图 4-18　文献 4 的主要说明书附图

文献 5：WO89/10085A1

公开了容器（1）和通风装置（12）均通过由齿轮和变速器组成的系统在电机驱动下绕着轴线转动，在该通风装置转动期间，在空腔（15）内形成一个高温气流，该高温气流绕着须煎炸的法式薯条流动，并将薯条加热，以及将容器 1 的底部本身加热，在容器（1）转动期间，须煎炸的法式薯条至少可以在这些粗糙面（5）上部分翻转，并由上方的热风和容器的被加热的底部同时加热，其中，食物上方的热风加热为主加热，食物下方的容器底部加热为辅加热，利用该方式，可以均匀、快速且节能地煎炸法式薯条。文献 5 的主要说明书附图如图 4-19 所示。

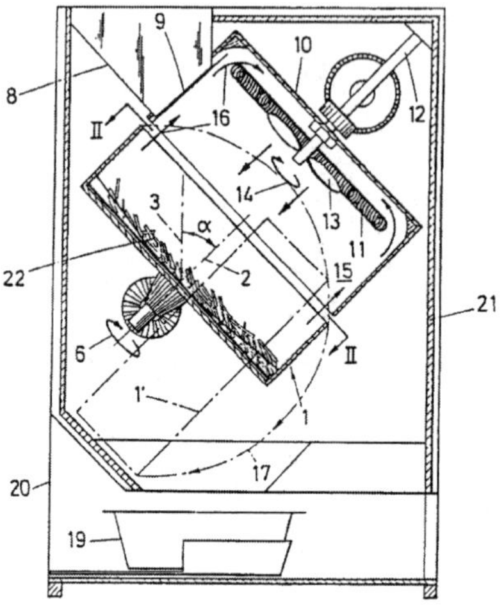

图 4-19　文献 5 的主要说明书附图

将上述文献与本专利的发明构思进行对比分析（见表 4-3），可以直观地找出最接近的现有技术 WO89/10085A1，其能够评价本专利权利要求 1 的新颖性。

表 4-3　检索结果与本专利发明构思的比较分析

检索结果	本申请的发明构思					对比结果
	技术问题	技术方案		技术效果		
	安全清洁的干煎炸	自动敷油装置	热流主加热装置	能够自动给食物涂敷油膜	热流方式给食物进行主要加热	
CN1310593A	×	×	×	×	×	×
DE2102062A1	√	×	×	×	×	×
WO90/13225A1	√	√	×	√	×	×
US4581989A	√	√	√	√	×	×
WO89/10085A1	√	√	√	√	√	√

事实上，最接近现有技术 WO89/10085A1 很容易漏检。在多次无效请求中都没有援引此文献作为对比文件。本文献年代久远，很多专利数据库中没有原文文件，检索时只能凭借发明名称和附图来判断，由于其摘要附图与本专利的说明书附图相差较远，非常容易被认为是与本专利发明构思相差较远的。

而且核心的关键词“hot air”只能在本文献的全文中才能搜索到，如图 4-20 所示。

With an automatic distribution apparatus for french fries, as shown in figure 1, the french fries to be fried are introduced in the recipient 1 by way of a funnel 8 which may be blocked by a slide 9. Above this recipient is a bell-glass 10 which forms a kind of cover for the recipient 1 and where the electrical heating means 11 and a ventilator 13 which rotates around an axis 12 are located.

During the rotation of this ventilator, for example in the direction of arrow 14, a hot air current is created in the room 15 which is partitioned off by the recipient and the bell-glass 10, as was shown by the arrows 16. This hot air flows around the french fries to be fried and warms them and also the bottom itself of the recipient 1.

图 4-20 WO89/10085A1 说明书部分内容

七、检索经验与技巧总结

技巧 1：在理解发明构思的过程中，对于技术问题通常需要仔细阅读背景技术部分提及的现有技术的缺陷、发明内容部分描述的本专利的目的，还要分析主要技术方案（通常是围绕权利要求 1）中主要技术特征以及与之对应在具体实施方式中的具体技术效果。

技巧 2：如果可能的话，将发明构思概括为一句话：__________的技术问题是通过__________解决的。例如本案例：电煎炸锅倒空困难、存在烫伤风险、口味差、不利于健康以及烤箱的口味和品相差等的技术问题是通过设置有能够自动给食物涂敷油膜的自动敷油装置和以热流方式配合油膜给食物进行主要加热的热流主加热装置的一种安全、经济、口味好的清洁干煎炸设备来解决的。

技巧 3：确定检索要素时应当重点放在检索对象的发明构思中对现有技术做出“智慧贡献”的技术特征上，技术问题和技术效果可用来细化、补充和完善这些检索要素。因此，可将技术特征分为核心技术特征、主要技术特征、次要技术特征以及可替代次要技术特征。

技巧 4：专利分类号的中文翻译有时不准确，其确切含义有时需要返回专利分类号的英文原文进行解读。例如，本案例中的 A47J37/01 中的容器对应的英文是“Vessels”，查阅英文词典可知通常指的是盛装液体的容器（a curved container that is used to hold liquid）；再如，A47J37/06 对应的英文是“·Roasters；Grills；Sandwich grills”，“Roasters”直接翻译成烘烤器，似乎不能表征其含义——“相对大型的烘烤设备”。

技巧5：在遴选关键词时，如主要技术特征属于功能性限定，可将本专利的具体实施例中的能够实现所述功能的具体技术特征作为检索词。如本案例中“热流主加热”属于功能性限定，将本专利的具体实施例“热空气流”作为检索关键词。

技巧6：在表达检索要素时，可表示与其重要性和准确性成正比的星号数量，以便检索时考虑优先使用顺序。

技巧7：当检索要素可表达成较为准确的分类号和关键词时，检索策略优先选择“探矿式”检索策略。

技巧8：当检索关键词属于具体实施方式时，如果数据浏览量不是太大的话，可将这一关键词在专利全文的字段中进行检索。例如，本案例由于检索关键词“hot air”属于具体实施方式，将这一关键词在专利全文的字段中进行检索。

技巧9：虽然为了方便检索将发明构思具象成核心和主要的技术特征，但作为检索结果（检索到的最接近的现有技术）用于评判是否真的影响本专利的新颖性和创造性时，还需要再次上升到发明构思的层面，看看这些技术特征所起的作用和达到的效果是否相同，即是否采用了与本专利相同的发明构思。

技巧10：年代久远的专利文献，在很多专利数据库中没有原文文件，检索时只能凭借发明名称和附图来判断。如果现有技术的摘要附图与本专利的说明书附图相差较远，即使很相关也非常容易被认为是与本专利发明构思相差较远的，所以尽可能在全文中搜索关键词，不能仅凭摘要和摘要附图不相似就轻易排除某文献。如本案例最接近现有技术 WO89/10085A1 很容易漏检，在多次无效宣告请求中都没有援引此文献作为对比文件。

案例2　拖把的脱水装置

一、案例背景

说起旋转拖把，几乎所有家庭都在使用。“拖把的脱水装置”实用新型专利（申请号：CN200920154510.9）曾是我国台湾地区拖神国际股份有限公司的核心专利，后期转让给了福建某公司。拥有“拖把的脱水装置”实用新型专利权的福建某公司，通过该“网红拖把”专利占有市场获得了丰厚利润，也因此涉及广泛的市场利益，福建某公司还对市场专利侵权发起了多起诉讼，相关被告和社会公众对涉案专利共提起多次“无效宣告”请求，其先后经历10多次“无效”请求后全部权利要求仍被裁定“维持有效”，直到2020年6月11日无效决定编号为5W118538的决定，基于新的证据该专利才被裁定权利要求全部无效。

ZL200920154510.9号涉及一种拖把的脱水装置，专利扉页如图4-21所示。

[19] 中华人民共和国国家知识产权局

[51] Int. Cl.
A47L 13/20 (2006.01)
A47L 13/58 (2006.01)

[12] 实用新型专利说明书

专利号 ZL 200920154510.9

[45] 授权公告日 2010年3月31日

[11] 授权公告号 CN 201431427Y

[22] 申请日 2009.5.13
[21] 申请号 200920154510.9
[73] 专利权人 拖神国际股份有限公司
地址 中国台湾桃园县龟山乡龟山村光峯路6号
[72] 发明人 施琯阳

[74] 专利代理机构 天津三元专利商标代理有限责任公司
代理人 胡婉明

权利要求书2页 说明书4页 附图9页

[54] 实用新型名称
拖把的脱水装置

[57] 摘要

本实用新型提供了一种拖把的脱水装置，主要包含相互套接的内、外杆体，在所述内杆体设有一内缘底端设为棘齿的卡合件，并在其底端枢接一设有拖把毛的盘体，所述外杆体设有一驱动件；所述拖把的脱水装置还包含一设于卡合件内，以承接所述驱动件且其底缘设有棘齿的制动件，以构成拖把的脱水装置。在拖把使用后将盘体置于沥水桶，通过所述外杆体的下压使制动件旋转，从而带动所述卡合件使内杆体呈同方向的旋转，以产生离心力将附着于拖把毛的水甩干，进而使拖把的脱水操作更为方便。

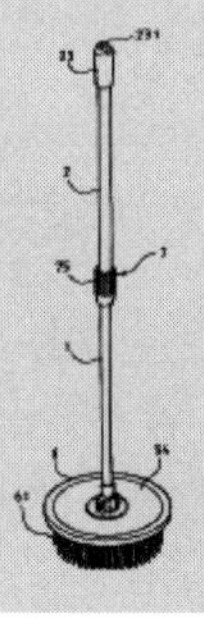

图4-21　自动涂敷油脂的煎炸锅的专利扉页

本专利的权利要求1和对应的附图如图4-22所示。

200920154510.9 **权 利 要 求 书** 第1/2页

1. 一种拖把的脱水装置，其特征在于，其包含：

相互套接的内杆体和外杆体；

设于所述内杆体，内缘底端设为棘齿的卡合件；

设于所述外杆体的驱动件；

设于所述卡合件内，以承接所述驱动件且底缘设有棘齿的制动件；

设于所述内杆体底端，具有拖把毛的盘体；

设于所述外杆体的锁合结构，包含束套及锁合于所述束套的旋筒，通过所述旋筒对所述束套的紧锁或松弛，使所述内杆体、所述外杆体呈定位或使所述内杆体呈可转动状态；

通过前述的构件，构成拖把的脱水装置，在拖把使用后将所述盘体置于一沥水桶，通过所述外杆体的下压使所述驱动件带动所述制动件的旋转，从而带动所述卡合件使所述内杆体、所述盘体及所述沥水桶呈同方向的旋转，以产生离心力将附着于拖把毛的水甩干。

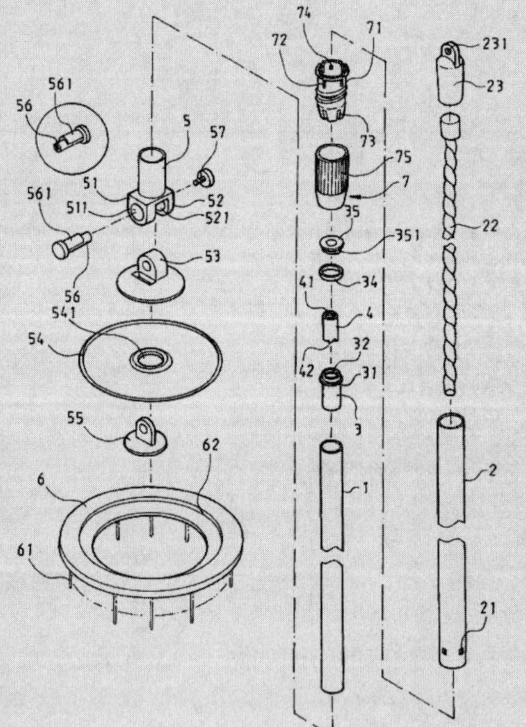

图 4-22 本专利的权利要求 1 和对应的附图

二、理解发明构思

在理解本专利发明构思的过程中，首先要确定本专利要解决的技术问题是什么。从本专利的背景技术部分得知，本专利所要解决的技术问题是现有技术（对应我国台湾地区第 347146 号专利）存在的技术缺陷，即“操作时使用者需以一脚不断对踏板踩踏，而只能一只脚保持平衡，操作麻烦且使用者易因站立不稳而倾跌”，见图 4-23。

背景技术

一般的拖把在使用后，由于需将拖把毛的污水拧干后，才可重新附着清水以利于地板的清理，使得拖地成为相当累人的工作。因此，有业者开发拖把的脱水装置，其中，如中国台湾省第 347146 号专利，以踏板带动齿轮后，使一沥水篮产生快速得旋转，将置于所述沥水篮的拖把毛的水甩干。所述装置虽可改善传统需以手将拖把毛拧干的麻烦，惟由于操作时，使用者需以其中一脚不断对踏板踩踏，而只能由另一脚保持平衡，因此，不但操作较为麻烦且使用者易因站立不稳而倾跌，殊不理想。申请人有鉴于此，秉持从事所述项业务多年的经验，经不断研究、实验，遂萌生改良，祈使拖把的脱水的操作更为简易、方便。

发明内容

本实用新型的主要目的，即在提供一种拖把的脱水装置，使拖把在使用后得以通过简易的操作，将拖把所附着的水甩干，进而使拖把的脱水更为方便。

为了达到上述目的，本实用新型提供了一种拖把的脱水装置，包含相互套接的内杆体和外杆体，在所述内杆体设有一内缘底端设为棘齿的卡合件，并在所述卡合件底端枢接一设有拖把毛的盘体，所述外杆体设有一驱动件；所述拖把的脱水装置还包含一设于卡合件内，以承接所述驱动件且其底缘设有棘齿的制动件，以构成拖把的脱水装置。在拖把使用后将盘体置于一沥水桶，通过所述外杆体的下压使制动件旋转，从而带动所述卡合件使内杆体呈同方向的旋转，以产生离心力将附着于拖把毛的水甩干，进而使拖把的脱水操作更为方便。

前述的拖把的脱水装置，其中所述设于所述外杆体的驱动件为一螺杆，所

图 4-23　本专利所要解决的技术问题

权利要求 1 的技术方案中的核心技术特征是拖把的脱水装置，主要技术特征是棘轮传动的内外杆体、内外杆体锁合结构、配合旋转脱水的沥水桶（见图 4-24）。

1. 一种拖把的脱水装置，其特征在于，其包含：

相互套接的内杆体和外杆体；

设于所述内杆体，内缘底端设为棘齿的卡合件；

设于所述外杆体的驱动件；

设于所述卡合件内，以承接所述驱动件且底缘设有棘齿的制动件；

设于所述内杆体底端，具有拖把毛的盘体；

设于所述外杆体的锁合结构，包含束套及锁合于所述束套的旋筒，通过所述旋筒对所述束套的紧锁或松弛，使所述内杆体、所述外杆体呈定位或使所述内杆体呈可转动状态；

通过前述的构件，构成拖把的脱水装置，在拖把使用后将所述盘体置于一沥水桶，通过所述外杆体的下压使所述驱动件带动所述制动件的旋转，从而带动所述卡合件使所述内杆体、所述盘体及所述沥水桶呈同方向的旋转，以产生离心力将附着于拖把毛的水甩干。

棘齿传动

内外杆体的锁合结构

配合旋转脱水的沥水桶

图 4-24　权利要求 1 中的主要技术特征

本专利达到的技术效果是能够通过外杆体的下压带动内杆体和沥水桶旋转，利用离心力将拖把毛上的水甩干。这种拖把的脱水装置使用者可以双脚站立地面，简单地进行单手按压就能实现拖把的脱水（见图 4-25）。

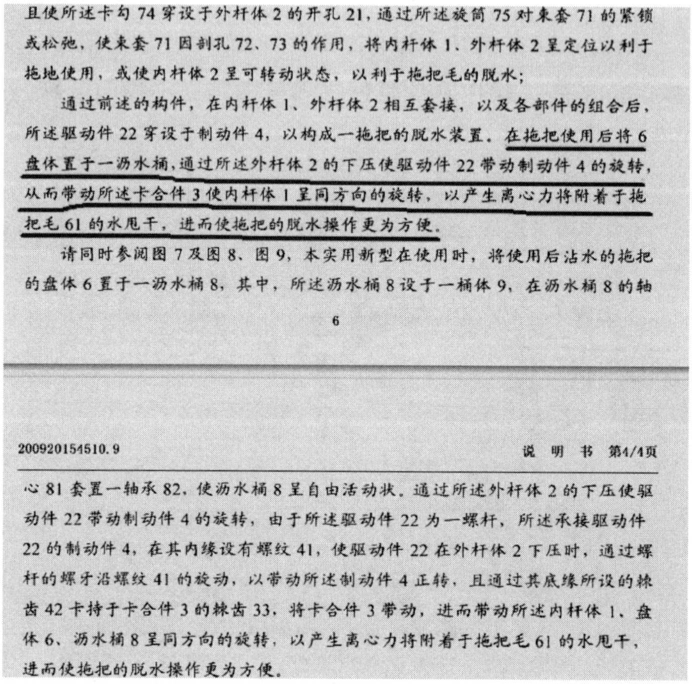
且使所述卡勾 74 穿设于外杆体 2 的开孔 21，通过所述旋筒 75 对束套 71 的紧锁或松弛，使束套 71 因剖孔 72、73 的作用，将内杆体 1、外杆体 2 呈定位以利于拖地使用，或使内杆体 2 呈可转动状态，以利于拖把毛的脱水；

通过前述的构件，在内杆体 1、外杆体 2 相互套接，以及各部件的组合后，所述驱动件 22 穿设于制动件 4，以构成一拖把的脱水装置。在拖把使用后将 6 盘体置于一沥水桶，通过所述外杆体 2 的下压使驱动件 22 带动制动件 4 的旋转，从而带动所述卡合件 3 使内杆体 1 呈同方向的旋转，以产生离心力将附着于拖把毛 61 的水甩干，进而使拖把的脱水操作更为方便。

请同时参阅图 7 及图 8、图 9，本实用新型在使用时，将使用后沾水的拖把的盘体 6 置于一沥水桶 8，其中，所述沥水桶 8 设于一桶体 9，在沥水桶 8 的轴

6

200920154510.9　　说　明　书　第4/4页

心 81 套置一轴承 82，使沥水桶 8 呈自由活动状。通过所述外杆体 2 的下压使驱动件 22 带动制动件 4 的旋转，由于所述驱动件 22 为一螺杆，所述承接驱动件 22 的制动件 4，在其内缘设有螺纹 41，使驱动件 22 在外杆体 2 下压时，通过螺杆的螺牙沿螺纹 41 的旋动，以带动所述制动件 4 正转，且通过其底缘所设的棘齿 42 卡持于卡合件 3 的棘齿 33，将卡合件 3 带动，进而带动所述内杆体 1、盘体 6、沥水桶 8 呈同方向的旋转，以产生离心力将附着于拖把毛 61 的水甩干，进而使拖把的脱水操作更为方便。

图 4-25　权利要求 1 中主要技术特征能带来的技术效果

经过对本专利的深入分析，可以梳理出本专利的发明构思的 3 个要素（见图 4-26）。

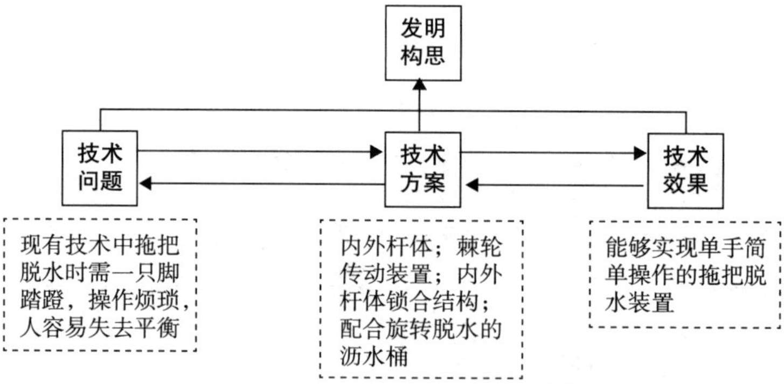

图 4-26　本专利发明构思的三要素

进而，可以将本专利的技术构思概括为一句话：现有拖把脱水时需要脚蹬、操作烦琐等的技术问题是通过设置有通过棘轮传动的内外杆体及其锁合结构，配合旋转脱水的沥水桶，实现单手简单操作就能够脱水的拖把的脱水装置来解决的。

三、确定检索要素

本专利权利要求书中主要的技术特征可分解为："拖把的脱水装置"可作为一级的核心技术特征，其对确定技术领域和分类号具有重要意义；棘轮传动的内外杆体、内外杆体锁合结构、配合旋转脱水的沥水桶可作为二级的主要技术特征，其构成了对技术效果的重要支撑；与锁合结构配合的杆体上的卡钩与固定套是构成"关键"从属权利要求（这些从属权利要求是构成权利要求层级的重要环节，具有较强的可退守性）的重要部件，可以作为三级的次要技术特征（见图4-27）。

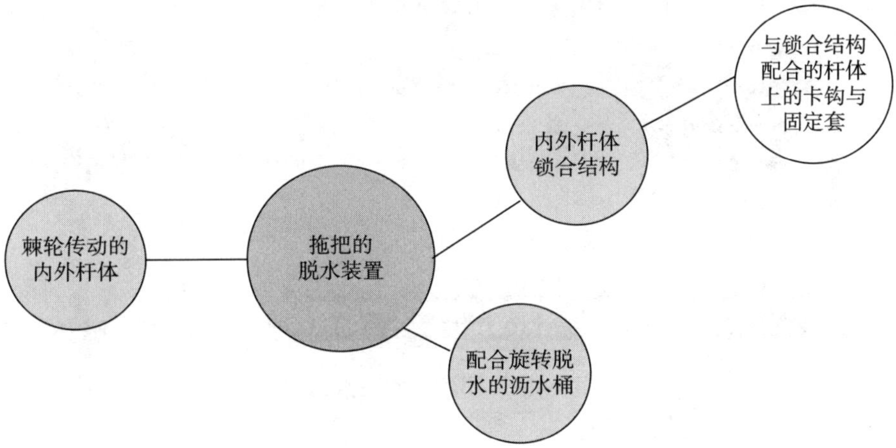

图4-27 体现本专利发明构思的三种技术特征

四、表达检索要素

根据图4-21中的核心技术特征和主要技术特征制作检索要素表达表格（见表4-4）。

表4-4 本专利检索要素表达

要素表达	检索要素				
	拖把的脱水装置	棘轮传动的内外杆体	内外杆体锁合结构	配合旋转脱水的沥水桶	与锁合结构配合的杆体上的卡钩与固定套
分类号表达					
关键词表达					

1. 分类号的选取

首先，查阅IPC分类表，看看是否能够找到比较恰当的分类位置。

经过查阅，发现小组分类号"A47L13/20 拖把"和"A47L13/58 与水桶组合的洗涤垫、拖把等用的拧绞器”比较相关，如图 4-28 所示。

└A47L13/00	清扫地板、地毯、家具、墙壁或墙壁覆盖物的用具（刷子及其柄或紧固件入A46B，B25G；在建筑物上抹面用的刮具入E04F21/00）
└A47L13/10	•洗涤；冲刷；清扫；抛光
└A47L13/11	••橡皮扫帚（3）
└A47L13/12	••有几种不同的处理装置的工具（3）
└A47L13/14	••组合的挤压或拧绞装置
└A47L13/16	••布；垫；海绵（刮具的金属海绵入A47L13/07）
└A47L13/20	••拖把
└A47L13/00	清扫地板、地毯、家具、墙壁或墙壁覆盖物的用具（刷子及其柄或紧固件入A46B，B25G；在建筑物上抹面用的刮具入E04F21/00）
└A47L13/10	•洗涤；冲刷；清扫；抛光
└A47L13/50	••辅助器械（刷子等清扫装置入A46B17/06）
└A47L13/502	•••抹布或拖把的抖动器；抖缓冲器
└A47L13/51	•••清扫工具的储存，如它的容器
└A47L13/52	•••灰尘盘；碎屑盘
└A47L13/54	•••拍打地毯时用的架
└A47L13/56	•••蜡或油的供给装置
└A47L13/58	•••与水桶组合的洗涤垫、拖把等用的拧绞器

图 4-28　小组分类号查阅

次要技术特征“与锁合结构配合的杆体上的卡钩与固定套”的功能性分类位置在“F16B7/14・・在中间位置内锁定”，如图 4-29 所示。乍一看，这个分类位置从文字上不相关，但每个具体分类位置的解释应当代入上位组或类的解释，F16B7/14 的较为全面的解释可以为“用于杆或管的相互连接的在中间位置内锁定的伸缩系统”。

└F16B	紧固或固定构件或机器零件用的器件，如钉、螺栓、簧环、夹、卡箍或楔；连接件或连接（用于传送旋转运动的联轴器入F16D）
└F16B7/00	杆或管的相互连接，如非圆截面的连接，包括弹性连接（伞架入A45B25/02；焊接或钎焊连接入B23K；一般车辆连接入B60D；铁道连接入B61G；自行车架入B62K；传递旋转运动的联轴器入F16D；输液管用接头入F16L）
└F16B7/10	•伸缩系统（用于脚手架入E04G25/04；采矿用的可伸缩支柱入E21D15/14至E21D15/46；作为放于其上的设备或物品支撑的台或架入F16M11/00）
└F16B7/12	••仅在伸长的两端位置内锁定
└F16B7/14	••在中间位置内锁定

图 4-29　次要技术特征的功能性分类位置

经过以上分析，比较准确的分类位置是“A47L13/20 拖把”和“A47L13/58 与水桶组合的洗涤垫、拖把等用的拧绞器”比较相关，最后，必要时扩展检索到其次要技术特征“与锁合结构配合的杆体上的卡钩与固定套”的功能性分类位置“F16B7/14”。

2. 关键词的遴选

本专利虽有相关的分类号，但分类号不能充分体现发明构思，需要结合关键词联合表达。关键词的遴选主要集中能够体现发明创新点的主要技术特征：棘轮传动的内外杆体、内外杆体锁合结构、配合旋转脱水的沥水桶（它们构成了对技术效果的重要支撑），以及“与锁合结构配合的杆体上的卡钩与固定套”体现发明细节的技术特征（扩展或者补充检索时可能需要）。

“棘轮传动的内外杆体、内外杆体锁合结构、配合旋转脱水的沥水桶”这些特征属于机械结构的细节，较难以表达，可使用它们都是为了产生“离心力”这一功能性特征来表达。

本专利的专利权人（发明人）是我国台湾地区的，不仅需要重点检索我国台湾地区的专利申请以同一专利权人和发明人的专利申请，还应当使用汉语的繁体字作为关键词来检索。

最终本专利的检索要素表达见表 4-5，省略了关键词的英文表达。

表 4-5　本专利的检索要素表达（星号的多少与其重要性和准确性成正比）

要素表达	检索要素				
	拖把的脱水装置	棘轮传动的内外杆体	内外杆体锁合结构	配合旋转脱水的沥水桶	与锁合结构配合的杆体上的卡钩与固定套
分类号表达	A47L 13/20（★★）			A47L 13/58（★★）	F16B 7/14（★）
关键词表达	离心力；離心力；（★★）				
					管 and 锁 管 and 鎖 （★★）
	施瑨阳；施瑨陽；（★★★）				

五、制定检索策略

由于本专利的检索要素只能表达成相对准确的分类号和关键词，因此，针对本专利的检索策略选择前文所述的“追踪式”检索策略和“块”检索策略。

S1：A47L13/20 AND（施瑨阳 OR 施瑨陽）

S2：A47L13/58 AND（施瑨阳 OR 施瑨陽）

S3：A47L13/20 AND（离心力 OR 離心力）

S4：A47L13/58 AND（离心力 OR 離心力）

S5：A47L13/20 AND F16B7/14

S6：A47L13/58 AND F16B7/14

S7：A47L13/20 AND（（管 and 锁）OR（管 and 鎖））

S8：A47L13/58 AND（（管 and 锁）OR（管 and 鎖））

……

在检索工具中实施上述检索策略，比如在国家知识产权局对公众开放的检索分析数据库中进行检索（网址：http://pss-system.cnipa.gov.cn）。由于本专利的特殊性，可先集中检索我国台湾地区专利。依次实施 S1～S7 的检索式。

通过 S1 和 S2 检索式检索，并未发现较为相关的专利，部分检索界面如图 4-30 所示。

图 4-30　S1 检索式检索界面

实施 S3 检索式（申请日<=20090513 AND IPC 分类号=（A47L13/20）AND 说明书=（離心力））（如图 4-31 所示），发现相关专利 TWM330077U。

图 4-31　S3 检索式检索界面

通过专利权人字段仔细研究，这篇专利的专利权人为“施口陽”，应当与本专利是同一发明人，但可能是录入的问题，导致 S1/S2 检索式没有检索到结果，如图 4-32 所示。

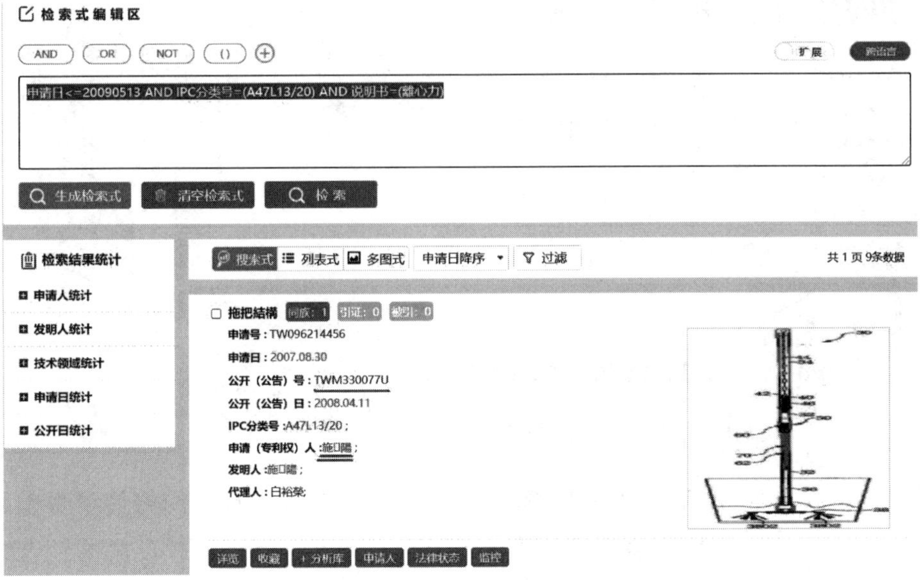

图 4-32　发现相关专利 TWM330077U 的检索界面

另外，我国台湾地区的有些专利文献在国家知识产权局对公众开放的检索分析数据库中（网址：http://pss-system.cnipa.gov.cn）没有收录全文图像，这时可以通过欧洲专利数据库（https://worldwide.espacenet.com/?locale=en_EP）下载全文图像。

实施 S4 检索式［申请日<=20090513 AND IPC 分类号=（A47L13/58）AND 说明书=（離心力）］，发现相关专利 TWM338635U，如图 4-33 所示。

图 4-33　发现相关专利 TWM338635U 的检索界面

实施 S5、S7、S8 检索式，发现相关专利 CN2480605Y，如图 4-34 所示。

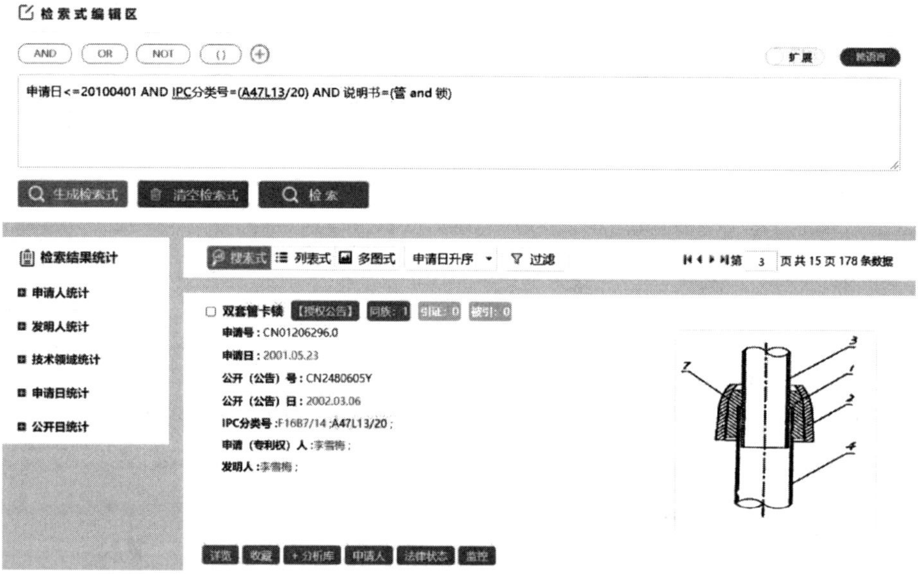

图 4-34　发现相关专利 CN2480605Y 的检索界面

其实，对于技术特征："棘轮传动的内外杆体"（即杆与杆之间的传动方式为棘轮棘齿传动）、"与锁合结构配合的杆体上的卡钩与固定套"（即杆体之间的锁合结构方式）都应当是本领域的惯用技术手段，在教科书中应当也能够查阅到。比如，杆与杆之间的传动方式为棘轮棘齿传动这一特征，在黄廷合、洪荣哲编译的《机械设计制图便览》（第 4 版）第 297~301 页就记载了使用单向棘齿、单向轴承实现单向传动的方式。

六、比对检索结果

文献 1：TWM330077U

其公开了一种拖把结构，具体公开了握持杆管 34、自主套管 32、导向件 42、螺旋形杆件 44，以及近似圆盘状的具有刷毛的拖把头 38。该专利通过前述构件，在拖把使用后将所述盘状的拖把头 38 置于一水桶中，通过下压所述握持杆管 34 使所述螺旋形杆件 44 带动所述导向件 42 旋转，使所述主套管 32、所述拖把头 38 呈同方向旋转，以产生离心力将附着于拖把毛 3802 的水甩干。文献 1 的主要说明书附图如图 4-35 所示。

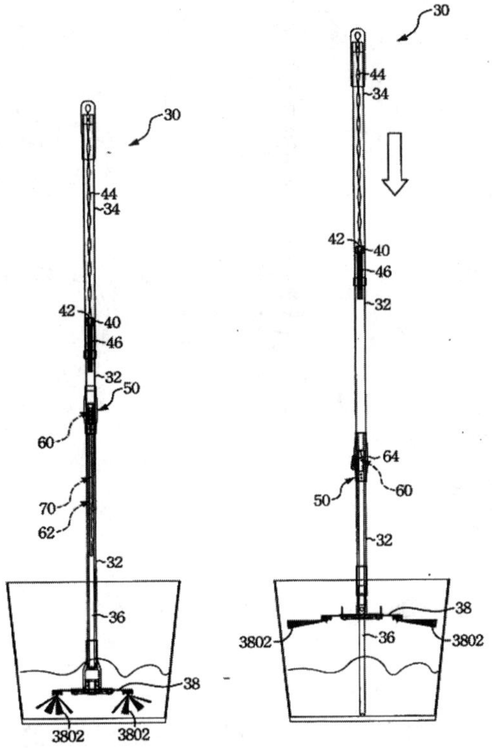

图 4-35　文献 1 的主要说明书附图

文献 2：TWM338635U

其公开了一种拖把，驱动件 50 具有一驱动杆 51 以及一驱动转子 52，驱动机构 53 位于驱动转子 52 的底面上并且具有至少一凸块 54，转子 70 的从动组件 73 设于该基部的顶面且可以具有至少一扣位块 74。基于上述结构，当使用者握住拖把杆向其施以一向拖把头方向的作用力时，该驱动杆 51 会带动该驱动转子 52 转动，且借由其上的驱动机构 53 上的凸块 54 与该转子 70 的从动组件 73 上的扣位块 74 的配合而使得转子 70 枢转，带动连接于其上的拖把头随之转动并带动脱水转盘转动，当反复施加作用力时，上述转动重复循环，以达到甩干拖把头的目的。还包括一甩干桶，该桶具有一桶体101、一脱水转盘102，基于上述结构，当使用者将拖把置于脱水转盘102上，并且握住拖把杆向其施以一向拖把头方向的作用力时，该拖把头及其杆头40会转动并带动脱水转盘102转动，当反复施加作用力时，上述转动重复循环，以达到甩干拖把头的目的。文献2的主要说明书附图如图4-36所示。

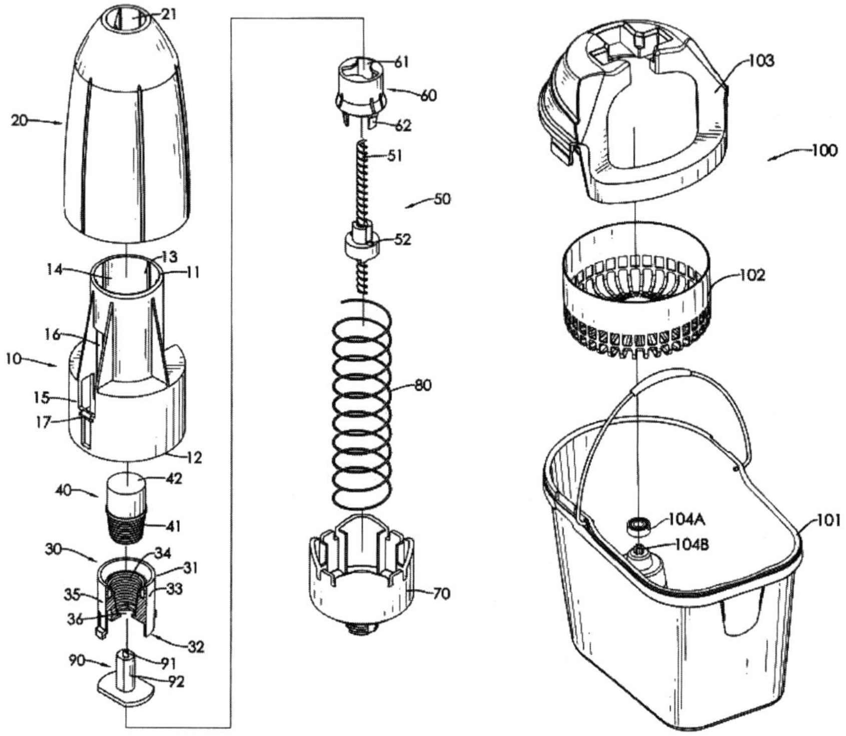

图4-36　文献2的主要说明书附图（部分）

文献3：CN2480605Y

其公开了一种双套管卡锁，其对可伸缩拖把杆有优异的锁定功能，该双套管卡锁由用以套装在内、外伸缩杆上的内锁和套装在该内锁上的外锁组成，内锁下端外形为锥度外螺纹，外锁内壁面的形状结构与内锁外壁面的形状结构相匹配，腔内壁有锥度内螺纹，内锁通过其内壁上的卡钩与外杆壁上的定位孔配合，使内锁与外杆连接在一起，实现内杆对外杆的定位，内伸缩杆置于外杆腔内，旋紧外锁时通过内、外锁口的锥度及内、外锁相匹配的锥度螺纹，在锥度的压力作用下，内锁上、下端壁上的缺口，不断向腔内收缩，将内杆和外杆紧紧地锁住。文献3的主要说明书附图如图4-37所示。

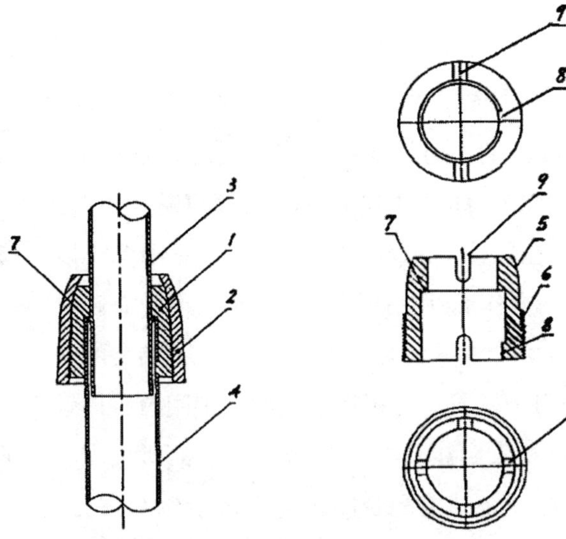

图 4-37　文献 3 的主要说明书附图

将上述文献与本专利的发明构思进行对比分析（见表 4-6），可以看出，TWM330077U、TWM338635U、CN2480605Y 这 3 篇文献结合或者 TWM330077U、TWM338635U 这 2 篇文献结合公知常识能够评价本专利权利要求 1 的创造性。

表 4-6　检索结果与本专利发明构思的比较分析

检索结果	发明构思							对比结果
	技术问题	技术方案					技术效果	
	现有拖把脱水时需要脚蹬、操作烦琐	拖把的脱水装置	棘轮传动的内外杆体	内外杆体锁合结构	配合旋转脱水的沥水桶	与锁合结构配合的杆体上的卡钩与固定套	单手简单操作就能够脱水的拖把的脱水装置	
TWM330077U	√	√	×	√	×	×	√	Y1
TWM338635U	√	√	√	√	√	×	√	Y2
CN2480605Y	×	×	×	√	×	√	×	Y3
《机械设计制图便览》第 297～301 页								

七、检索经验与技巧总结

技巧1：大部分涉及机械结构的专利都是在现有技术的基础上改进型的专利，对此类专利解决的技术问题的归纳，通常要结合本专利的背景技术部分提及的“最接近现有技术”的技术缺陷来判断。如本专利解决的技术问题是现有技术（对应我国台湾地区第347146号专利）存在的技术缺陷，即“操作时使用者需以一脚不断对踏板踩踏，而只能一只脚保持平衡，操作麻烦且使用者易因站立不稳而倾跌”。

技巧2：每个具体分类位置的解释应当代入上位组或类的解释。如F16B7/14的较为全面的解释可以为“用于杆或管的相互连接的在中间位置内锁定的伸缩系统”。

技巧3：必要时扩展检索到涉及机械结构技术特征所实现功能的功能性分类位置，如本专利将技术特征“与锁合结构配合的杆体上的卡钩与固定套”的检索扩展到其功能分类位置“F16B7/14”。

技巧4：对于较为细节的结构特征，如其较难用结构性的关键词来表达时，可以考虑用功能性语言进行表达。如本专利中的“棘轮传动的内外杆体、内外杆体锁合结构、配合旋转脱水的沥水桶”这些特征属于机械结构的细节，较难以表达，可使用它们都是为了产生“离心力”这一功能性特征来表达。

技巧5：专利权人（发明人）是我国台湾地区的，不仅需要重点检索我国台湾地区的专利申请以同一专利权人和发明人的专利申请，还应当使用汉语的繁体字作为关键词来检索。

技巧6：如果检索要素只能表达成相对准确的多个分类号和关键词，通常采取“追踪式”和“块式”检索策略。

技巧7：我国台湾地区专利文献中有些专利权人或发明人的名称有特殊的繁体字，注意有漏检的可能。如针对本专利的检索中，某一篇专利的专利权人为“施口陽”，仔细分析，应当是与本专利是同一发明人，但可能是录入的问题，导致正常的检索式没有检索到对应结果。

技巧8：如果某些结构或者传动方式是本领域的惯用技术手段，那么应该在教科书中也能够查阅到。比如，对于本专利的杆与杆之间的传动方式为棘轮棘齿传动这一特征，黄廷合、洪荣哲编译的《机械设计制图便览》（第4版）第297~301页就记载了使用单向棘齿、单向轴承实现单向传动的方式。

技巧9：我国台湾地区的有些专利文献在国家知识产权局对公众开放的检索分析数据库中（网址：http://pss-system.cnipa.gov.cn）没有收录全文图像，这时可以通过欧洲专利数据库（https://worldwide.espacenet.com/?locale=en_EP）下载全文图像。

案例 3　智慧黑板

一、案例背景

智慧黑板信息化教学摆脱了“黑板+铅笔”的原来教学方式，将传统黑板和多媒体教学进行有机结合，既能提供传统黑板的粉笔书写功能，也能提供高清显示、触控互动和多媒体教学等功能。智慧黑板商品为大家出示了摆脱传统式教学缺点的全新升级的教学方法，使抽象性的、枯燥乏味的学习内容转换成具有品牌形象的、趣味的、可视性的、免费听的炫酷内容，如图 4-38 所示。

图 4-38　智慧黑板

从产品的技术实现上来看，“智慧黑板”并不是一个全新的产品，其基本结构多采用纳米触控膜+电容屏构成的“嵌入式”黑板。而在智慧教育领域，“智慧黑板”也并不是第一个电子应用产品，而是经历了一个从白板、电子白板、交互式电子白板、交互式智能平板，到最新的“智慧黑板”的发展演变过程。

鸿合科技于 2018 年 11 月 26 日递交了首次公开发行股票招股说明书的申报稿，其中提到本公司技术许可情况，鸿合科技与上海易教之间，于 2018 年 11 月签订了关于实用新型专利权 ZL201420422535.3，名称为“一种智能黑板”的专利许可协议，许可费用 2100 万元，许可期限为 3 年。[1] 本件专利号为 ZL201420422535.3 的“一种智能黑

[1] https://www.163.com/dy/article/FKFI9KJE0511BK66.html.

板”实用新型专利，申请日为2014年7月29日，发明人为姚天闻，申请人为上海开亿信息科技有限公司（下称“上海开亿”），授权日为2015年1月4日；同日提交发明专利，于2018年5月4日被授权，专利号为ZL201410366664. X。

2016年5月17日，苏州泛普纳米科技有限公司，针对该专利提出无效，案件编号5W110332，2017年4月5日的无效决定结果为，维持权利要求1有效。2019年1月31日和2019年3月22日，郝亚宏和北京智贤科贸有限公司又对该专利提出无效，案件编号为5W116921和5W117229，2019年8月8日得到无效决定结果，权利要求1被无效。

ZL201420422535. 3号涉及一种智能黑板，专利扉页如图4-39所示。

(19) 中华人民共和国国家知识产权局

(12) 实用新型专利

(10) 授权公告号 CN 204095348 U
(45) 授权公告日 2015. 01. 14

(21) 申请号 201420422535. 3

(22) 申请日 2014. 07. 29

(73) 专利权人 上海开亿信息科技有限公司
地址 201616 上海市松江区小昆山镇崇南公路435弄16号房I座

(72) 发明人 姚天闻

(74) 专利代理机构 上海精晟知识产权代理有限公司 31253
代理人 胡志强

(51) Int. Cl.
B43L 1/04 (2006. 01)
G06F 3/041 (2006. 01)

(ESM) 同样的发明创造已同日申请发明专利

权利要求书1页 说明书4页 附图1页

(54) 实用新型名称
一种智能黑板

(57) 摘要

本实用新型公开了一种智能黑板，包括黑板框架，所述黑板框架内设置有左、中、右三块防眩光黑色透视玻璃，所述三块防眩光黑色透视玻璃组成一个黑板平面，所述中间的防眩光黑色透视玻璃背部贴附有一种纳米触控膜，所述纳米触控膜背部安装有显示屏，所述显示屏连接有智能操作系统主机。本实用新型的优点：既可以粉笔书写、又可以采用白板水笔书写，还可以进行触摸互动，可代替传统的普通白板、黑板，以及电子白板，做到了一板多用，用途范围更广。互动的演示可以拥有更好的展示效果，便于理解和记忆，还能存储教育内容，方便学生课外学习。采用独有的改变黑色透视玻璃表面粗糙度的技术，对高光进行过滤，减少对视网膜的伤害，有利于儿童视力的健康。

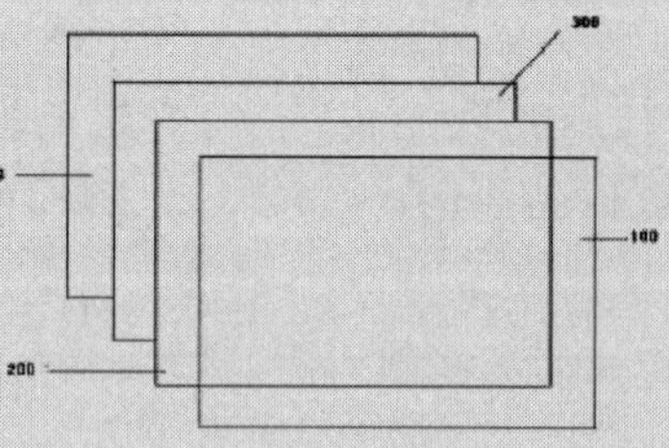

图4-39 自动涂敷油脂的煎炸锅的专利扉页

本专利的权利要求 1 和对应的附图如图 4-40 所示。

1. 一种智能黑板，包括黑板框架，其特征在于：所述黑板框架内设置有左、中、右三块防眩光黑色透视玻璃，所述三块防眩光黑色透视玻璃组成一个黑板平面，所述中间的防眩光黑色透视玻璃背部贴敷有一片纳米触控膜（300），所述纳米触控膜（300）背部安装有显示屏（400）。

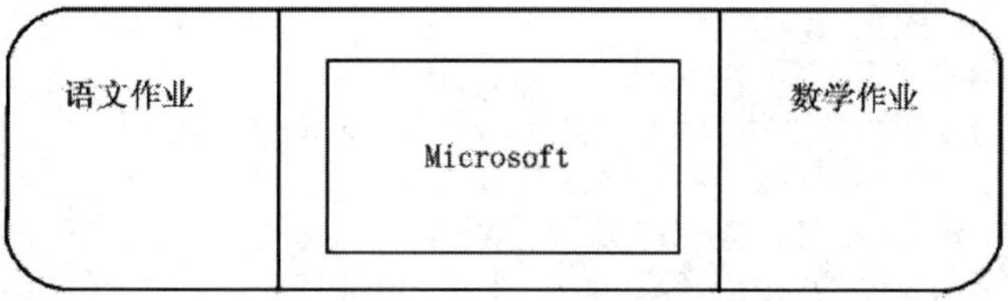

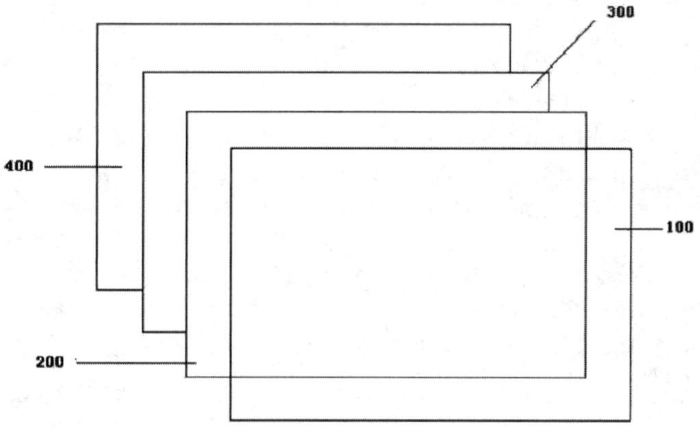

图 4-40　本专利的权利要求 1 和对应的附图

二、理解发明构思

从本专利的背景技术部分得知，本专利所要解决的技术问题是现有技术存在的技术缺陷，即“没有同时可以用粉笔、水笔书写，又可以进行触摸互动的智能黑板”，如图 4-41 所示。

背景技术

[0002] 现代教学传统黑板只能书写粉笔，其不能同时使用水笔书写，又不能在黑板上播放视屏，浏览网页，无法将教学内容推送到云端，同时又不能像液晶白板一样进行触摸互动；同样，在办公室使用的白板，也只能用水笔书写。在计算机应用越来越广的今天，计算机逐渐被搬到了教室里面，电化教学也成了教学的一个趋势，例如投影仪以及电子白板等。

[0003] 目前液晶白板开始更多的进入学校教室，对这方面的研究也很多，例如申请号为200910196381.4的中国专利：一种多功能复合式电子白板，包括前后的表面层，中间的电磁材料板芯和表面层内、电磁材料板芯外用以保护板芯的支撑材料层及四周的外框，电磁材料板芯与板芯下方的板芯控制电路电连接，其特征是在板芯下方还设置有微机主板和主板连接的LCD显示器，所述微机主板包括微处理器、存储器和输入输出接口模块，板芯控制电路连接微机主板的输入输出接口模块，输入输出接口模块连接有电源插头、投影仪插头和USB插槽。本实用新型使电子白板增加了电脑的功能，而且演示的方式可以选择，方便了用户。又如申请号为201220031657.0的中国专利：一种纳米交互式电子白板，包括主控计算机、液晶显示器以及触控设备，所述液晶显示器的视频输入端接主控计算机的视频输出口，所述液晶显示器位于触控设备的一侧，所述触控设备包括亚克力面板，在亚克力面板的一侧依次粘贴有纳米触控膜和附着膜，该纳米触控膜具有纳米触控膜控制器；所述液晶显示器将视频图像通过纳米触控膜呈现在亚克力板上，纳米触控膜控制器的输出接口与主控计算机的输入接口连接，从而到达可以互动的电子黑板。本实用新型的纳米交互式电子白板可用于学校教室、企业会议室、多种活动展厅等多种场所，用户可以通过手指或者特殊触控笔来代替粉笔操作，简单方便，并且提供外接USB接口，用户可以随意上传需要的资料。在申请号为201320061966.7的中国专利：一种触控式智能黑板，包括触摸屏、LED显示器、控制器、触摸屏及LED显示屏的驱动模块、USB接口、网线接口和与PC机通信的接口；USB接口、网线接口和与PC机通信的接口均与控制器连接；触摸屏和LED显示器均通过触摸屏及LED显示屏的驱动模块连接控制器。所述的触控式智能黑板还包括与控制器相连的WI-FI模块。该触控式智能黑板易于实施，功能丰富，且摒弃了非环保材料的黑板和粉笔书写模式，改用LED显示屏和手写或电子笔书写方式，具有良好的环境效益。

[0004] 上述的专利技术，都是将传统的黑板或者白板完全电子化，但是根据人多年的使用习惯以及便利性，用粉笔或者水笔书写是最方便、最灵活、最节约时间的，在时间有限的一节课上，很多时候还是会用粉笔；并且如果遇到停电情况，电子设备就不能使用。

[0005] 为了解决这个问题，做到两者兼备，有在教室或办公室里同时安装电子显示板以及传统的黑板或白板，但因为两者不在同一个平面上，使用起来需要不断拉动，使用非常不方便；而且这样成本更高，有的地方空间有限，无法实现同时安装。

实用新型内容

[0008] 本实用新型的目的是为了提供一种既可以粉笔书写、又可以采用白板水笔书写，还可以进行触摸互动的一种新型智能黑板。

[0009] 为了达到本实用新型的目的，技术方案如下：

[0010] 一种智能黑板，包括黑板框架，所述黑板框架内设置有左、中、右三块防眩光黑色透视玻璃，所述三块防眩光黑色透视玻璃组成一个黑板平面，所述中间的防眩光黑色透视玻璃背部贴敷有一片纳米触控膜，所述纳米触控膜背部安装有显示屏。

图4-41 本专利所要解决的技术问题

权利要求1的技术方案中的核心技术特征是智能黑板，主要技术特征是三块在同一平面的防眩光黑色透视玻璃；中间透视玻璃背部贴敷纳米触控膜；纳米触控膜背部安装有显示屏。这些技术特征分别单独起到不同的作用和效果，也和其他技术特征一起达到组合的技术效果，如图 4-42 和表 4-7 所示。

CN 204095348 U　　　　　　　　说　明　书　　　　　　　　3/4 页

的云端服务器，能够把教育内容即时存储在云端，类似于搭建的云端服务分享平台，方便学生在课外下载资料进行复习，形成了硬件 + 内容 + 服务的生态模式，这对市场上单独电子白板，是一个质的的飞跃。

[0019]　中间一块防眩光黑色透视玻璃的特征在于其纳米触摸膜以及带有智能操作系统主机的显示屏，所以在打开显示屏时，显示的内容可以与左、右两块黑色防眩光玻璃上进行交互式的触摸互动，便于对显示的内容在左、右两块黑色防眩光玻璃上进行进一步的解释和补充，让听讲的人便于理解，记忆更深。而关掉显示屏的内容时又显示为一块整体的黑板，又可以在上面用水笔及粉笔来书写。

[0020]　纳米触摸膜的特征在于纳米触控技术：该产品具有多点触控功能，定位精准，像操作苹果 iPad 一样流畅。目前市场上的电子白板显示主要采用红外触摸方式，无论从精度上还是多点触摸上，都不如纳米触控技术。

[0021]　防眩光黑色透视玻璃的特征在于改变黑色透视玻璃表面粗糙度的技术，在不透光的情况下显示为一整块黑色的版面，如果粗糙度过小，则黑板越光滑，这样不仅书写不方便、易打滑，也容易反光，影响了部分位置人员的观看；如果粗糙度过大，则画面会比较模糊，也比较浪费粉笔或者水笔。其表面的粗糙度在 0.3mm ～ 0.4mm 之间时，表面书写方式为水笔方式；其表面的粗糙度在 0.7mm ～ 0.9mm 之间时，其表面的书写方式为水笔、粉笔。

[0022]　本实用新型具有的有益效果：

[0023]　既可以粉笔书写、又可以采用白板水笔书写，还可以进行触摸互动，创新整合的技术，可代替传统的普通白板、黑板，以及电子白板，做到了一板多用，用途范围更广。互动的演示可以拥有更好的展示效果，便于理解和记忆，还能存储教育内容，方便学生课外学习。

[0024]　采用独有的改变黑色透视玻璃表面粗糙度的技术，对高光进行过滤，减少对视网膜的伤害，有利于儿童视力的健康。

图 4-42　主要技术特征对应的技术效果

表 4-7　主要技术特征的作用和组合效果

<table>
<tr><th>主要技术特征</th><th>解决的问题/
达到的效果</th><th colspan="3">组合效果</th></tr>
<tr><td>黑板框架内设置有左、中、右三块防眩光黑色透视玻璃</td><td>划分出不同的功能区域</td><td rowspan="3">划分出单独的人工书写式区域和触控式区域</td><td>—</td><td rowspan="4">提供一种粉笔、水笔书写，又可以进行触摸互动的智能黑板</td></tr>
<tr><td>所述三块防眩光黑色透视玻璃组成一个黑板平面</td><td>同一平面使用方便，节省空间，具有较大的人工书写式区域</td><td rowspan="3">既能用粉笔和水笔书写，又能电子显示</td></tr>
<tr><td>所述中间的防眩光黑色透视玻璃背部贴敷有一片纳米触控膜（300）</td><td>纳米触控膜精度高，适合多点触控</td></tr>
<tr><td>所述纳米触控膜（300）背部安装有显示屏（400）</td><td>电子显示内容</td><td>—</td></tr>
</table>

整体而言，本专利达到的技术效果是一种既可以用粉笔、水笔书写，又可以进行触摸互动的智能黑板。

经过对本专利的深入分析，可以梳理出本专利发明构思的 3 个要素，如图 4-43 所示。

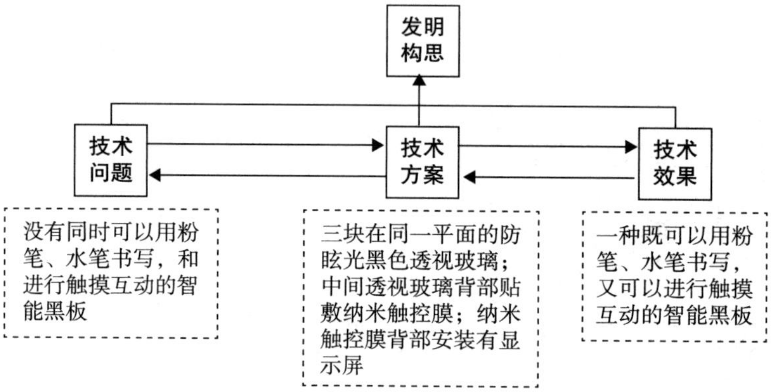

图 4-43　本专利发明构思的三要素

进而，可以将本专利的技术构思概括为一句话：没有同时可以用粉笔、水笔书写，和进行触摸互动的智能黑板的技术问题是通过设置有三块在同一平面的防眩光黑色透视玻璃、中间透视玻璃背部贴敷纳米触控膜、纳米触控膜背部安装有显示屏的智能黑板来解决的。

三、确定检索要素

确定检索要素时应当重点放在检索对象的发明构思中对现有技术做出“智慧贡献”的技术特征上，技术问题和技术效果可用来细化、补充和完善这些检索要素。因此，需要对主要技术方案中的技术特征进行分类，可将技术特征分为核心技术特征、主要技术特征、次要技术特征以及可替代次要技术特征（见图 4-8）。

按照这个思路，本专利权利要求书中主要的技术特征可分解为：“智能黑板”可作为一级的核心技术特征，其对确定技术领域和分类号具有重要意义；三块在同一平面的防眩光黑色透视玻璃、中间透视玻璃背部贴敷纳米触控膜、纳米触控膜背部安装有显示屏可作为二级的主要技术特征，其构成了对技术效果的重要支撑（见图 4-44）。

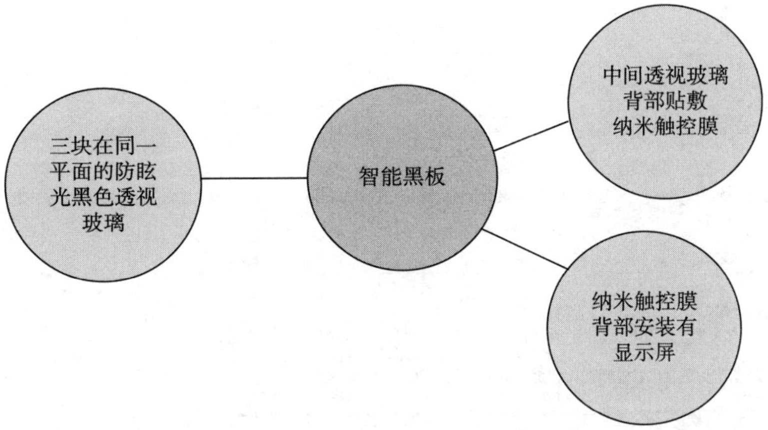

图 4-44　体现本专利发明构思的三种技术特征

四、表达检索要素

根据图 4-44 中的核心技术特征和主要技术特征制作检索要素表达表格（见表 4-8）。

表 4-8　本专利检索要素表达

要素表达	检索要素			
	智能黑板	三块在同一平面的防眩光黑色透视玻璃	中间透视玻璃背部贴敷纳米触控膜	纳米触控膜背部安装有显示屏
分类号表达				
关键词表达				

1. 分类号的选取

首先，查阅 IPC 分类表，看看是否能够找到比较恰当的分类位置。

经过查阅，发现小组分类号“B43L1/04・黑板”与“B43L1/12・具有半透明书写面与衬件结合形成可见痕迹的”比较相关（见图 4-45）。

分类号	含义
..	返回
B	部——作业；运输
∟B43	书写或绘图器具；办公用品
∟B43L	书写或绘图用品；书写或绘图辅助用品（画线作业的工艺设备入B25H7/00；手写或绘图的教具入G09B11/00）
∟B43L1/00	可重复使用的书写或绘图的板或小平板（绘图板入B43L5/00）
∟B43L1/02	·石板
∟B43L1/04	·黑板（黑板框或黑板架入A47B97/04）
∟B43L1/12	·具有半透明书写面与衬件结合形成可见痕迹的

图 4-45　小组分类号查阅

2. 关键词的遴选

本专利有相关的分类号，但分类号不能充分体现发明构思，需要结合关键词联合表达。关键词的遴选主要能够集中体现发明创新点的主要技术特征：三块在同一平面的防眩光黑色透视玻璃、中间透视玻璃背部贴敷纳米触控膜、纳米触控膜背部安装有显示屏（它们构成了对技术效果的重要支撑）。

这些特征不仅体现了结构特征（层与前后），也体现了材料特征（防眩光透视玻璃、纳米触控膜、显示屏等），这些结构特征不好用关键词来表达，但材料特征可以很好地用关键词来表达，例如，"防眩光透视玻璃"可简单地表达为"玻璃"，"纳米触控膜"可简单地表达为"纳米"，"显示屏"可简单地表达为功能"显示"或"屏"。

最终本专利的检索要素表达见表 4-9。

表 4-9　本专利的检索要素表达（星号的多少与其重要性和准确性成正比）

要素表达	检索要素			
	智能黑板	三块在同一平面的防眩光黑色透视玻璃	中间透视玻璃背部贴敷纳米触控膜	纳米触控膜背部安装有显示屏
分类号表达	B43L1/04（★）	B43L1/12（★★）		
关键词表达		玻璃 GLASS（★★）	纳米触控膜 Nano+2w film（★★）	显示屏 DISPLAY+（★★）

五、制定检索策略

由于本专利的检索要素可表达成一般相关的分类号和关键词。且根据本专利所要解决的技术问题是一种既可以用粉笔、水笔书写，又可以进行触摸互动的智能黑板。可先采取全要素的“块式”检索策略。

S1：B43L1/04 OR B43L1/12（未检到相关文献）

S2：B43L1/04 AND（B43L1/12 or 玻璃）AND（纳米 2w 触控膜）AND 显示

S3：B43L1/04 AND（B43L1/12 or CLASS+）AND（Nano+ 2w film）AND DISPLAY+

但是，上面几个全要素的检索式均未检到相关文献。因此，接下来采取部分要素检索策略进行“块检索”，考虑到纳米触控膜这一技术特征是比较下位的概念，先考虑缺省这一检索要素，很容易检索到相关文献（见图 4-46）。

S4：B43L1/04 AND B43L1/12（检索到相关文献 1）

S5：B43L1/04 AND CLASS+ AND DISPLAY+（检索到相关文献 1）

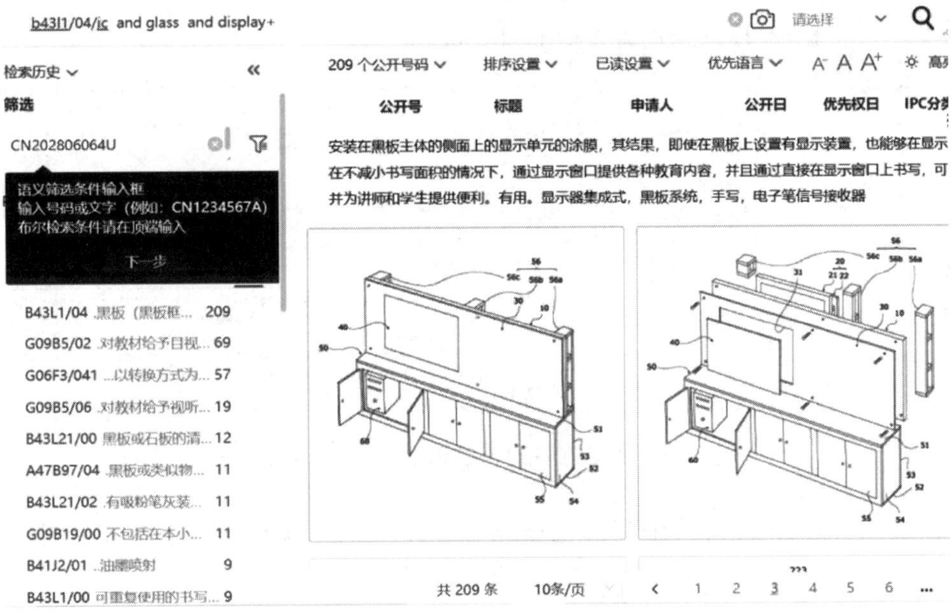

图 4-46　发现相关文献 1 的检索情况

由 S1 的检索结果可以发现，智慧黑板的主要专利国别和主要技术来源国是中国、日本和韩国（见图 4-47），可以选定某一国别的专利范围再进行块检索。

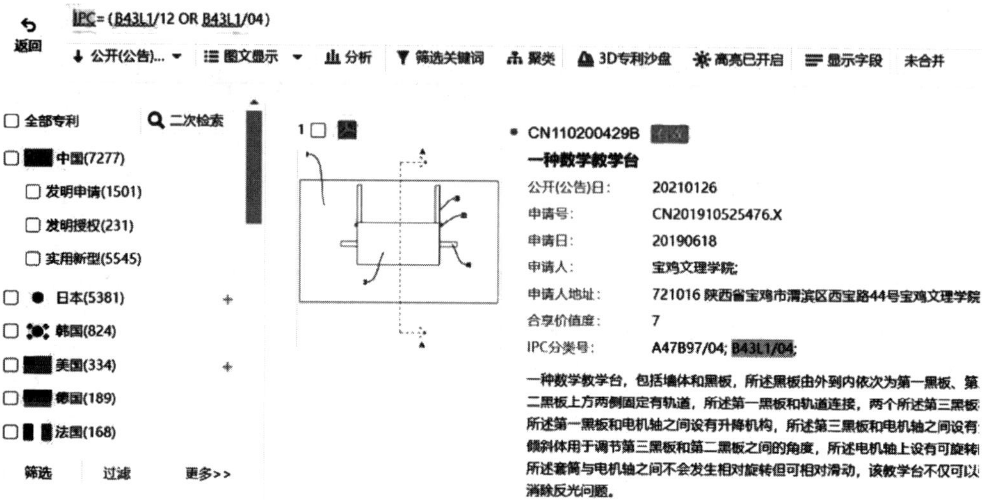

图 4-47　本领域专利申请国别排序

将文献锁定在韩国国别，再进行部分要素的块检索策略（具体检索见图 4-48）：S4 and pn/KR（检索到相关文献 1 和文献 2）

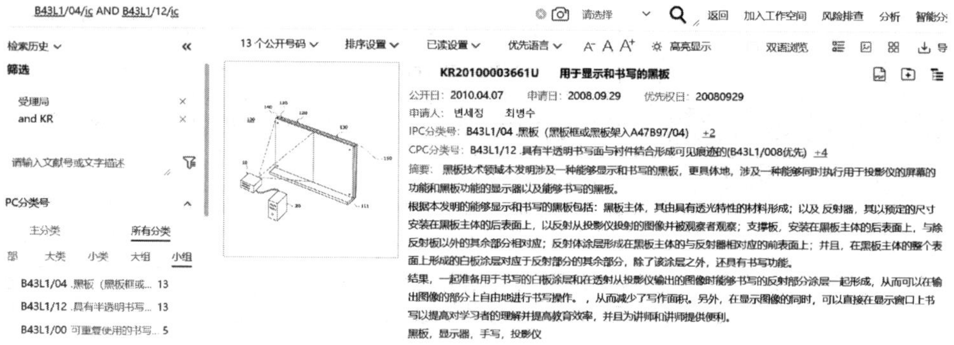

图 4-48　聚焦在韩国专利文献中执行 S4 检索式

最后，针对性地进行“中间透视玻璃背部贴敷纳米触控膜”这一特征的聚焦式检索：

S6：（B43L1/04 OR B43L1/12）AND 纳米 AND 触控（未检到相关文献）

但是，根据本专利说明书背景技术部分发现文献 3：CN 202758328 U 公开了该技术特征，且与本专利中的作用相同。通过阅读该文献发现，该专利的分类号给的只是 G06F3/041（G06F3/041 · · · 以转换方式为特点的数字转换器，例如，触摸屏或触摸垫，特点在于转换方法），该分类位置较为隐蔽。

另外，由于本实用新型有同日提交的发明专利申请，可通过中国与多国专利审查信息检索系统（http://cpquery.cnipa.gov.cn/）检索同日申请发明的检索报告得知有另一相关专利文献 4：CN202806064U（见图 4-49）。

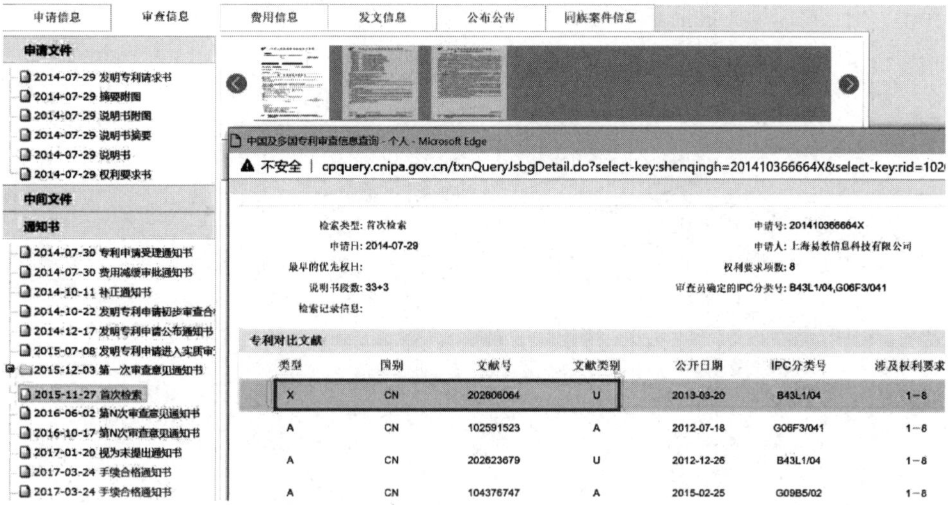

图 4-49 同日提交申请的检索报告查询

相关文献 CN 202758328 U 和 CN202806064U 的检索过程属于典型的追踪检索。

六、比对检索结果

在检索工具中实施上述检索策略，比如在国家知识产权局对公众开放的检索分析数据库中进行检索（网址：http://pss-system.cnipa.gov.cn），但由于该数据库中很多国家的实用新型专利都没有全文图像和英文摘要翻译，针对本案例的检索结果并不理想。

因此，本案例的检索放在一些商用数据库中，这些数据库中大都具备国外实用新型专利的全文图像和中英文摘要翻译，检索环境好。

文献 1：KR20-2010-0003663U

公开了一种在能够提供教学内容的显示窗与黑板书写部上都可以直接进行记录的显示一体型黑板系统。在通过显示窗提供多种教学内容的同时，不仅可以在黑板书写部进行书写，而且能够在显示窗直接进行记录，从而可以为讲课人及听课人提供方便，能够提高教学效率。包括黑板本体（10）、显示装置（20）、设置在黑板本体（10）上的黑板镀膜（30）与显示部镀膜（40），在具有书写功能的同时，还能够显示影像。黑板本体的材料可以是玻璃。黑板镀膜（30）可以从以下几种薄膜中选择，包括可利用粉笔进行记录的黑板膜、可利用水性笔（水性马克笔）进行记录的白板膜、可利用马克笔类型的水性笔或者水粉笔进行记录的绿色的水性笔用薄膜。另外，在讲课过程中，当想要利用显示装置（20）进行立体授课时，就驱动多媒体源装置（60）通过显示窗输出影像，从而能够提高教学效率。文献 1 的主要说明书附图如图 4-50 所示。

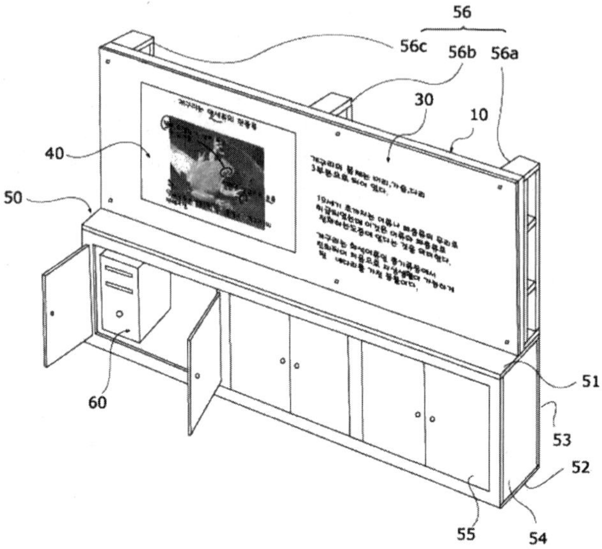

图 4-50　文献 1 的主要说明书附图（部分）

文献 2：KR20100003661U

涉及一种能够显示和书写的黑板，更具体地，涉及一种能够同时执行用于投影仪的屏幕的功能和黑板功能的显示器以及能够书写的黑板。在黑板中，黑板主体由具有透光性的材料形成；反射板以预定的尺寸安装在黑板主体的后表面上，以允许从投影仪投射的图像被观察者反射和观察；支撑板，安装在黑板主体的后表面上，对应于除反射器之外的其余部分；反射体涂层形成在黑板主体的与反射器相对应的前表面上；并且，在黑板主体的整个表面上形成有与反射部涂层以外的其余部分相对应的具有书写功能的白板涂层，由此，设置用于书写的白板涂层。当从投影仪输出的图像通过时，反射部分涂层形成在一起，因此可以在输出图像的部分上自由地进行书写操作，从而可以在不减少书写面积的情况下提供使用多媒体的讲座。另外，在显示图像的同时，可以直接在显示窗口上书写以提高对与会者的理解并提高教育效率，并为讲师和学生提供方便。文献 2 的主要说明书附图如图 4-51 所示。

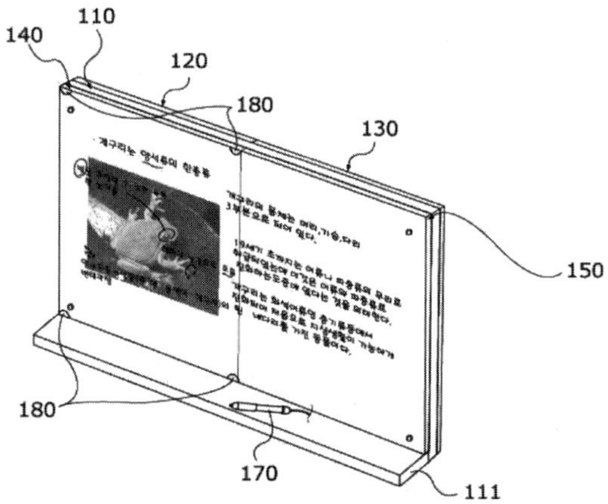

图 4-51　文献 2 的主要说明书附图

文献 3：CN202758328U

公开了一种纳米交互式电子白板，包括主控计算机 1、液晶显示器 2 以及触控设备，所述液晶显示器 2 的视频输入端接主控计算机 1 的视频输出口，所述液晶显示器 2 位于触控设备的一侧，所述触控设备包括亚克力面板 5，在亚克力面板的一侧依次粘贴有纳米触控膜 3 和附着膜 4，该纳米触控膜 3 具有纳米触控膜控制器 6；所述液晶显示器 2 将视频图像穿透纳米触控膜 4 呈现在亚克力板上，纳米触控膜控制器 6 的输出接口与主控计算机 1 的输入接口连接。文献 3 的主要说明书附图如图 4-52 所示。

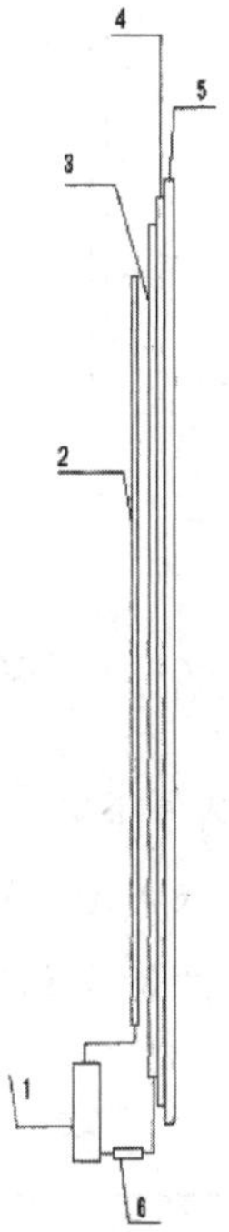

图 4-52　文献 3 的主要说明书附图

文献 4：CN202806064U

公开了一种多媒体教学黑板，包括第一磁性白板 1、第二磁性白板 2 以及多媒体显示屏 3，还包括平行相对设置的轨道 4，所述轨道 4 上设有第一凹槽 41、第二凹槽 42，所述多媒体显示屏 3 设于第一凹槽 41 内，所述第一磁性白板 1、第二磁性白板 2 均设于第二凹槽 42 内并均沿轨道 4 轴向移动。所述第一磁性白板 1、第二磁性白板 2 的四个角上均固定设有行走轮 5，所述行走轮 5 与第二凹槽 42 连接，第一磁性白板 1、第二磁性白板 2 均通过行走轮 5 在第二凹槽 42 内沿轨道 4 轴向移动，且移动方便，不会产生卡死、难以移动等现象。在非教学时，第一磁性白板 1 与第二磁性白板 2 可移动在轨道 4 的中间，起到保护多媒体显示屏 3 的作用，所述多媒体显示屏 3 表面设有触摸屏，所述触摸屏通过 USB 接口与计算机 6 连接，所述轨道 4 两端均设有边框 7，当第一磁性白板 1、第二磁性白板 2 移动至轨道 4 的两端时，边框 7 就将其挡住，进而防止第一磁性白板 1 与第二磁性白板 2 滑出轨道 4。多媒体教学黑板在使用时，通过触摸屏可以将授课内容即时地显示在多媒体显示屏上，同时通过多媒体显示屏两边的第一磁性白板、第二磁性白板对多媒体显示屏上的内容做出合理解释，充分将传统教学与多媒体教学相结合。在进行板书时，使用白板笔在磁性白板上进行书写，不会产生任何粉尘，实现无粉尘教学。文献 4 的主要说明书附图如图 4-53 所示。

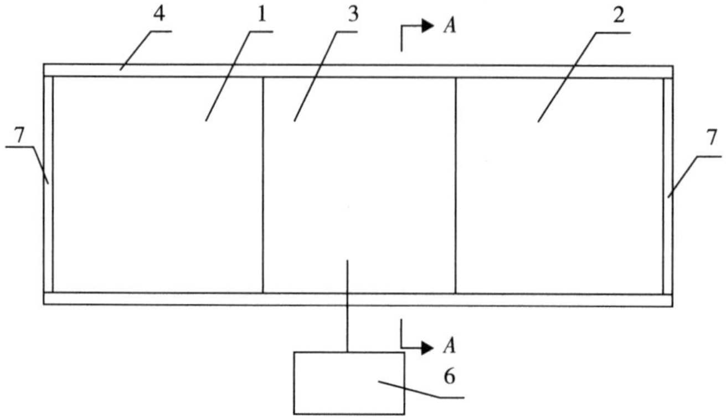

图 4-53　文献 4 的主要说明书附图（部分）

将上述文献与本专利的发明构思进行对比分析（见表 4-10），可以看出，KR2020100003663U、CN202758328U 两篇文献结合公知常识或者 KR20100003661U、CN202758328U 两篇文献结合公知常识能够评价本专利权利要求 1 的创造性。

表 4-10　检索结果与本专利发明构思的比较分析

检索结果	发明构思						对比结果
	技术问题	技术方案				技术效果	
	没有同时可以用粉笔、水笔书写，和进行触摸互动的智能黑板	智能黑板	三块在同一平面的防眩光黑色透视玻璃	中间透视玻璃背部贴敷纳米触控膜	纳米触控膜背部安装有显示屏	提供一种既可用粉笔、水笔书写，又可以进行触摸互动的智能黑板	
KR2020100003663U	√	√	同一平面的黑色透视玻璃	×	背部安装有显示屏	√	Y1
KR20100003661U	√	√	×	×	×	√	Y1
CN202758328U	×	√	×	√	背部安装有显示屏		Y2
CN202806064U	×	√	三块在同一平面的白板	中间为触控屏	背部安装有显示屏	×	Y3

七、检索经验与技巧总结

技巧 1：在对专利进行检索之前，可先充分了解该领域的技术发展演变过程，有利于明晰目标专利技术所处的技术阶段。如本专利属于智慧教育领域，“智慧黑板”也并不是第一个电子应用产品，而是经历了一个从白板、电子白板、交互式电子白板、交互式智能平板，到最新的“智慧黑板”的发展演变过程。

技巧 2：在分析权利要求书中技术特征的效果时，不仅需要分析技术特征单独的技术效果，还要分析技术特征间的组合效果。如本专利中“所述三块防眩光黑色透视玻璃组成一个黑板平面”单独的技术效果为“同一平面使用方便，节省空间，具有较大的人工书写式区域”，其与其他技术特征“黑板框架内设置有左、中、右三块防眩光黑色透视玻璃”“所述中间的防眩光黑色透视玻璃背部贴敷有一片纳米触控膜”还会起到组合的效果，即“划分出单独的人工书写式区域和触控式区域”。

技巧 3：有些表征结构的技术特征不好用关键词来表示，看看可否使用材料类的特征来表达。如本专利权利要求 1 中的特征不仅体现了结构特征（层与前后），也体现了材料特征（防眩光透视玻璃、纳米触控膜、显示屏等），这些结构特征不好用关键词来表达，但材料特征可以很好地用关键词来表达，例如，“防眩光透视玻璃”可简单地表达为“玻璃”，“纳米触控膜”可简单地表达为“纳米”，“显示屏”可简单地表达为功能“显示”或“屏”。

技巧 4：如果某专利的检索要素只可表达成相对准确的分类号和关键词，可先采取全要素的“块检索策略”进行初步检索，其后根据实际需要再进行部分要素的“块检索策略”。

技巧 5：当采取部分要素检索策略进行“块检索”时，可优先缺省比较下位、比较容易替代的技术特征，如本专利考虑到纳米触控膜这一技术特征是比较下位的概念，先考虑缺省这一检索要素。

技巧 6：当某领域的专利技术主要来源国（或专利申请主要国别）容易确定的话，在检索过程中的适当时机，可以考虑将检索范围限定在某一相应主要国别专利文献范围内。如本专利中检索发现，智慧黑板的主要专利国别和主要技术来源国是中国、日本和韩国，可以选定其中一个国别的专利范围再进行块检索。

技巧 7：追踪检索的方式可以是申请人/发明人、引证信息，还可以是依据专利背景技术中的现有技术。例如，根据本专利说明书背景技术部分发现 CN 202758328 U 公开了某一技术特征，且与本专利中的作用相同。

技巧 8：通过检索到的相关专利文献，可以审视是否存在值得扩展检索的新的分类号或者关键词。如本专利通过阅读相关文献发现，可以扩展检索到 G06F3/041（G06F3/041 · · · 以转换方式为特点的数字转换器，例如，触摸屏或触摸垫，特点在于转换方法）。

技巧 9：如果本专利有同一申请人同日提出的相同或相近发明专利申请，可以查阅该发明的检索报告，看是否能发现相关的现有技术。如由于本实用新型有同日提交的发明，可通过中国与多国专利审查信息检索系统（http://cpquery.cnipa.gov.cn/）检索同日申请发明的检索报告得知有一相关专利文献CN202806064U。

技巧10：如通过官方免费的数据检索难以发现相关现有技术时，必须扩展到商业数据库，这些数据库中大都具备国外实用新型专利的全文图像和中英文摘要翻译，检索环境相对较好。

案例4　熔合金属纳米线结构网络制备方法

一、案例背景

纳米线是一种纳米（nm）尺度（$1nm=10^{-9}m$）的线。换一种说法，纳米线可以被定义为一种具有在横向上被限制在100nm以下（纵向没有限制）的一维结构。这种尺度上，量子力学效应很重要，因此也被称作“量子线”。银纳米线除具有银优良的导电性之外，由于纳米级别的尺寸效应，还具有优异的透光性、耐曲挠性。因此被视为是最有可能替代传统ITO透明电极的材料，为实现柔性、可弯折LED显示、触摸屏等提供了可能，并已有大量的研究将其应用于薄膜太阳能电池。此外由于银纳米线的大长径比效应，使其在导电胶、导热胶等方面的应用中也具有突出的优势。随着纳米银技术不断地提升突破，其在柔性可挠折叠手机、平板电脑、笔记本等领域的应用势在必行，纳米银可靠的可挠特性将是触控面板产品发展的新方向。因此，在该领域的专利布局和诉讼行为频发。在天材创新材料科技股份有限公司（Cambrios）与美国公司（C3Nano）的专利大战中，Cambrios于2019年8月针对C3Nano的中国专利ZL201480018734.0提出无效，最终该专利的导电膜专利权项全部被无效。

ZL201480018734.0号涉及一种熔合金属纳米结构网络和具有还原剂的熔合溶液，专利扉页如图4-54所示。

(19)中华人民共和国国家知识产权局

(12)发明专利

(10)授权公告号 CN 105102555 B
(45)授权公告日 2018.02.16

(21)申请号 201480018734.0

(22)申请日 2014.02.21

(65)同一申请的已公布的文献号
申请公布号 CN 105102555 A

(43)申请公布日 2015.11.25

(30)优先权数据
13/777,802 2013.02.26 US

(85)PCT国际申请进入国家阶段日
2015.09.28

(86)PCT国际申请的申请数据
PCT/US2014/017652 2014.02.21

(87)PCT国际申请的公布数据
WO2014/133890 EN 2014.09.04

(73)专利权人 C3奈米有限公司
地址 美国加利福尼亚州

(72)发明人 阿加依·维尔卡 杨希强 李英熙
丹尼斯·麦进
梅尔伯尔尼·C·勒米厄

(74)专利代理机构 北京律盟知识产权代理有限责任公司 11287
代理人 刘锋

(51)Int.Cl.
C09D 11/52(2006.01)
B82Y 30/00(2006.01)

(56)对比文件
WO 2010036113 A1,2010.04.01,说明书第5页第6段至第6页第1段,第9页第6段至第10页第3段,第15页第4段,第17页第3,4段.
CN 101421860 A,2009.04.29,全文.
US 2009317435 A1,2009.12.24,全文.
US 2009129004 A1,2009.05.21,全文.

审查员 李椰

权利要求书3页 说明书24页 附图10页

(54)发明名称
熔合金属纳米结构网络和具有还原剂的熔合溶液

(57)摘要
本发明已经发现还原/氧化试剂有效地经由明显熟化类型过程将稀疏的金属纳米线膜以化学方式固化成熔合金属纳米结构网络。所得熔合网络可以提供所需低薄层电阻同时维持良好光学透明度。透明导电膜可以有效地以单一导电墨水形式施用或经由在后续添加熔合剂下依序形成金属纳米线膜来施用。熔合金属纳米线膜可以有效地被图案化,并且图案化膜可以适用于例如触摸式传感器的装置。

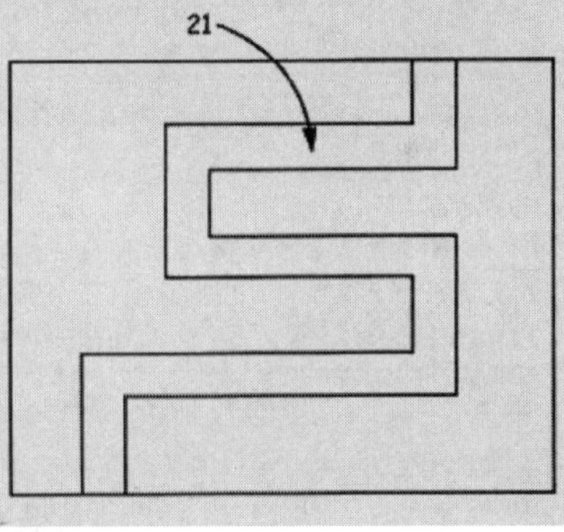

图 4-54 自动涂敷油脂的煎炸锅的专利扉页

本专利的权利要求 1 和对应的附图如图 4-55 所示。

CN 105102555 B **权 利 要 求 书** 1/3 页

1.一种形成熔合金属纳米结构网络的方法,所述方法包含:

使金属纳米线与包含还原剂来源和金属离子来源的熔合溶液接触以将金属离子还原成其相应金属元素,从而将所述金属纳米线熔合在一起以形成所述熔合金属纳米结构网络,其中所述熔合金属纳米结构网络具有至少80%的从400nm到700nm光的总透射率。

图 4-55 本专利的权利要求 1 和对应的附图

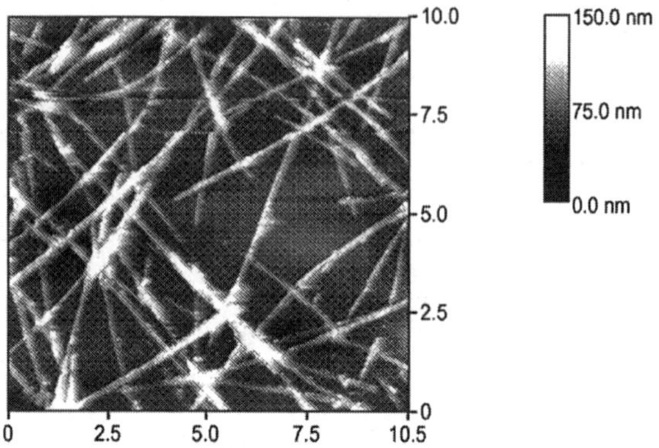

图 4-55　本专利的权利要求 1 和对应的附图（续）

二、理解发明构思

从本专利的背景技术部分得知，本专利所要解决的技术问题是现有技术存在的技术缺陷，即“现有技术中透明导电膜的制备工艺复杂、周期长、成本高，如图 4-56 所示。

背景技术

[0002]　功能性膜可以在一系列情形中提供重要功能。举例来说，导电膜对于在静电可能是不良或危险时耗散静电来说可以是重要的。光学膜可以用于提供各种功能，例如偏振、抗反射、相移、亮度增强或其它功能。高品质显示器可以包含一或多个光学涂层。

[0003]　透明导体可以用于数种光电子应用，包括例如触摸屏、液晶显示器(LCD)、平板显示器、有机发光二极管(OLED)、太阳电池和智慧型窗户。历史上，氧化铟锡(ITO)已经因其在较高导电率下相对较高的透明度而成为所选材料。然而，ITO存在数种缺陷。举例来说，ITO是需要使用溅镀沉积的脆性陶瓷，溅镀是一种涉及高温和真空的制造工艺，并且因此相对较慢并且并不成本有效。另外，已知ITO在可挠性衬底上易于开裂。

发明内容

[0004]　在第一方面中，本发明涉及一种形成熔合金属纳米结构网络的方法，所述方法包含使金属纳米线与熔合溶液接触。在一些实施例中，熔合溶液包含还原剂来源和金属离子来源。接触步骤将金属离子有效还原成其相应金属元素，从而将金属纳米线熔合在一起以形成熔合金属纳米结构网络。

[0005]　在其它方面中，本发明涉及一种形成熔合金属纳米结构网络的方法，所述方法包含辐射衬底表面上的金属纳米线膜以形成熔合金属纳米结构网络。

[0006]　在另一方面中，本发明涉及一种用于将金属纳米线熔合成导电熔合金属纳米结构网络的熔合溶液，其中所述熔合溶液包含金属纳米线、金属离子来源和还原剂和/或氧化剂。

[0007]　在另一方面中，本发明涉及一种熔合金属纳米结构网络，其包含熔合金属纳米线片段，形成实质上不含卤化物的导电网络。在一些实施例中，熔合金属纳米线片段包含第一金属组合物，其与和第一金属组合物相同或不同的第二金属组合物熔合以形成熔合金属纳米结构网络。

[0008]　另外，本发明涉及一种用于依序施用的溶液组，所述溶液组包含纳米线墨水(其包含金属纳米线的分散液)和熔合溶液。熔合溶液可以包含金属离子来源和还原剂和/或氧化剂，其中熔合溶液在干燥时有效熔合金属纳米线的膜。

[0009]　在其它实施例中，本发明涉及一种图案化透明导电材料，其包含衬底、覆盖衬底表面的一部分的熔合金属纳米结构网络、和衬底表面的实质上不含金属纳米线和熔合金属网络的区域。熔合金属纳米结构网络可以形成导电图案。在一些实施例中，透明导电材料的总可见光透射率是至少约91%。就图案化透明导电材料来说，触摸式传感器可以包含第一电

图 4-56　本申请所要解决的技术问题

权利要求 1 的技术方案中的核心技术特征是金属纳米结构网络制备工艺，主要技术特征是还原剂与金属离子反应、金属纳米线与金属元素熔合成网络、达到 80% 的透射率（见图 4-57）。

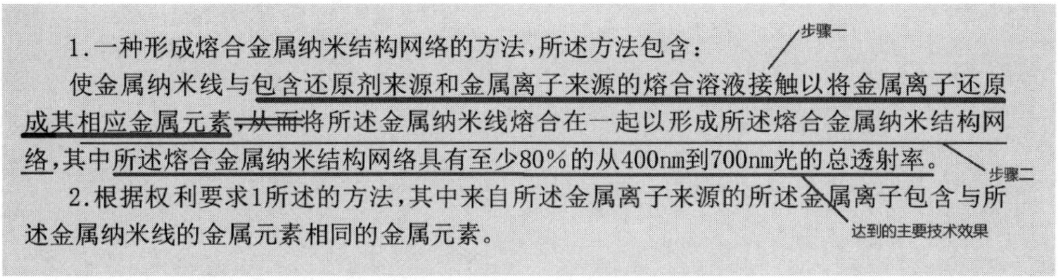
1.一种形成熔合金属纳米结构网络的方法，所述方法包含：

使金属纳米线与包含还原剂来源和金属离子来源的熔合溶液接触以将金属离子还原成其相应金属元素~~，从而~~将所述金属纳米线熔合在一起以形成所述熔合金属纳米结构网络，其中所述熔合金属纳米结构网络具有至少80%的从400nm到700nm光的总透射率。

2.根据权利要求1所述的方法，其中来自所述金属离子来源的所述金属离子包含与所述金属纳米线的金属元素相同的金属元素。

图 4-57　权利要求 1 中的主要技术特征

本专利达到的技术效果是形成导电且透射性好的融合金属纳米结构网络。

经过对本申请的深入分析，可以梳理出本申请发明构思的三个要素（见图 4-58）。

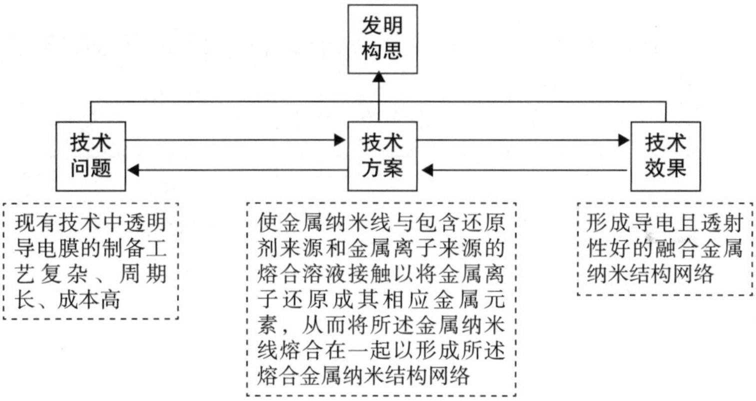

图 4-58　本申请发明构思的三要素

进而，可以将本申请的技术构思概括为一句话：现有技术中透明导电膜的制备工艺复杂、周期长、成本高的技术问题是通过使金属纳米线与包含还原剂来源和金属离子来源的熔合溶液接触以将金属离子还原成其相应金属元素，从而将所述金属纳米线熔合在一起以形成所述熔合金属纳米结构网络来解决的。

三、确定检索要素

本申请权利要求书中主要的技术特征可分解为："金属纳米结构网络制备"可作为一级的核心技术特征，其对确定技术领域和分类号具有重要意义；"还原剂与金属离子反应""金属纳米线与金属元素熔合成网络"可作为二级的主要技术特征，其构成了该制备方法的重要步骤；"达到 80% 的透射率"制备方法所生产产品的性能，也可以作为主要技术特征

（见图 4-59）。

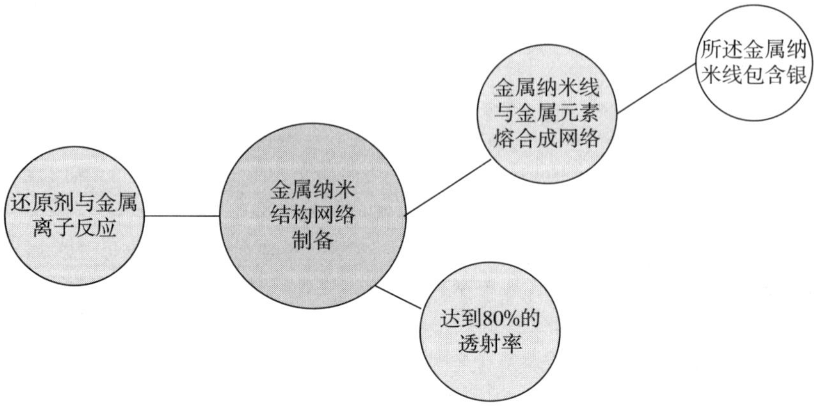

图 4-59　体现本申请发明构思的三种技术特征

四、表达检索要素

根据图 4-59 中的核心技术特征和主要技术特征制作检索要素表达表格，见表 4-11。

表 4-11　本申请检索要素表达

要素表达	检索要素			
	金属纳米结构网络制备	还原剂与金属离子反应	金属纳米线与金属元素熔合成网络	达到 80%的透射率

1. 分类号的选取

首先，核对本申请给出的专利分类号是否合适。通过查阅 IPC 分类表，本专利扉页给出的分类号为“C09D11/52 导电墨水”和“B82Y30/00 用于材料和表面科学的纳米技术，例如：纳米复合材料”。“C09D11/52 导电墨水”与本专利权利要求 1 的技术主题不直接相关，而与另外一组权利要求相关（见图 4-60）；“B82Y30/00 用于材料和表面科学的纳米技术，例如：纳米复合材料”此分类号与本专利权利要求 1 所保护方法制备的产品的上位概念有关，但从“金属纳米线结构网络”到“纳米复合材料”相隔较远，只能作为非主要的从属分类位置之一（见图 4-61）。

C09D　涂料组合物，例如色漆、清漆或天然漆；填充浆料；化学涂料或油墨的去除剂；油墨；改正液；木材着色剂；用于着色或印刷的浆料或固体；原料为此的应用（化妆品入A61K，一般将液体或其他流动物料涂到表面上的方法入B05D；木材着色入B27K 5/02；釉料或搪瓷釉入C03C；天然树脂、虫胶清漆、干性油、催干剂、松节油本身入C09F；除虫胶清漆外的抛光组合物、滑雪屐蜡入C09G；黏合剂或用作黏合剂的物质入C09J；用于接头或盖的密封或包装材料入C09K 3/10；用于防止泄漏的材料入C09K 3/12；电解或电泳生成镀层的方法入C25D）〔5〕

C09D11/00　油墨〔1，2014.01〕

C09D11/02　印刷油墨（C09D 11/30优先）〔1，2014.01〕

C09D11/16　书写墨水〔1，2014.01〕

C09D11/30　喷墨打印油墨〔2014.01〕

◆ C09D11/50　隐显、变色的或类似的墨水〔2014.01〕

◆ C09D11/52　导电墨水〔2014.01〕

图 4-60　C09D11/52 分类号定义解释

B82　纳米技术〔7〕

B82Y　纳米结构的特定用途或应用；纳米结构的测量或分析；纳米结构的制造或处理〔2011.01〕

◆ B82Y10/00　用于信息加工、存储或传输的纳米技术，例如：量子计算或单电子逻辑〔2011.01〕

◆ B82Y15/00　用于交互、传感或致动的纳米技术，如蛋白质检测或分子马达中的量子点标记〔2011.01〕

◆ B82Y20/00　纳米光学，例如：量子光学和光子晶体〔2011.01〕

◆ B82Y25/00　纳米磁学，例如：磁阻抗效应、各向异性磁电阻、巨磁电阻或隧道磁阻〔2011.01〕

◆ B82Y30/00　用于材料和表面科学的纳米技术，例如：纳米复合材料〔2011.01〕

图 4-61　B82Y30/00 分类号定义解释

因此，本专利扉页给出的分类号与独立权利要求 1 不太相关，分类号不准确。在给出的分类号不准确的情况下，需要根据独立权利要求 1 的技术主题和主要方案内容重新确定分类号。例如，可按照如下方式确定“制造或处理产品的方法”分类号的流程（见图 4-62）。

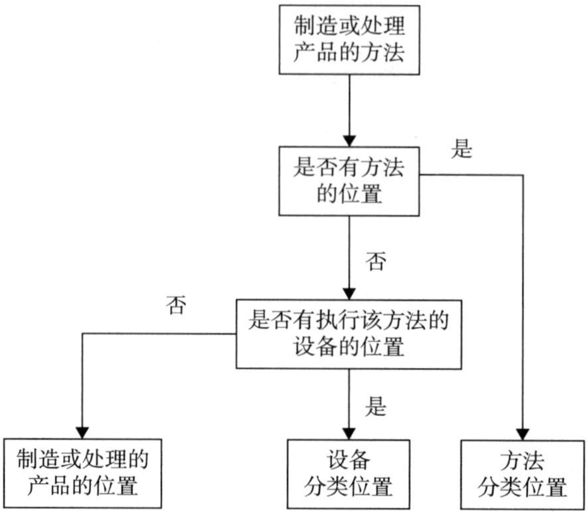

图 4-62　制造或处理产品的方法类专利申请确定分类号的流程

第一步，判断是否有对应制造所述金属纳米线结构网络制备方法的位置，根据本专利说明书中技术领域部分的记载，“熔合纳米结构金属网络可有效用于形成透明导电膜”，属于电气元件中的导体。经过查阅，分类位置“H01B13/00 制备导体或电缆制造的专用设备或方法”属于“金属纳米线结构网络制备方法”的上位概念，分类位置较为相关，可作为备选分类位置（见图 4-63）。

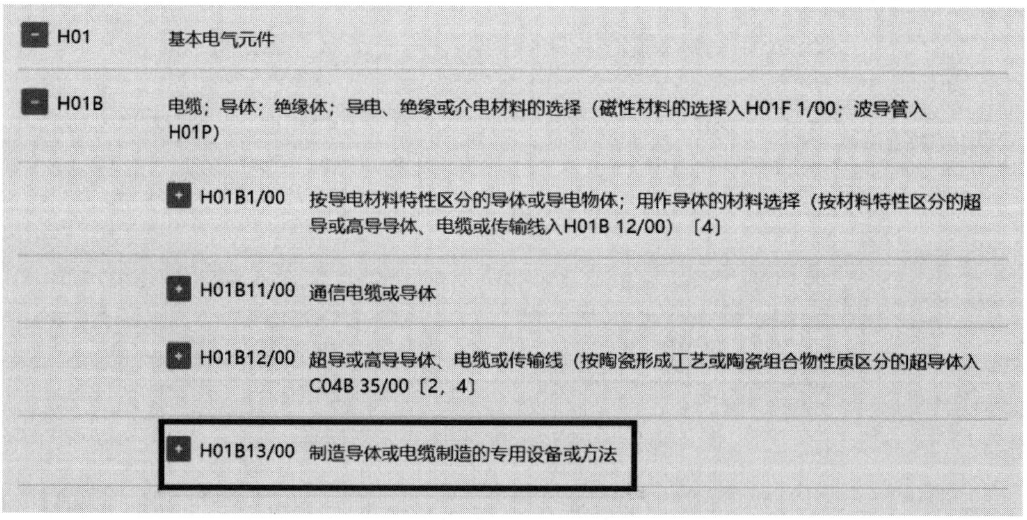

图 4-63　H01B13/00 分类号定义解释

第二步，是否存在执行“金属纳米线结构网络制备方法”的设备位置，经过查阅，分类位置“H01B13/00 制备导体或电缆制造的专用设备或方法”属于“金属纳米线结构网络制备方法”对应设备的上位概念，分类位置较为相关，可作为备选分类位置。

第三步，是否存在制造或处理的产品的位置。经过查阅，分类位置“H01B5/14 在绝缘支承物上有导电层或导电薄膜的”属于“金属纳米线结构网络”对应产品的直接上位概念，分类位置相关，可作为分类位置（见图 4-64）。分类位置“H01B1/02 主要有金属或合金组成的”属于“金属纳米线结构网络”对应产品的上位概念，分类位置较为相关，可作为备选分类位置（见图 4-65）。

H01	基本电气元件
H01B	电缆；导体；绝缘体；导电、绝缘或介电材料的选择（磁性材料的选择入H01F 1/00；波导管入H01P）
H01B5/00	按形状区分的非绝缘导体或导电物体
H01B5/02	单根杆、棒、线或带；汇流排〔1，7〕
◆ H01B5/06	单管
H01B5/08	若干根线或类似物的绞线
◆ H01B5/12	编织线或其类似物
◆ H01B5/14	在绝缘支承物上有导电层或导电薄膜的

图 4-64　H01B5/14 分类号定义解释

H01	基本电气元件
H01B	电缆；导体；绝缘体；导电、绝缘或介电材料的选择（磁性材料的选择入H01F 1/00；波导管入H01P）
H01B1/00	按导电材料特性区分的导体或导电物体；用作导体的材料选择（按材料特性区分的超导或高导导体、电缆或传输线入H01B 12/00）〔4〕
◆ H01B1/02	主要由金属或合金组成的
◆ H01B1/04	主要由碳硅化合物、碳或硅组成的

图 4-65　H01B1/02 分类号定义解释

经过以上分析，比较准确的分类位置是“H01B5/14”，相关的分类位置依次为“H01B13/00”“H01B1/02”“B82Y30/00”。

2. 关键词的遴选

本专利有相关的分类号，但分类号不能充分体现发明构思，需要结合关键词联合表达。对于制备方法的权利要求而言，应重点表达制备产品的关键词，如本专利中的"金属纳米结构网络"。对于"金属纳米结构网络"这一术语而言，由于属于国外申请人，提交中文专利时可能会因为翻译问题，表达成不是本领域通用或者最常规的方式（当然，也有可能是申请人有意为之），通过阅读一定本领域的专利文献可知，这一术语还可更准确地表述为"金属纳米线层""金属纳米线膜""纳米金属薄膜"等。

对于制备方法的权利要求而言，除了重点表达制备产品的关键词之外，还应当重点表达关键工艺步骤"熔合溶液中的还原剂与金属离子反应""金属纳米线与金属元素熔合成网络"，上述主要工艺步骤可统一表述为"还原（反应）"以及其直接对应的反义词"氧化"。

此外，该工艺所制产品的核心性能是"透射性"，必要时（其他要素检索时文献阅读量较大或者需要首先进行聚焦式检索时）对此技术效果进行表达以锁定最佳文献阅读范围。对于技术效果的表达要充分扩展至所有的同义词。如本专利权利要求 1 中的"透射率"可充分表达为"透光率""透射率""透光度""透射比"等。

最终本申请的检索要素表达见表 4-12，省略了关键词的英文表达。

表 4-12　本申请的检索要素表达（英文关键词略，星号的多少与其重要性和准确性成正比）

要素表达	检索要素			
	金属纳米结构网络制备	还原剂与金属离子反应	金属纳米线与金属元素熔合成网络	达到 80% 的透射率
分类号表达	H01B5/14（☆☆☆） H01B13/00（☆☆） H01B1/02（☆☆） B82Y30/00（☆）	—	H01B5/14（☆☆☆）	—
关键词表达	金属，银（☆） 纳米线（☆☆）	还原，氧化 （☆☆）	网络，膜，层（☆☆）	透光率，透射率，透光度，透射比 （☆☆）

由于本专利的分类号不好确定，还可以通过已表达出的关键词进行全要素式的"块"检索，根据检索结果按分类号进行数量由大到小排序，也可以很快速地确定相关的分类号（见图 4-66）。

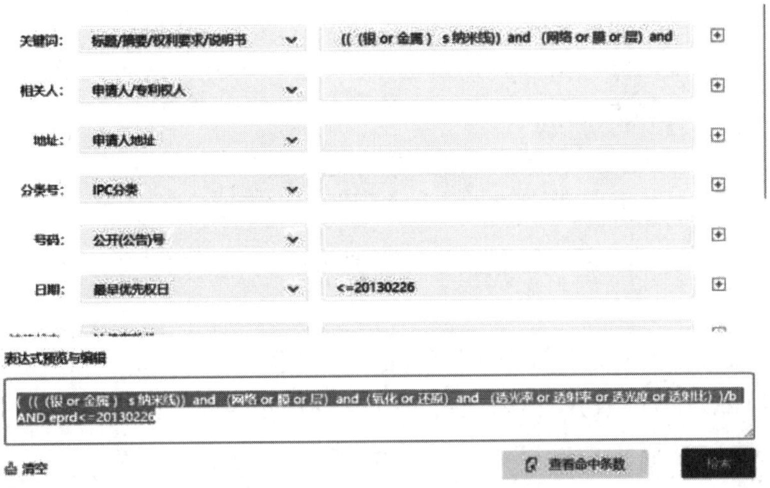

图 4-66　关键词的全要素式“块”检索

如在某专利数据库执行如下检索，根据排序结果进行判断，可快速发现相关分类号“H01B5/14”和“H01B13/00”（见图 4-67）。

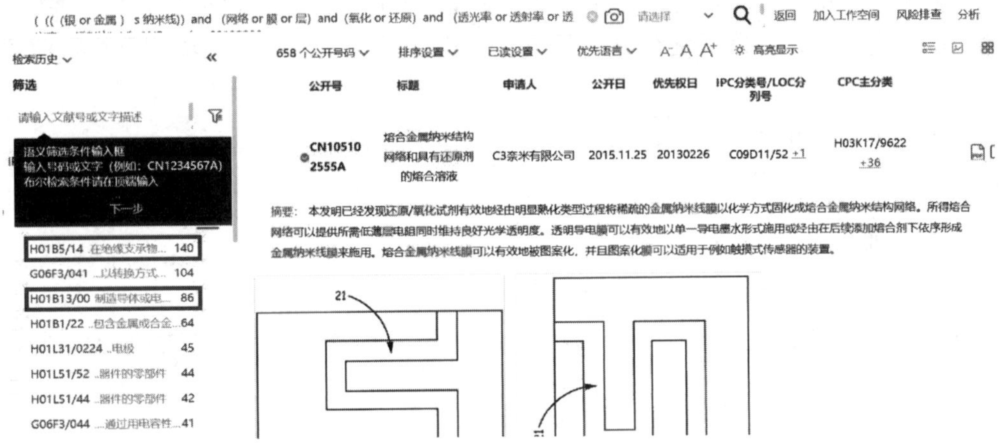

图 4-67　利用关键词确定分类号示例

五、制定检索策略

由于本专利的检索要素只能表达成一般相关的分类号和关键词。因此，针对本申请的检索策略选择前文所述的“块”检索策略。

首先可采取技术特征的所有关键词表达进行全要素式的“块”检索策略，例如图 4-67 中的检索表达式：

S1：（（银 or 金属）s 纳米线））and（网络 or 膜 or 层）and（氧化 or 还原）and（透光率 or 透射率 or 透光度 or 透射比））/b ANDeprd<=20130226

由于文献浏览量较大，可按照左栏分类号由高到低（往往表征了分类号的相关性从强到弱）进行分步浏览，相当于使用这些分类号 and S1（这属于嵌套在“块”检索策略里的“探矿式”检索策略）：

S2：H01B5/14 AND S1（检索到相关专利文献 1：WO2012102556A2）

S3：G06F3/041 AND S1

S4：H01B13/00 AND S1（检索到相关专利文献 1：WO2012102556A2）

...

然后依次实施分类号和关键词交叉的块检索策略：

Sn：（H01B5/14 OR H01B13/00 OR H01B1/02 OR B82Y30/00）and（网络 or 膜 or 层）and（氧化 or 还原）and（透光率 or 透射率 or 透光度 or 透射比）

（检索到相关专利文献 1：WO2012102556A2）

Sn+1：H01B5/14 and（氧化 or 还原）and（透光率 or 透射率 or 透光度 or 透射比）

（检索到相关专利文献 1：WO2012102556A2）

由于“块”检索策略的文献浏览量较大，在每一步检索结果的浏览过程中都可能遗漏相关文献，因此当所有块检索策略实施完毕之后，再进行每项技术特征的关键词最准确的表达方式进行精确制导式的补充检索，这样文献浏览量一般不大，以免遗漏 X 类文献。

由于可以对这些关键词最准确的表达方式进行高亮显示，阅读效率高，比较容易发现非常相关的文献。

例如，执行如下检索式：

SK：银纳米线 and 膜 and 还原 and 透光率

发现另外两篇相关文献，文献 2：KR101325536B1 和文献 3：US20150321257A1，如图 4-68 所示。

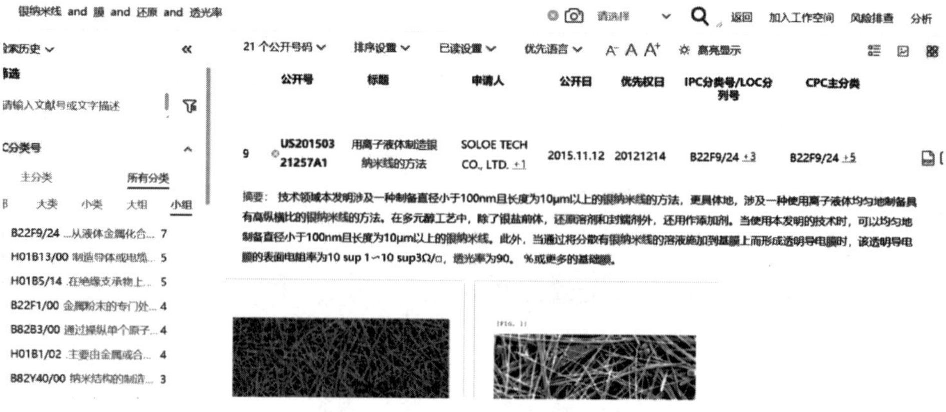

图 4-68　执行 SK 检索式发现的相关专利文献

六、比对检索结果

文献 1：WO2012102556A2

公开了一种透明导电层，并公开了导电金属颗粒在导电网络中形成导电纳米线之间的电接触点，透明导电层也具有与本专利类似的网络结构。公开的导电金属油墨还包括银络合物 TEC-R2A115 和乙醇，其中乙醇即相当于本专利中的还原剂，AgInk-0.01 溶液滴在银纳米线层上并旋涂的步骤即为金属纳米线与包含还原剂和金属离子来源的熔合溶液接触以还原生成相应金属元素的过程。还公开了（参见其说明书实施例 1）表面电阻为 78Ω/m^2，即为膜的薄层电阻。实施例 1 已经公开了形成的银纳米油墨层的透光率为 89%。文献 1 的主要说明书附图如图 4-69 所示。

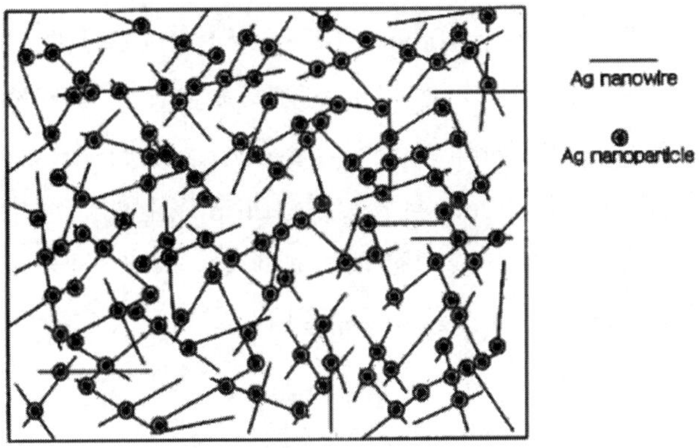

图 4-69　文献 1 的主要说明书附图

文献 2：KR101325536B1

公开了涉及直径小于 100nm 且长度为 10μm 或更大的银纳米线的生产，更具体地，涉及使用银盐前体、还原溶剂和封端剂来合成多元醇的方法。本发明涉及除上述成分以外，还通过使用离子液体来均匀地制造纵横比高的银纳米线的方法。使用本发明的技术，可以均匀地形成直径小于 100nm 且长度为 10μm 或更大的银纳米线，并且将银纳米线分散在溶剂中以在基膜的表面上形成涂膜以形成透明电极。当制造膜时，与基膜的透光率相比，具有显示在 101～103Ω/m^2 范围内的表面电阻率和 90% 以上的透光率的效果。文献 2 的主要说明书附图如图 4-70 所示。

图 4-70　文献 2 的主要说明书附图

文献 3：US20150321257A1

公开了涉及一种制备直径小于 100nm 且长度为 10μm 以上的银纳米线的方法，更具体地，涉及一种使用离子液体均匀地制备具有高纵横比的银纳米线的方法。在多元醇工艺中，除银盐前体、还原溶剂和封端剂外，还用作添加剂。当使用本发明的技术时，可以均匀地制备直径小于 100nm 且长度为 10μm 以上的银纳米线。此外，当通过将分散有银纳米线的溶液施加到基膜上而形成透明导电膜时，该透明导电膜的表面电阻率为 $10 \sim 10^3 \Omega/m^2$，透光率为 90% 或更多的基础膜。文献 3 的主要说明书附图如图 4-71 所示。

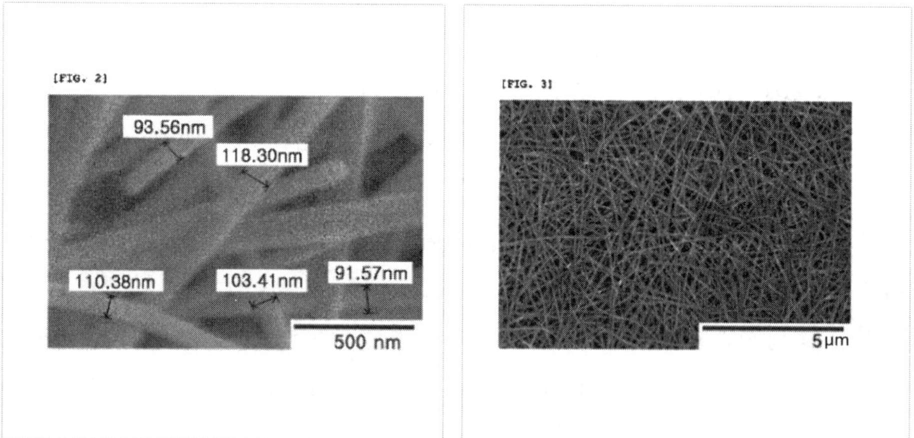

图 4-71　文献 3 的主要说明书附图

将上述 3 件专利与本专利的发明构思进行对比分析（见表 4-13），可以看出，该 3 篇文献均能够评价本专利权利要求 1 的新颖性。

表 4-13　检索结果与本申请发明构思的比较分析

检索结果	本申请的发明构思					对比结果
	技术问题	技术方案			技术效果	
	现有透明导电膜的制备工艺复杂、用期长、成本高	还原剂与金属离子反应	金属纳米线与金属元素熔合成网络	达到 80% 的透射率	形成导电且投射性好的融合金属纳米结构网络	
WO2012102556A2	√	√	√	√	√	√
US20150321257A1	√	√	√	√	√	√
KR101325536B1	√	√	√	√	√	√

七、检索经验与技巧总结

技巧 1：当制备方法的工艺步骤不太具备突出技术特征的特点时，可以考虑联合使用制备方法所生产产品的性能作为主要技术特征之一，如本专利中“达到 80% 的透射率”制备方法所生产产品的性能，也可以作为主要技术特征。

技巧 2：在专利给出的分类号不准确的情况下，可根据独立权利要求 1 的技术主题和主要方案内容重新按照特定规则确定分类号。如本专利可按照图 4-62 的流程确定“制造或处理产品的方法”分类号。

技巧 3：当无法准确找到制备方法、所对应的设备或者产品的分类位置时，应当使用更上位的概念来确定分类号。如本专利确定的分类位置“H01B13/00 制备导体或电缆制造的专用设备或方法”属于“金属纳米线结构网络制备方法”的上位概念。

技巧 4：对于国外来华申请而言，由于属于国外申请人，提交中文专利时可能会因为翻译问题，表达成不是本领域通用或者最常规的方式，可通过阅读一定量本领域的专利文献查找更准确的表达，如本专利中的“金属纳米线结构网络”这一术语可更准确地表述为“金属纳米线层”“金属纳米线膜”“纳米金属薄膜”。

技巧 5：对于制备方法的权利要求而言，除了重点表达制备产品的关键词之外，还应当重点表达关键工艺步骤，如本专利中的技术特征“熔合溶液中的还原剂与金属离子反应”“金属纳米线与金属元素熔合成网络”可统一表述为“还原（反应）”以及其直接对应的反义词“氧化”。

技巧 6：对于工艺所制产品的核心性能的术语的关键词表达尤其要覆盖所知晓的所有同义词，甚至反义词。如本专利权利要求 1 中的“透射率”可充分表达为“透光率”“透射率”“透光度”“透射比”等。

技巧7：如果某专利申请的分类号很难确定，可以通过已表达出的关键词进行全要素式的“块”检索，根据检索结果按分类号进行数量由大到小排序，也许能很快速地确定相关的分类号。如本专利中根据排序结果进行判断，可快速发现相关分类号“H01B5/14”和“H01B13/00”。

技巧8：当“块”检索策略的文献浏览量较大时，在每一步检索结果的浏览过程中都可能遗漏相关文献，因此当所有“块”检索策略实施完毕之后，再进行每项技术特征的关键词最准确的表达方式进行精确制导式的补充检索，这样文献浏览量一般不大，以免遗漏X类文献。

技巧9：可对核心关键词最准确的表达方式在数据库检索结果中进行高亮显示，以提高阅读效率。

第五章　电学与通信领域案例

案例 5　指纹感测系统与方法

一、案例背景

近年来，随着指纹识别技术在手机领域的“蛋糕”做得越来越大，许多芯片厂商纷纷“杀”入手机指纹识别领域，寻求分得一杯羹，除较早进入指纹芯片市场的指纹卡有限公司、汇顶科技、神盾、迈瑞微、费恩格尔、思立微等指纹芯片企业以外，义隆、信炜、芯启航等企业也随后加入战局。

2018 年 8 月，来自瑞典的指纹卡有限公司一纸诉状将深圳市汇顶科技股份有限公司（以下简称汇顶科技）起诉至北京知识产权法院，该公司认为汇顶科技侵犯其拥有的一项名为“指纹感测系统和方法”的发明专利（专利号为 ZL201480037088. 2）。指纹卡有限公司举证的侵权产品主要为小米 6 手机和汇顶科技的一款电容指纹芯片。随后，2018 年 9 月 13 日，汇顶科技向专利复审委员会提起宣告无效请求，专利复审委员会于 2019 年 4 月 2 日作出无效宣告决定，认为该专利的专利权全部不具备创造性而全部无效。其实早在 2017 年 9 月 1 日，深圳市吉瑞嘉电子有限公司也对该专利提起过宣告无效请求，但是其无效理由为《中华人民共和国专利法》（以下简称《专利法》）第 26 条第 3 款和第 4 款，并不涉及新证据的引入。而汇顶科技第二次无效成功很大程度上归因于新无效证据的引入。本章将对该案中的无效证据的检索与获取进行探究，在检索过程分析中同时也参考了该案的无效决定（案件编号：第 4W107827 号）。

ZL201480037088. 2 号涉及一种指纹感测系统和方法，该指纹感测系统包括：传感器阵列，该传感器阵列具有多个感测结构和连接至感测结构中的每个感测结构的读出电路装置；以及电源电路装置，该电源电路装置被布置成给读出电路装置提供基本恒定的供电电压，该基本恒定的供电电压为高电势与低电势之间的差。指纹感测系统以下述方式被配置：在基本保持供电电压的情况下，低电势和高电势可变，以及读出电路装置以下述方式可连接至感测结构中的每个感测结构：在基本保持供电电压的情况下低电势和高电势的变动导致由连接至读出电路装置的感测结构携带的电荷的变化。电荷的变化指示感测结构与手指之间的电容耦合。指纹感测系统的专利扉页如图 5-1 所示。

(19)中华人民共和国国家知识产权局

(12)发明专利

(10)授权公告号 CN 105378755 B
(45)授权公告日 2017.04.05

(21)申请号 201480037088.2
(22)申请日 2014.07.03
(65)同一申请的已公布的文献号
申请公布号 CN 105378755 A
(43)申请公布日 2016.03.02
(30)优先权数据
13175677.7 2013.07.09 EP
(85)PCT国际申请进入国家阶段日
2015.12.28
(86)PCT国际申请的申请数据
PCT/SE2014/050852 2014.07.03
(87)PCT国际申请的公布数据
WO2015/005855 EN 2015.01.15
(73)专利权人 指纹卡有限公司
地址 瑞典哥德堡

(72)发明人 汉斯·特恩布卢姆
弗兰克·罗伯特·里戴克
(74)专利代理机构 [illegible]
代理人 [illegible]
(51)Int.Cl.
G06K 9/00(2006.01)
(56)对比文件
CN 101526988 A,2009.09.09,全文.
EP 0969477 A1,2000.01.05,全文.
US 2005/0031175 A1,2005.02.10,全文.
CN 202771445 U,2013.03.06,全文.
US 2005/0083768 A1,2005.04.21,全文.
US 2006/0076963 A1,2006.04.13,全文.
US 2010/0085322 A1,2010.04.08,全文.
审查员 [illegible]

权利要求书4页 说明书13页 附图6页

(54)发明名称
指纹感测系统和方法

(57)摘要
本发明涉及一种指纹感测系统，该指纹感测系统包括：传感器阵列，该传感器阵列具有多个感测结构和连接至感测结构中的每个感测结构的读出电路装置；以及电源电路装置，该电源电路装置被布置成给读出电路装置提供基本恒定的供电电压，该基本恒定的供电电压为高电势与低电势之间的差。指纹感测系统以下述方式被配置：在基本保持供电电压的情况下，低电势和高电势可变，以及读出电路装置以下述方式可连接至感测结构中的每个感测结构：在基本保持供电电压的情况下低电势和高电势的变动导致由连接至读出电路装置的感测结构携带的电荷的变化。电荷的变化指示感测结构与手指之间的电容耦合。

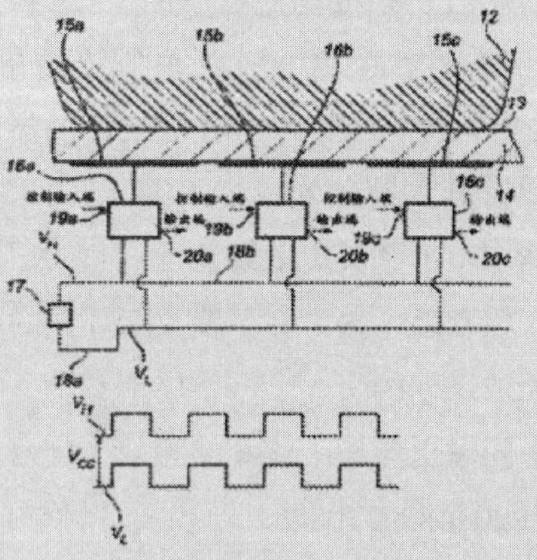

CN 105378755 B

图 5-1 指纹感测系统的专利扉页

本专利的权利要求 1 和对应的附图如图 5-2 所示。

1. 一种指纹感测系统，包括：传感器阵列，所述传感器阵列具有：多个感测结构，所述多个感测结构均面向所述传感器阵列的表面并且被布置成电容耦合至触摸所述传感器阵列的所述表面的手指；

以及读出电路装置，所述读出电路装置连接至所述多个感测结构中的每个感测结构，以提供指示所述多个感测结构中的每个感测结构携带的电荷的变化的感测信号；

以及电源电路装置，所述电源电路装置被布置成给所述读出电路装置提供基本恒定的供电电压，所述基本恒定的供电电压为高电势与低电势之间的差，其中，所述指纹感测系统以下述方式被配置：在基本保持所述供电电压的情况下，所述低电势和所述高电势相对于包括所述指纹感测系统的设备的参考电势可变；以及所述读出电路装置以下述方式连接至所述多个感测结构中的每个感测结构：在基本保持所述供电电压的情况下所述低电势和所述高电势的变动导致由连接至所述读出电路装置的感测结构携带的所述电荷的变化，由所述感测结构携带的所述电荷的所述变化指示所述感测结构与所述手指之间的电容耦合。

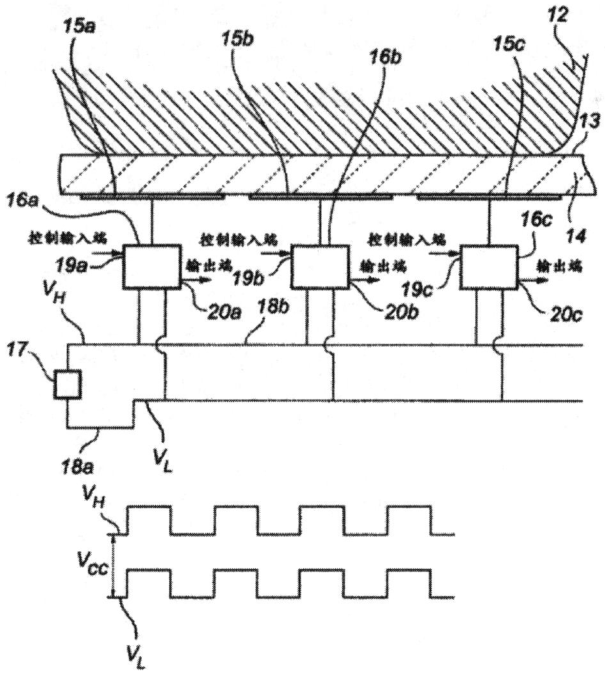

图 5-2　本专利的权利要求 1 和对应的附图

二、理解发明构思

从本专利的说明书中可以得知，本专利所要解决的技术问题是提供一种改进的指纹感测系统（见图 5-3），其能够实现对来自“困难”手指如干手指的指纹的改进的感测。本专利的权利要求 1 中的主要技术特征如图 5-4 所示。

CN 105378755 B　　　　说　明　书　　　　1/13 页

指纹感测系统和方法

技术领域

[0001]　本发明涉及指纹感测系统并且涉及操作指纹传感器的方法。

背景技术

[0002]　越来越多地使用各种类型的生物识别系统以提供提高的安全性和/或增强的用户便利性。

[0003]　特别是，指纹感测系统由于其小的形状因素、高性能和用户接受度而在例如消费电子设备中被采用。

[0004]　在各种可用的指纹感测原理(例如，电容式、光学、热等)之中，最经常使用的是电容式感测，特别在其中尺寸和功耗是重要问题的应用中。

[0005]　所有电容式指纹传感器提供指示若干感测结构与放置在指纹传感器的表面上或者跨指纹传感器的表面移动的手指之间的电容的度量。

[0006]　一些电容式指纹传感器被动地读出感测结构与手指之间的电容。然而，这需要相对较大的电容。因此这样的被动电容式传感器通常设置有覆盖感测结构的非常薄的保护层，这使这样的传感器对划痕和/或ESD(静电放电)相当敏感。

[0007]　US 7 864 992公开了一种指纹感测系统，其中，通过脉动布置在传感器阵列附近的导电结构并且测量由传感器阵列中的感测结构携带的电荷的结果变化来将驱动信号注入手指。

[0008]　虽然根据US 7 864 992的指纹感测系统提供了指纹图像质量和传感器保护的极好的组合，但是看起来存在用于改善“困难”手指特别对于干手指的空间。

发明内容

[0009]　鉴于现有技术的上述和其他缺点，本发明的目的是提供改进的指纹感测系统，特别是提供对来自“困难”手指例如干手指的指纹的改进的感测。

[0010]　根据本发明的第一方面，因此提供了一种指纹感测系统，该指纹感测系统包括：传感器阵列，该传感器阵列具有：多个感测结构，该多个感测结构均面向传感器阵列的表面并且被布置成电容耦合至触摸传感器阵列的表面的手指；以及读出电路装置，该读出电路装置可连接至感测结构中的每个感测结构以提供对由感测结构中的每个感测结构携带的电荷的变化进行指示的感测信号；以及电源电路装置，该电源电路装置被布置成给读出电路装置提供基本恒定的供电电压，该基本恒定的供电电压为高电势与低电势之间的差，其中，指纹感测系统以下述方式被配置：在基本保持供电电压的情况下，低电势和高电势可变；以及读出电路装置以下述方式可连接至感测结构中的每个感测结构：在基本保持供电电压的情况下低电势和高电势的变动导致由连接至读出电路装置的感测结构携带的电荷的变化，由感测结构携带的电荷的变化指示感测结构与手指之间的电容耦合。

[0011]　上述“低电势”在本文有时还被称为传感器阵列的参考电势。

[0012]　应当注意，低电势和高电势是关于包括指纹感测系统的设备的参考电势时变的。

6

图 5-3　本专利所要解决的技术问题

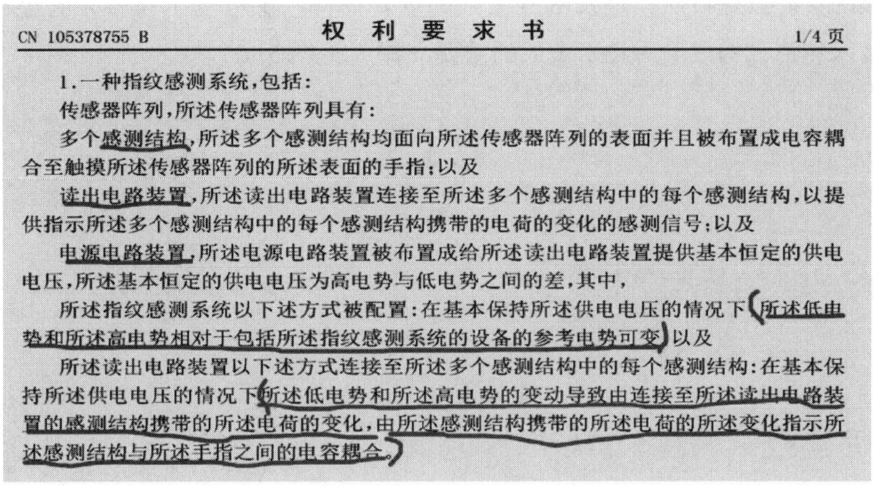

CN 105378755 B　　权　利　要　求　书　　1/4 页

1.一种指纹感测系统,包括:

传感器阵列,所述传感器阵列具有:

多个感测结构,所述多个感测结构均面向所述传感器阵列的表面并且被布置成电容耦合至触摸所述传感器阵列的所述表面的手指;以及

读出电路装置,所述读出电路装置连接至所述多个感测结构中的每个感测结构,以提供指示所述多个感测结构中的每个感测结构携带的电荷的变化的感测信号;以及

电源电路装置,所述电源电路装置被布置成给所述读出电路装置提供基本恒定的供电电压,所述基本恒定的供电电压为高电势与低电势之间的差,其中,

所述指纹感测系统以下述方式被配置:在基本保持所述供电电压的情况下所述低电势和所述高电势相对于包括所述指纹感测系统的设备的参考电势可变;以及

所述读出电路装置以下述方式连接至所述多个感测结构中的每个感测结构:在基本保持所述供电电压的情况下所述低电势和所述高电势的变动导致由连接至所述读出电路装置的感测结构携带的所述电荷的变化,由所述感测结构携带的所述电荷的所述变化指示所述感测结构与所述手指之间的电容耦合。

图 5-4　权利要求 1 中的主要技术特征

经过对本专利的深入分析，可以梳理出本专利发明构思的三个要素（见图 5-5）。

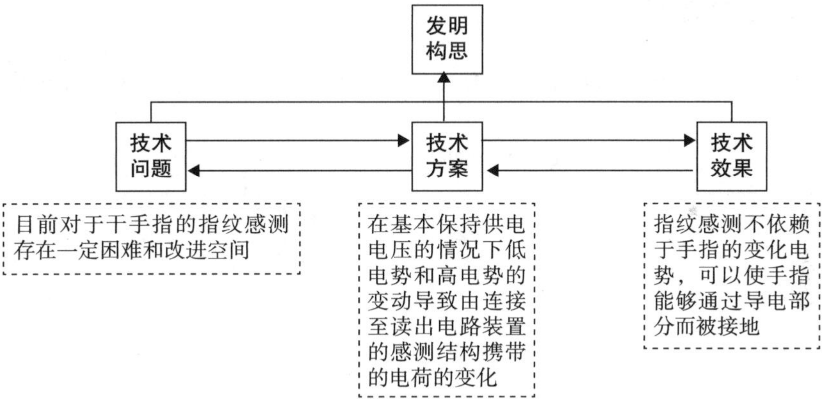

图 5-5　本专利发明构思的三要素

进而，可以将本专利的技术构思概括为一句话：对来自“困难”手指如干手指的指纹感测的问题是通过在基本保持供电电压的情况下低电势和高电势的变动导致由连接至读出电路装置的感测结构携带的电荷的变化，使传感器阵列的参考电势相对于手指的电势“摆动”而不是在保持传感器阵列的参考电势恒定的情况下迫使手指电势改变来获得改善的指纹感测性能来解决的。

三、确定检索要素

本专利权利要求书中主要的技术特征可分解为：“指纹感测系统”可作为一级的核心技术特征，其对确定技术领域和分类号具有重要意义；感测结构和读出电路装置可作为二级的主要技术特征，是技术方案中的重要部件。供电电压和参考电势作为三级的次要技术特征，构成了对技术效果的重要支撑（见图 5-6）。

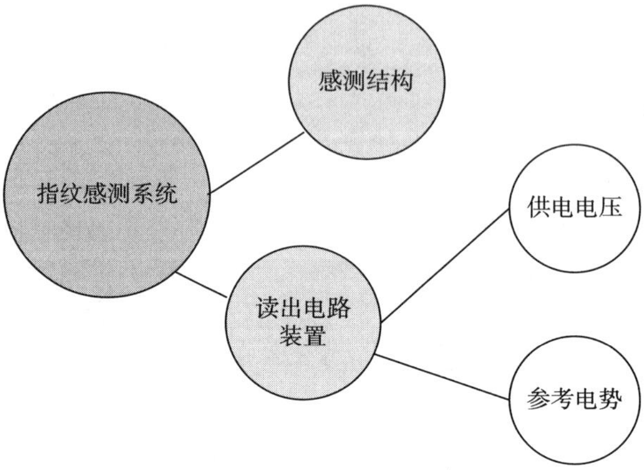

图 5-6 体现本专利发明构思的三种技术特征

四、表达检索要素

根据图 5-6 中的核心技术特征和主要技术特征制作检索要素表达表格（见表 5-1）。

表5-1 本专利检索要素表达

要素表达	检索要素		
	指纹感测系统	感测结构	读出电路装置
分类号表达			
关键词表达			

1. 分类号的选取

首先，查阅 IPC 分类表，看看是否能够找到比较恰当的分类位置。

经过查阅，发现大组分类号“G06K 9/00”为直接相关的分类号，其含义为“用于阅读或识别印刷或书写字符或者用于识别图形，例如，指纹的方法或装置”，其直接提到了指纹的方法或装置，可见，“G06K 9/00”是涉及指纹感测系统的非常准确的分类号。

随后，为对 IPC 进行进一步扩展，对指纹感测技术领域的 IPC 进行统计，以“指纹感测”作为关键词进行简单检索，并通过对所获得的检索结果进行 IPC 统计，结果如图 5-7 所示。

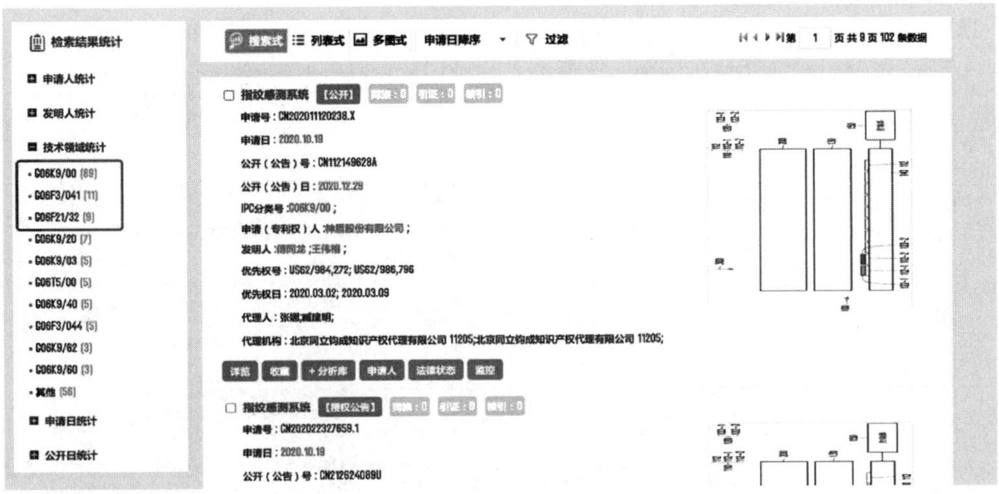

图 5-7　IPC 统计结果

通过对排名靠前的 IPC 进行分析，其中新出现的 IPC 分类号为 G06F3/041，其含义为以转换方式为特点的数字转换器，例如，触摸屏或触摸垫，特点在于转换方法，进一步对其下点组进行浏览：

G06F3/042 · · · · 通过光电的方式

G06F3/043 · · · · 使用声波传输

G06F3/044 · · · · 通过用电容性方式

G06F3/045 · · · · 使用电阻性元件，例如单个连续的表面或两个平行表面相接触

G06F3/046 · · · · 通过电磁方式

G06F3/047 · · · · 使用导线，例如，交叉导线

其中，G06F3/044 涉及通过用电容性方式进行触摸转换，这与本发明的触摸转换方法一致，可以作为检索的分类号。

进一步地，通过浏览 CPC 分类号关于 IPC 分类号 G06K9/00 对应的 CPC 细分（见图 5-8），可见其对应指纹感测方面有比较详细的细分，例如 G06K9/0002 明确涉及电容探测器的方式（capacitive sensing），因此可以考虑采用 CPC 进行检索。

D - G06K 9/00 **Methods or arrangements for reading or recognising printed or written characters or for recognising patterns, e.g. fingerprints** (processing or analysis of tracks of nuclear particles G01T 5/02 {; information retrieval G06F 16/00; radio frequency identification G06K 7/00; recognition of barcodes and similar code images G06K 7/10; computer systems based on specific computational models G06N; image analysis, inspection, positioning or tracking G06T 7/00; recognition of acoustic speech signals G10L 15/00; acoustic speaker identification G10L 17/00})

NOTES

1. Group G06K 9/58 takes precedence over groups G06K 9/38 - G06K 9/54.
{This Note corresponds to IPC Note (1) relating to G06K 9/38 - G06K 9/54.}
2. {In this group, the following term is used with the meaning indicated: – "recognising" includes several functions such as extracting features, clustering, classifying or matching.}
3. {IPC subgroups G06K 9/20, G06K 9/36, G06K 9/62 and G06K 9/74 refer to methods or arrangements that can be applied to a pattern independently of its nature or to that are applied to specific patterns not included in the subgroups in the range G06K 9/00006 - G06K 9/00852. The CPC subgroups in the range G06K 9/00006 - G06K 9/00852 refer to the same methods or arrangements when applied or specially adapted to the specific patterns to which these subgroups relate.}
4. {The present group does not cover the use of recognised patterns in specific applications, e.g. the use of traced gestures recognised as commands to be input to a computer is covered by the groups under G06F 3/00.}

- G06K 9/00006 . {Acquiring or recognising fingerprints or palmprints (non-computerised biometric identification A61B 5/00; means for preventing unauthorised use of vehicles B60R 25/00; security in computer systems G06F 21/00; secure access to buildings G07C 9/00; secret or secure communication H04L 9/00; means for preventing unauthorised telephone calls H04M 1/667)}

D - G06K 9/00013 . . {Image acquisition (materials for developing fingerprints, means for visual identification A61B 5/1172)}

G06K 9/0002 . . . {by non-optical methods, e.g. by ultrasonic or capacitive sensing}

G06K 9/00026 . . . {by combining adjacent partial images (e.g. slices) to create a composite input or reference pattern; tracking a sweeping finger movement (for specific swipe sensing hardware the groups G06K 9/0002, G06K 9/00033, G06K 9/0004 and G06K 9/00046 take precedence)}

G06K 9/00033 . . . {by direct reading, i.e. contactless acquisition}

G06K 9/0004 . . . {by using electro-optical elements or layers, e.g. electroluminescent sensing}

D G06K 9/00046 . . . {by using geometrical optics, e.g. using prisms (G06K 9/00033 takes precedence)}

G06K 9/00053 . . . {Protecting the fingerprint sensor against damage caused by the finger (protecting semiconductor devices against mechanical damage in general H01L 23/562; encapsulations of semiconductor devices H01L 23/28; protecting semiconductor devices against electrostatic discharges in general H01L 23/60, H01L 27/0248)}

G06K 2009/0006 . . . {with light passing through the finger}

- G06K 9/00067 . . {Preprocessing; Feature extraction (minutiae)}

G06K 9/00073 . . . {Extracting features related to minutiae and pores}

G06K 9/0008 . . . {Extracting features related to ridge properties; determining the fingerprint type, e.g. whorl, loop}

D - G06K 9/00087 . . {Matching; Classification}

G06K 9/00093 . . . {Matching features related to minutiae and pores}

G06K 9/001 . . . {Matching features related to ridge properties or fingerprint texture}

- G06K 9/00107 . . {Detecting the live character of the finger, i.e. distinguishing from a fake or cadaver finger (fingerprint spoof detection by analysing recognition results G06K 9/00087)}

G06K 9/00114 . . . {using image processing}

图 5-8 CPC 统计结果

经过以上分析，比较准确的分类位置是 G06K9/00，可对其下点组进行扩展，同时对于 G06F3/041 和 G06F3/044 分类号进行进一步扩展，并考虑采用 CPC 分类号 G06K9/0002 进行检索。

2. 关键词的遴选

本专利已有相对准确的分类号，可将关键词的遴选先集中在主要技术特征感测电路以及读出电路装置，并进一步聚焦于“电容”“电压”“电势”等体现创新点的技术特征上。

最终本专利的检索要素表达见表 5-2。

表5-2　本专利的检索要素表达

要素表达	检索要素		
	指纹感测系统	感测结构	读出电路装置
分类号表达	G06K 9/00 G06K9/0002	G06F3/041 G06F3/044	
关键词表达	指纹，fingerprint	电容，capacitance， 传感器，sensor	电压，电势，Voltage， potential

五、检索策略制定与分析

1. 专利数据检索

本案采用的专利数据源为国家知识产权局对公众开放的检索分析数据库（网址：http://pss-system.cnipa.gov.cn），该检索分析数据库包含全球专利数据库，共收集了103个国家、地区和组织的专利数据，同时还收录了引文、同族、法律状态等数据信息。

2. 检索策略制定

首先采用准确的CPC分类号结合关键词进行快速检索。在进行CPC检索之前，可以在高级检索界面中进行设置，将CPC分类号进行勾选并进行保存，如图5-9所示。

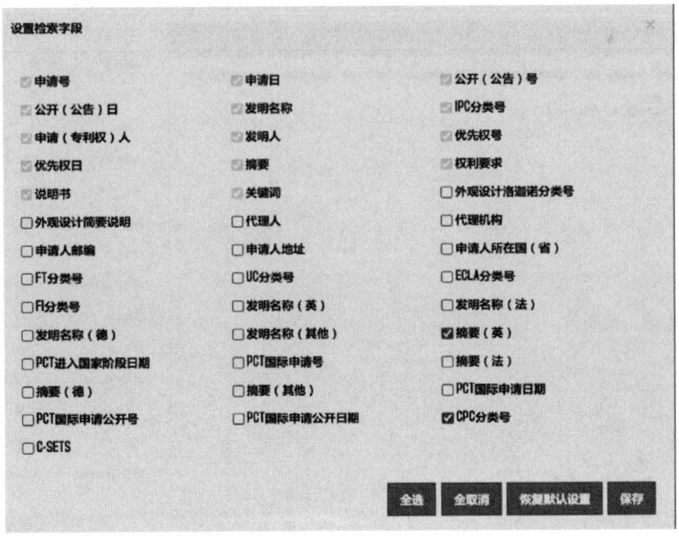

图5-9　选择CPC字段

对于CPC分类号检索，同样可以利用命令行工具，直接输入以下检索式进行检索：

CPC分类号=（G06K9/0002）and 摘要（英）=（finger+）and 摘要（英）=（capacit+）and 摘要（英）=（voltage or potential）

CPC 检索入口和检索过程分别如图 5-10 和图 5-11 所示。

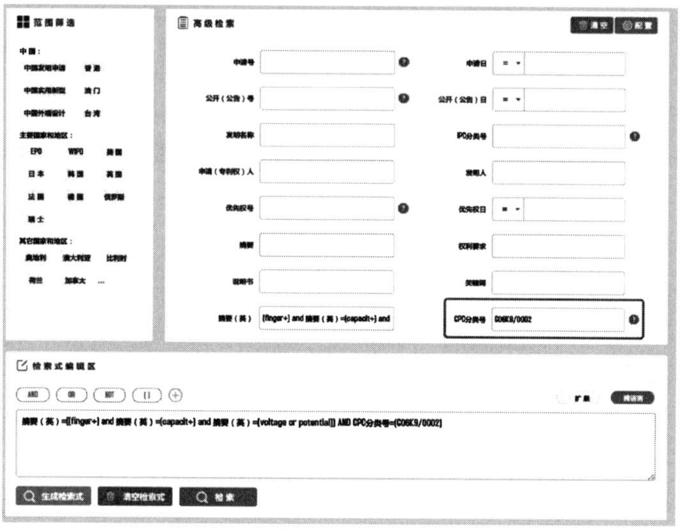

图 5-10　CPC 检索入口

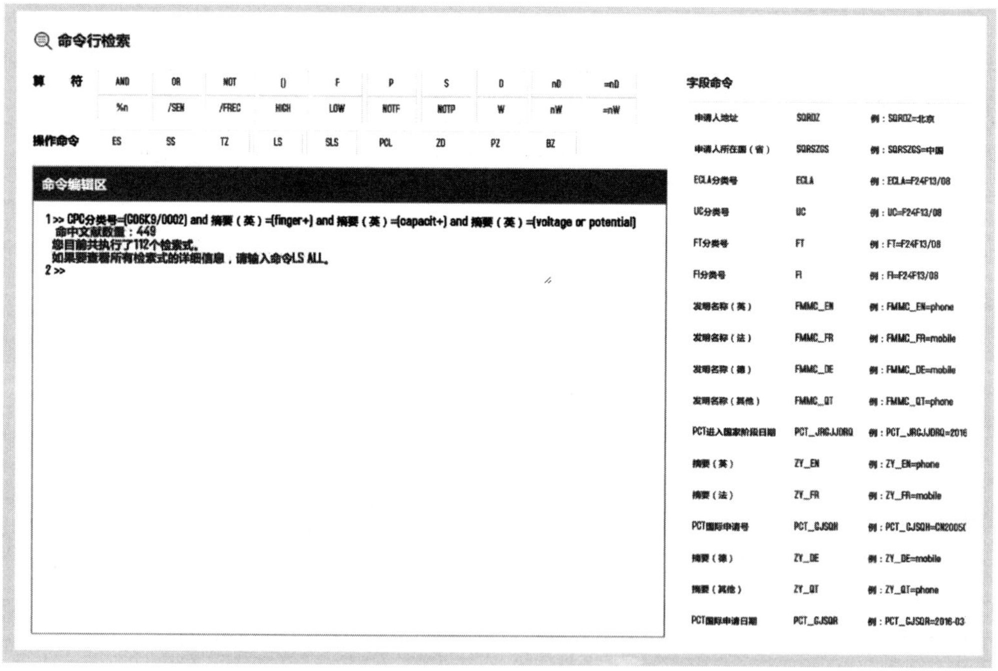

图 5-11　CPC 检索过程

通过对上述检索结果进行筛选和浏览，未发现合适的对比文件。因此进一步根据前述构建的专利检索要素来构建检索式，首先采用“块”检索策略进行检索，具体检索过程参见图 5-12。

1 >> IPC 分类号 = （G06K9/00 or G06F3/041 or G06F3/044）

命中文献数量：898050

2 >> 摘要 = （指纹 or fingerprint）

命中文献数量：155832

3 >> 摘要 = （capacit+ or 电容）

命中文献数量：2432939

4 >> 摘要 = （voltage or potential or 电压 or 电势）

命中文献数量：4090013

5 >> 1 and 2 and 3 and 4

命中文献数量：769

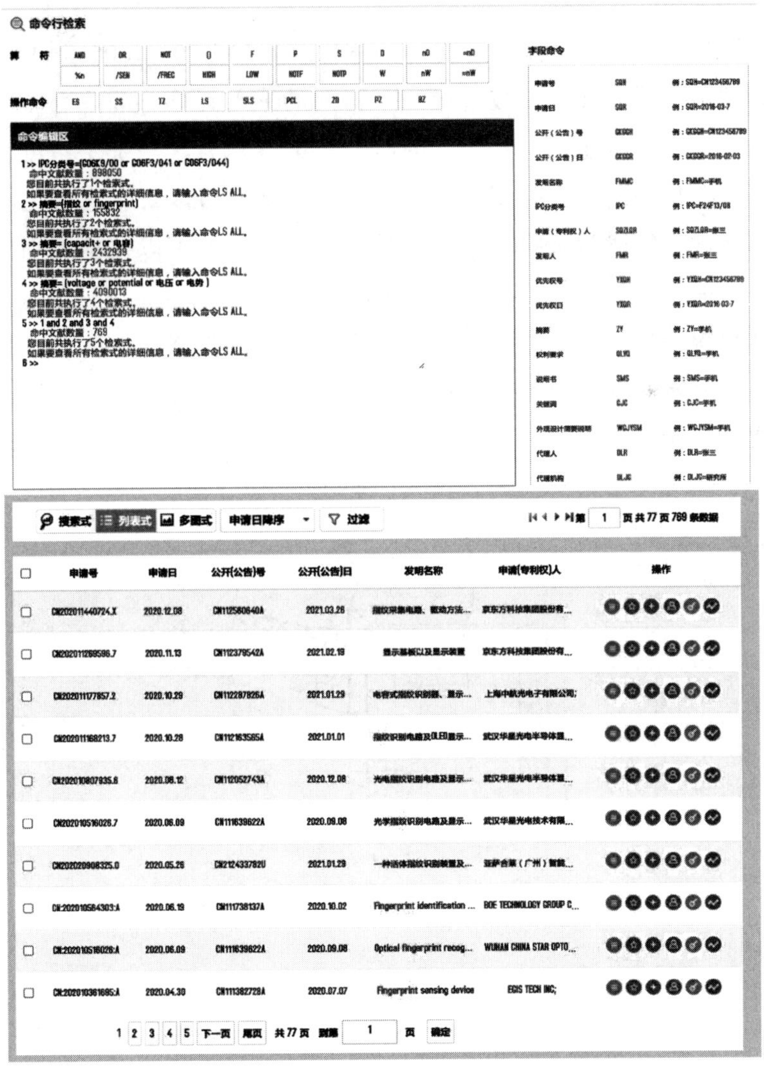

图 5-12　“块”检索策略结果

通过初步检索，获得检索结果共计 769 条，而检索结果数量相对较大，此时可以通过日期进行进一步限定，或者增加新的关键词进行缩减。考虑到增加新关键词同样会增大漏检风险，而由于本专利申请日较早，而大量申请可能集中在近几年，因此决定采用申请日进行进一步限定。该专利申请日为 2014 年 7 月 3 日，可以采用申请日小于 2015 年对结果进行进一步缩减，最后获得检索结果为 66 件，这个检索结果的数量已经非常适合进行下一步筛选阅读。

6 >> 公开（公告）日<=2015-01-01

命中文献数量：124819271

7 >> 5 and 6

命中文献数量：245

通过对上述检索结果进行浏览阅读，获得文献 1（AU2013100518A4），该文献涉及一种电容式指纹传感器，其可以被形成一个阵列的感测元件。该阵列可以寄存器的每一个电容感测元件一与所述的电容变化的电压一电容耦合。一个手指可容性耦合到所述传感器的所述单独的电容式感测元件，使所述传感器可以每个电容之间的电容感测所述指纹感测元件和所述的肌肤。所述电容通过感测信号可以被检测到该变化在所述电容感测元件上的电压作为所述相对所述的手指和所述感测芯片之间的电压被改变。交替地，所述电容信号可以通过感测所述变化检测在接收到的电荷通过所述容性传感元件作为所述相对所述的手指和所述感测芯片之间的电压被改变。

文献 AU2013100518A4 附图如图 5-13 所示，本案与文献 1 的权利要求特征对比见表 5-3。

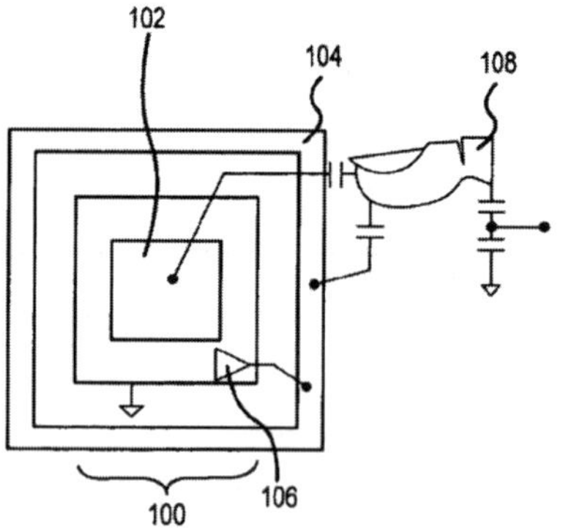

图 5-13　文献 AU2013100518A4 附图

表 5-3　权利要求特征对比

本案的主要技术特征	文献 1	是否公开
传感器阵列	电容式感测元件阵列	公开
多个感测结构	每个电容式感测元件	公开
读出电路装置	电路装置	公开
电源电路装置	电感式升压电路	公开
低电势和所述高电势相对于包括所述指纹感测系统的设备的参考电势可变	无	未公开
驱动电路装置，所述驱动电路装置能够连接至所述感测结构中的每个感测结构并且能够控制以改变连接至所述驱动电路装置的感测结构的关于所述低电势的电势	无	未公开

文献 1 公开了一种电容式感测阵列，其用来支持指纹感测，包括升压电路，例如电感式升压电路，其中具体公开了，传感器可以由电容式感测元件阵列形成，该阵列的每个电容式感测元件可记录随着电容耦合的电容而变化的电压，手指可电容地耦接至传感器的各个电容式感测元件，从而使传感器可感测每个电容式感测元件和指纹的肌肉之间的电容（参见文献 1 的说明书第 0021 段），其中文献 1 中的电容式感测元件阵列即相当于权利要求 1 中的传感器阵列，阵列中的每个电容式感测元件即相当于权利要求 1 中的多个感测结构，因此上述内容相当于公开了权利要求 1 中的指纹感测系统，包括：传感器阵列，所述传感器阵列具有多个感测结构，所述多个感测结构均面向所述传感器阵列的表面并且被布置成电容耦合至触摸所述传感器阵列的所述表面的手指。

可通过感测随着手指和感测芯片之间的相对电压改变的电容式感测元件上的电压变化来检测电容信号；替代地，可通过感测随着手指和感测芯片之间的相对电压改变的由电容式感测元件接收到的电荷变化来检测电容信号（参见文献 1 的说明书第 0021 段），其中通过感测由电容式感测元件接收到的电荷变化来检测电容信号即相当于提供指示由电容式感测元件接收到的电荷变化的感测信号，而获取该感测信号必然由相应的连接至电容式感测元件的电路装置实现，该电路装置即相当于权利要求 1 中的读出电路装置，因此上述内容相当于公开了权利要求 1 中的读出电路装置，所述读出电路装置连接至所述多个感测结构中的每个感测结构，以提供指示所述多个感测结构中的每个感测结构携带的电荷的变化的感测信号。

文献 1 同样公开了所述指纹感测系统以下述方式被配置在基本保持所述供电电压的情况下，所述低电势和所述高电势关于参考电势可变以及公开了权利要求 1 中的所述读出电路装置以下述方式连接至所述感测结构中的每个感测结构：在基本保持所述供电电压的情况下所述低电势和所述高电势的变动导致由连接至所述读出电路装置的感测结构携带的所述电荷的变化，由所述感测结构携带的所述电荷的所述变化指示所述感测结构与所述手指之间的电容耦合。

权利要求 1 请求保护的技术方案与文献 1 公开的方案相比，二者的区别特征在于：（1）权利要求 1 中所述低电势和所述高电势相对于包括所述指纹感测系统的设备的参考电势可变，而文献 1 中的高低电势 NGND 及 VDD 相对于信号提供商芯片的参考电势 GND 可变；（2）权利要求 1 中所述传感器阵列还包括驱动电路装置，所述驱动电路装置能够连接至所述感测结构中的每个感测结构并且能够控制以改变连接至所述驱动电路装置的感测结构的关于所述低电势的电势，而文献 1 中未明确提及具有驱动电路装置。

通过对上述检索结果进行进一步筛选和阅读，获得文献 2（US2011/0122059A1）（摘要附图见图 5-14），其中涉及一种手指感测装置可以包括集成电路（IC）基板和 IC 基板上的像素阵列。每个像素可以在至少接收模式中选择性地操作，用于接收来自相邻手指的辐射，或用于将辐射传输到相邻手指中的发射模式。手指感测装置还可以包括耦合到像素阵列的控制器，用于在接收模式中选择性地操作至少一个第一像素，并且在选择性地操作发送模式中的至少一个第二像素的同时，每个像素也可以以掩模模式选择性地操作，用于既不接收也不发射辐射。控制器还可以选择性地操作屏蔽模式中的至少一个第三像素，同时在接收和发送模式中选择性地操作至少一个第一像素和第二像素。

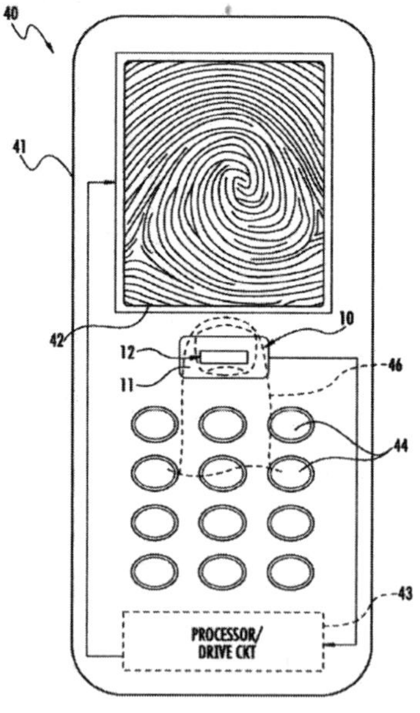

图 5-14　US2011/0122059A1 摘要附图

文献 2 公开了一种具有选择地可操作的发射/接收像素的手指感测装置，文献 2 公开了控制器 13 连接至阵列 12 的每个像素 15 并能够改变每个像素 15 的电势，即公开了上述区别特征（2），并且所起的作用相同，都是通过驱动电路装置能够独立控制传感器阵列中的不同感测结构。

对于上述区别特征（1），无论是设备参考电势还是设备内某模块或芯片参考电势，实际上无论相对于上述两个参考电势中的哪一个，仅是选择的基准不同而已，在文献 1 公开了提供供电的高电势 VDD 和低电势 NGND 相对于信号提供商芯片的参考电势 GND 可变的情况下，本领域技术人员很容易想到权利要求 1 中的所述低电势和所述高电势相对于包括所述指纹感测系统的设备的参考电势可变。

经过上述分析，可见文献 1 和文献 2 可作为无效证据用于评价该专利的有效性。

六、检索经验与技巧总结

技巧 1：首先以相对准确的检索要素为入口，然后对 IPC 进行统计分析，是扩展 IPC 的一种非常好的方式。本案例在对其保护的技术方案进行理解的基础上，准确确定分类号 G06K9/00，然后采用统计方法获得 G06F3/041，同时对其下点组的分类号进行浏览进一步扩展到分类号 G06F3/044。

技巧 2：准确确定分类号对检索往往具有事半功倍的效果。通过查阅 CPC 分类号，对该 IPC 分类号所对应的 CPC 分类号进行浏览，确定其相关度非常高的 CPC 分类号 G06K9/0002。通过上述方法准确确定分类号能够让检索结果更为精确。

技巧 3：在对检索结果进行限缩时，不盲目采用关键词进行限缩，由于专利文献语言表述的多样性以及各国专利文本的数据质量，每增加一个关键词将会同时带来漏检的风险。

技巧 4：本案例直接采用公开（公告）日限制的方法非常有效地达到缩小检索结果的目的，从而更能集中精力对检索结果进行阅读筛选。

技巧 5：充分利用国家知识产权局公众检索平台的检索功能，在该平台的高级检索界面中对于全部检索字段并未完全显示，需要进行手动设置。同时也可以采用命令行工具直接引用检索字段的方式进行检索。例如在本案中，通过在高级检索界面中进行设置显示 CPC 检索字段，然后进行进一步检索，同时也利用命令行工具进行检索。

案例 6 互联网门禁临时用户授权装置和方法

一、案例背景

随着近年来共享经济的迅猛发展，专利问题已引起业界和社会的广泛关注。北京摩拜科技有限公司（以下简称摩拜公司）就专利权人深圳市吟云科技有限公司（以下简称吟云科技）的名称为“互联网门禁临时用户授权装置和方法” （专利号：ZL201310630670.7）的发明专利权提出无效宣告请求。涉案专利涉及互联网门禁系统中针对用户的开锁权限进行设定的相关技术，属于远程开锁技术领域的核心技术。该案曾入选 2017 年复审无效十大案例（案例编号：4W105640）。互联网门禁临时用户授权装置由临时用户授权装置和通信终端组成，通信终端发送临时用户授权申请请求消息，门禁系统收到请求后，进行临时用户授权验证；针对权限验证通过且权限申请类型为新增的临时用户生成一个唯一的临时授权令牌，门禁系统执行最终授权结果，并向通信终端发送临时用户授权申请响应消息。本专利的互联网门禁临时用户授权装置和方法，可以有效解决互联网门禁系统临时用户授权的问题，方便临时用户的使用；同时灵活的授权策略更方便门禁系统的管理。

本专利扉页如图 5-15 所示。

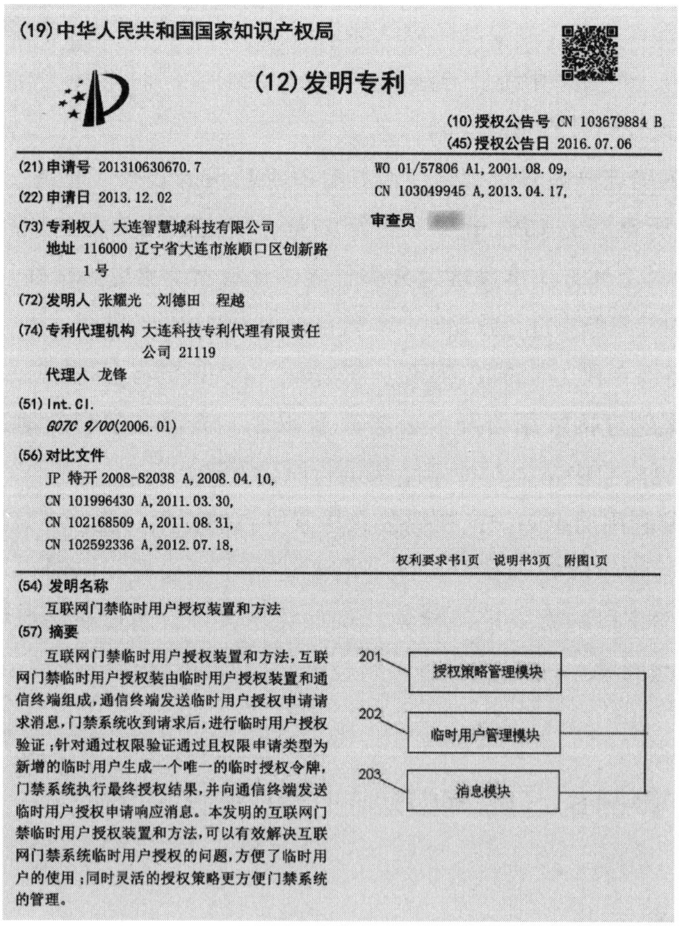

(19) 中华人民共和国国家知识产权局

(12) 发明专利

(10) 授权公告号 CN 103679884 B

(45) 授权公告日 2016.07.06

(21) 申请号 201310630670.7

(22) 申请日 2013.12.02

(73) 专利权人 大连智慧城科技有限公司
地址 116000 辽宁省大连市旅顺口区创新路 1 号

(72) 发明人 张耀光 刘德田 程越

(74) 专利代理机构 大连科技专利代理有限责任公司 21119
代理人 龙锋

(51) Int. Cl.
G07C 9/00(2006.01)

(56) 对比文件
JP 特开 2008-82038 A, 2008.04.10,
CN 101996430 A, 2011.03.30,
CN 102168509 A, 2011.08.31,
CN 102592336 A, 2012.07.18,
WO 01/57806 A1, 2001.08.09,
CN 103049945 A, 2013.04.17,

审查员 [redacted]

权利要求书1页 说明书3页 附图1页

(54) 发明名称
互联网门禁临时用户授权装置和方法

(57) 摘要
互联网门禁临时用户授权装置和方法，互联网门禁临时用户授权装由临时用户授权装置和通信终端组成，通信终端发送临时用户授权申请请求消息，门禁系统收到请求后，进行临时用户授权验证；针对通过权限验证通过且权限申请类型为新增的临时用户生成一个唯一的临时授权令牌，门禁系统执行最终授权结果，并向通信终端发送临时用户授权申请响应消息。本发明的互联网门禁临时用户授权装置和方法，可以有效解决互联网门禁系统临时用户授权的问题，方便了临时用户的使用；同时灵活的授权策略更方便门禁系统的管理。

图 5-15　互联网门禁临时用户授权装置专利扉页

本专利的权利要求 1 和对应的附图如图 5-16 所示。

一种互联网门禁临时用户授权装置，其特征在于：由临时用户授权装置和通信终端组成，临时用户授权装置包括：

授权策略管理模块（201），用于管理互联网门禁系统内不同用户具有的临时用户授权的权限策略；

临时用户管理模块（202），用于进行临时用户授权验证，对收到的临时用户授权申请进行授权检测，首先进行发起方的权限检测，用以检查发起方具备的临时用户授权范围；然后将收到的临时用户授权申请范围与发起方具备的临时用户授权范围对比并取交集，取交集结果不为空，则授权验证通过，反之，授权验证未通过；生成并管理临时授权令牌，管理临时用户在系统内的权限；

消息模块（203），用于与临时用户进行消息交互；

通信终端包括授权管理模块，用于通过与门禁系统的交互，发起临时用户授权申请、完成临时用户权限的增加、修改及删除操作。

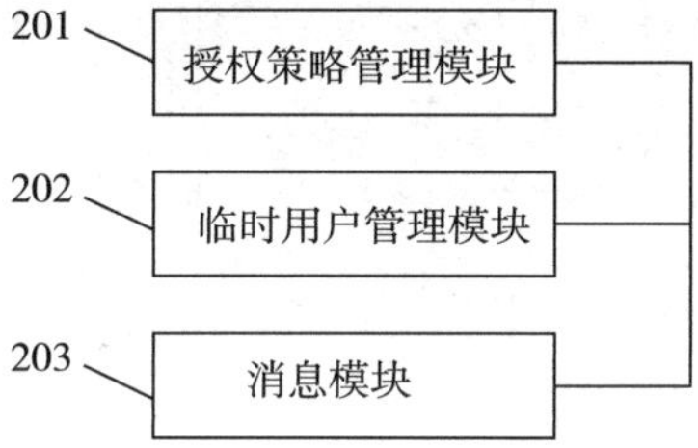

图 5-16　本发明的权利要求 1 和对应的附图

二、理解发明构思

从本专利的说明书中可以得知，本专利所要解决的技术问题是克服现有互联网门禁系统不能满足临时访客需求的问题，从而提供了一种互联网门禁临时用户授权装置和方法（见图 5-17）。

CN 103679884 B　　　　说　明　书　　　　1/3 页

互联网门禁临时用户授权装置和方法

技术领域

[0001]　本发明涉及安防技术领域，尤其涉及一种互联网门禁系统。

背景技术

[0002]　出入口门禁系统是新型现代化安全管理系统，它集微机自动识别技术和现代安全管理措施为一体，它是解决重要部门出入口实现安全防范管理的有效措施，在现代化智能化住宅和商务楼中得到广泛应用。

[0003]　针对访客或是有临时出入门禁需求的人，传统RFID门禁系统支持临时RFID卡，在系统内设定临时RFID卡的门禁权限范围和时效时间，即可满足临时出入门禁的需求。其它诸如指纹、人脸等生物识别门禁系统也是采用类似方式解决此类问题。针对依靠软件操作开门的互联网门禁系统对此类临时访客需求现在没有具体的解决办法。

发明内容

[0004]　为了克服现有互联网门禁系统不能满足临时访客需求的问题，本发明提供了一种互联网门禁临时用户授权装置和方法。

[0005]　本发明为实现上述目的所采用的技术方案是：一种互联网门禁临时用户授权装置，由临时用户授权装置和通信终端组成，临时用户授权装置包括：

[0006]　授权策略管理模块，用于管理互联网门禁系统内不同用户具有的临时用户授权的权限策略；

[0007]　临时用户管理模块，用于生成并管理临时授权令牌，管理临时用户在系统内的权限；

[0008]　消息模块，用于与临时用户进行消息交互；

[0009]　通信终端包括授权管理模块，用于通过与门禁系统的交互。

[0010]　所述通信终端为手机、平板或电脑。

[0011]　所述通信终端的授权管理模块完成临时用户权限的增加、修改及删除操作。

[0012]　一种互联网门禁临时用户授权方法，包括以下步骤：

[0013]　步骤S101、通信终端发送临时用户授权申请请求消息；

[0014]　步骤S102、门禁系统收到请求消息后，进行临时用户授权验证，在授权验证通过的情况下，进入步骤S103；在授权验证未通过的情况下，进入步骤S105。

[0015]　步骤S103、门禁系统执行授权结果，并判断所述申请类型是否为新增的授权操作；

[0016]　步骤S104、门禁系统为临时用户生成一个唯一的临时授权令牌，临时授权令牌通过门禁系统或所述通信终端发送给所述临时用户；

[0017]　步骤S105：门禁系统向通信终端发送临时用户授权申请的响应消息，响应消息中包含最终的授权结果。

[0018]　所述步骤S101中请求消息中包含临时用户的手机号和权限申请类型，所述权限申请类型为新增、修改或删除中的一种。

3

图 5-17　本专利所要解决的技术问题

权利要求 1 中的主要技术特征如图 5-18 所示。

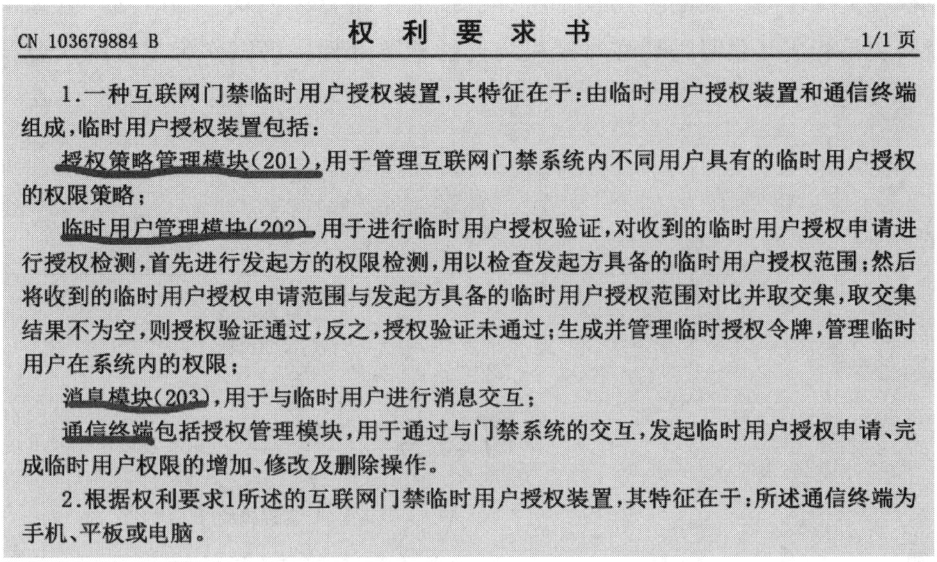

CN 103679884 B　　权　利　要　求　书　　1/1 页

1.一种互联网门禁临时用户授权装置，其特征在于：由临时用户授权装置和通信终端组成，临时用户授权装置包括：

授权策略管理模块（201），用于管理互联网门禁系统内不同用户具有的临时用户授权的权限策略；

临时用户管理模块（202），用于进行临时用户授权验证，对收到的临时用户授权申请进行授权检测，首先进行发起方的权限检测，用以检查发起方具备的临时用户授权范围；然后将收到的临时用户授权申请范围与发起方具备的临时用户授权范围对比并取交集，取交集结果不为空，则授权验证通过，反之，授权验证未通过；生成并管理临时授权令牌，管理临时用户在系统内的权限；

消息模块（203），用于与临时用户进行消息交互；

通信终端包括授权管理模块，用于通过与门禁系统的交互，发起临时用户授权申请、完成临时用户权限的增加、修改及删除操作。

2.根据权利要求1所述的互联网门禁临时用户授权装置，其特征在于：所述通信终端为手机、平板或电脑。

图 5-18　权利要求 1 中的主要技术特征

经过对本专利的深入分析，可以梳理出本专利发明构思的三个要素（见图 5-19）。

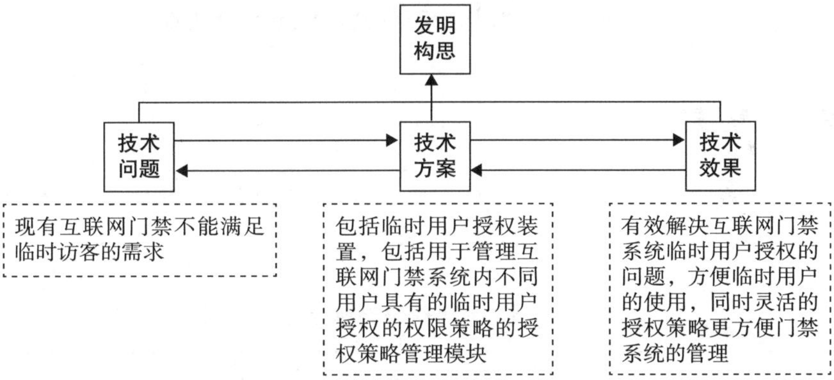

图 5-19　本专利发明构思的三要素

进而，可以将本专利的技术构思概括为一句话：对于针对临时访客的互联网门禁的问题是通过在设置具有管理互联网门禁系统内不同用户具有的临时用户授权的权限策略的授权策略管理模块，以及用于生成并管理临时授权令牌，管理临时用户在系统内的权限的临时用户管理模块来解决的。

三、确定检索要素

本专利权利要求书中主要的技术特征可分解为：“互联网门禁临时授权装置”可作为一级的核心技术特征，其对确定技术领域和分类号具有重要意义；通信终端和临时用户授权装置可作为二级的主要技术特征；授权策略管理模块、临时用户管理模块以及消息模块是构成互联网门禁临时授权装置的重要部件，可以作为三级的次要技术特征（见图5-20）。

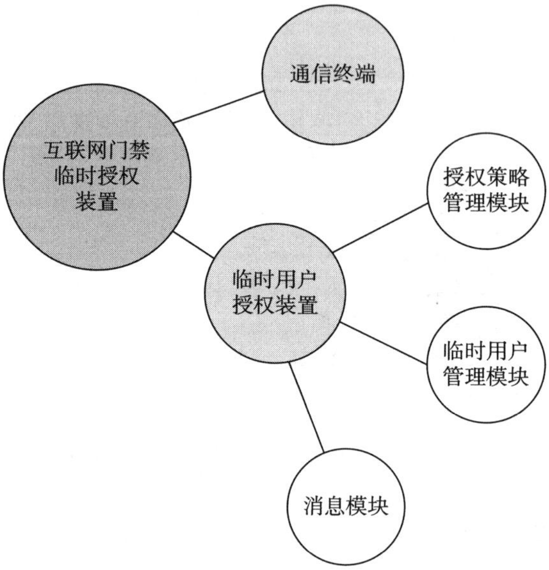

图5-20 体现本专利发明构思的三种技术特征

四、表达检索要素

根据图5-20中的核心技术特征和主要技术特征制作检索要素表达表格，见表5-4。

表5-4 本申请检索要素表达

要素表达	检索要素				
	门禁系统	通信终端	互联网	临时用户	授权装置
分类号表达					
关键词表达					

1. 分类号的选取

首先，查阅IPC分类表，看看是否能够找到比较恰当的分类位置。

经过查阅，发现大组分类号“G07C 9/00”为直接相关的分类号，其含义为“独个输入口或输出口登记器”，可见，“G07C 9/00”是涉及门禁系统的非常准确的分类号。

G　　物理

G07　核算装置

G07C　时间登记器或出勤登记器；登记或指示机器的运行；产生随机数；投票或彩票设备；未列入其他类目的核算装置、系统或设备

9/00　独个输入口或输出口登记器

9/02　．有登记装置的十字转门

为对相关 IPC 进行进一步扩展，采用“互联网门禁”作为关键词在专利检索及分析系统中进行快速检索，并对 IPC 进行初步检索（见图 5-21），可见上述确定的分类号“G07C 9/00”占比较高，其分类号比较准确。通过对其他相关分类号进行查看，并未发现新的特别相关的分类号。

图 5-21　IPC 统计结果

经过以上分析，比较准确的分类位置是 G07C 9/00，因此主要考虑采用 IPC 分类号 G07C 9/00 进行检索。

2. 关键词的遴选

本专利已有相对准确的分类号，可将关键词的遴选先集中在主要技术特征门禁系统、通信终端、临时用户的授权装置，并进一步聚焦于“门禁”“临时用户”“授权”等体现创新点的技术特征上。

最终本申请的检索要素表达见表 5-5。

表 5-5　本申请的检索要素表达

要素表达	检索要素				
	门禁系统	通信终端	互联网	临时用户	授权装置
分类号表达	G07C 9/00				
关键词表达	门禁，门锁，访问控制，access control，entrance guard，door-lock，safeguard，door-access，gate-ban access	终端，手机，移动电话，电脑，笔记本，手提电脑，Terminal，cellphone，mobile phone，computer，notebook，laptop，PC	互联网，因特网，远程，internet，remote	客人，访客，临时用户，Casual user，Temporary user，guest	授权，权限，令牌，钥匙，Authorization，authorize，key，token，permission

五、制定检索策略与分析

1. 专利数据检索

本案采用的专利数据源为国家知识产权局对公众开放的检索分析数据库（网址：http://pss-system.cnipa.gov.cn），该检索分析数据库包含全球专利数据库，共收集了103个国家、地区和组织的专利数据，同时还收录了引文、同族、法律状态等数据信息。

2. 检索策略制定

首先根据上一节确定的检索要素构建检索式：

1 >> IPC 分类号 = （G07C 9/00）

命中文献数量：327491

2 >> 摘要 = （门禁 or 锁 or 访问控制 or “access control” or “entrance guard” or lock or safeguard or （（door or gate）2w access））

命中文献数量：2117695

3 >>（客人 or 访客 or 临时用户 or guest or （（casual or temporary）2w user））

命中文献数量：46712

4 >>（终端 or 手机 or 平板 or 电脑 or 移动电话 or terminal or phone orcellphone or laptop or notebook or computer or PC）

命中文献数量：10327005

5 >> 摘要 = （授权 or 钥匙 or 权限 or 令牌 orauthoriz + or permission or key or

token）

命中文献数量：1367055

6 >> 1 and 2 and 3 and 4 and 5

命中文献数量：335

7 >> 公开（公告）日<=2014-01-01

命中文献数量：117264027

8 >> 6 and 7

命中文献数量：27

“块”检索策略检索结果如图 5-22 所示。

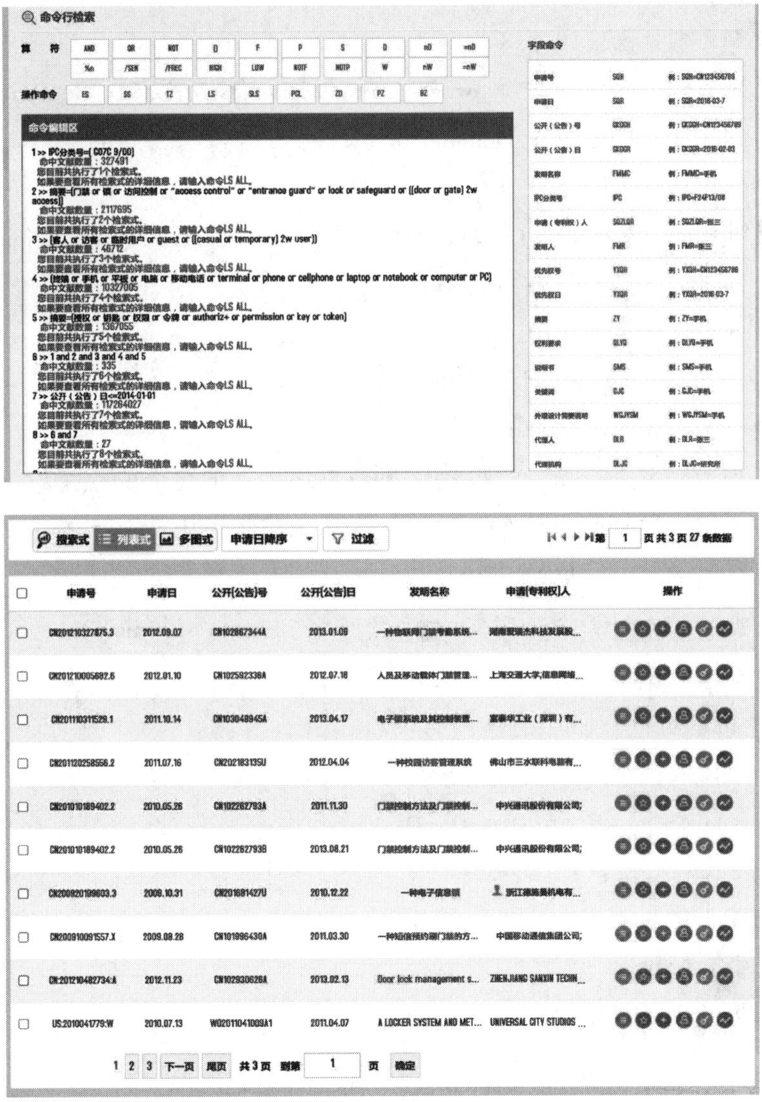

图 5-22　“块”检索策略检索结果

通过对检索获得的结果进行浏览，没有发现合适的对比文件。当前检索结果为27件，明显结果数量偏少。对于计算机领域，由于功能性描述较多，摘要中描述的技术方案通常比较抽象，很多具体的应用场景均在说明书中进行描述，因此为进一步扩大检索范围，需要在说明书中进行检索，结果如下：

9 >> 说明书=（门禁 or 锁 or 访问控制 or "access control" or "entrance guard" or lock or safeguard or （（door or gate）2w access））

命中文献数量：5402902

10 >> 说明书=（客人 or 访客 or 临时用户 or guest or （（casual or temporary）2w user））

命中文献数量：194828

11 >> 说明书=（终端 or 手机 or 平板 or 电脑 or 移动电话 or terminal or phone or cellphone or laptop or notebook or computer or PC）

命中文献数量：15237090

12 >> 说明书=（授权 or 钥匙 or 权限 or 令牌 orauthoriz+ or permission or key or token）

命中文献数量：4510168

13 >> 1 and 9 and 10 and 11 and 12

命中文献数量：3403

由于扩展到说明书进行检索，检索结果明显增加，但目前的检索结果需要进一步缩减，考虑到本案中涉及远程和互联网相关的技术特征，因此采用渐进式检索策略对上述检索结果进行缩减。结果如下：

14 >> 说明书=（远程 or 互联网 or 因特网 or internet or remote）

命中文献数量：6231758

15 >> 13 and 14

命中文献数量：2419

16 >> 公开（公告）日<=2014-01-01

命中文献数量：117264027

17 >> 15 and 16

命中文献数量：272

说明书扩展检索结果如图5-23所示。

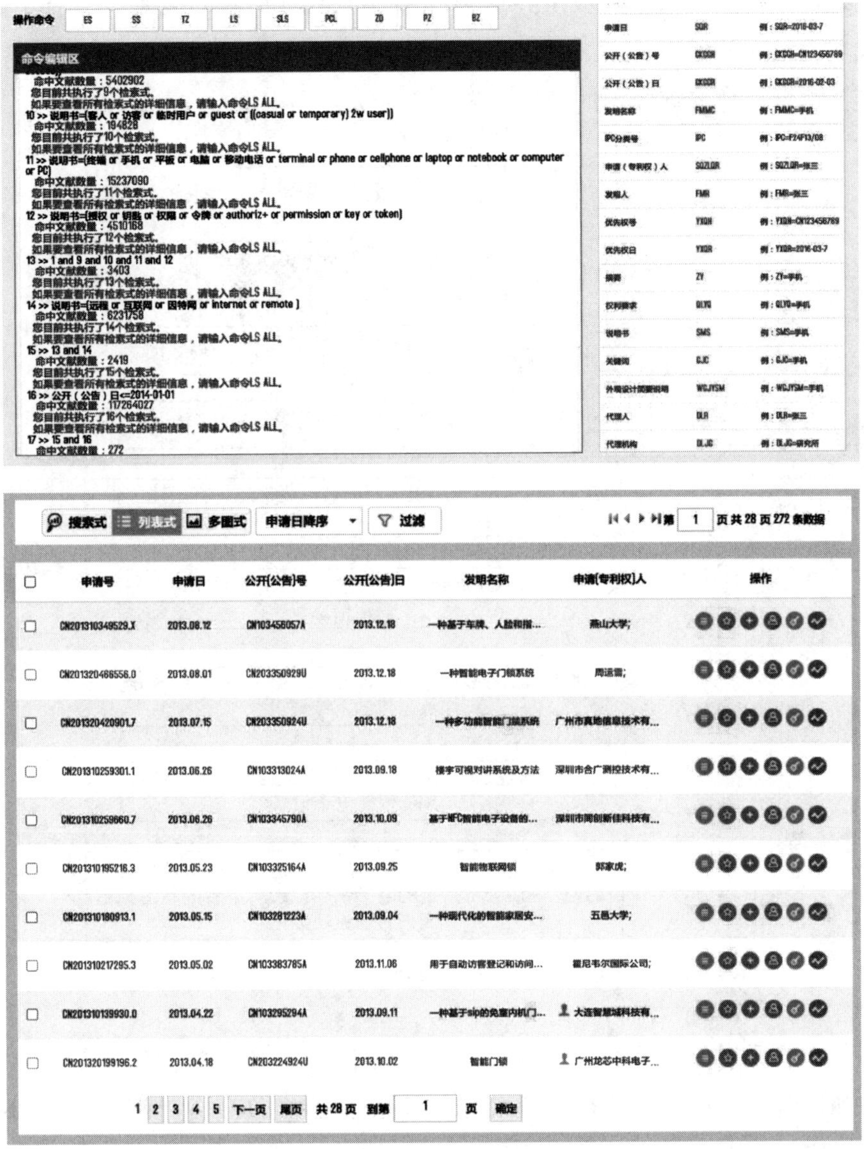

图 5-23　说明书扩展检索结果

通过初步检索，获得检索结果共计 272 条，可以对检索结果进行浏览阅读。

通过检索，获得文献 1：CN103345790A（摘要附图如图 5-24 所示），其中公开了一种基于 NFC 智能电子设备的电子门锁管理方法及系统，方法包括：接收由请求端发送的电子钥匙生成请求，生成包含有开启电子门锁信息及 NFC 智能电子设备通信号码的电子钥匙记录，接收由 NFC 智能电子设备发送的电子钥匙查询请求，推送电子钥匙记录至 NFC 智能电子设备。采用由请求端向管理服务器发起电子钥匙发放请求，管理服务器将电子钥匙数据包传输给 NFC 智能电子设备，以 NFC 智能电子设备为电子钥匙开启对应的电子门锁，从而实现了异地管理和发放电子钥匙的效果，节省了电子钥匙的制作成本，出现问题时，并不需要电子钥匙持有人赶到请求端现场即可解决问题，管理方便；而且在低管理成本的情况下便于实现大范围内的电子钥匙管理。

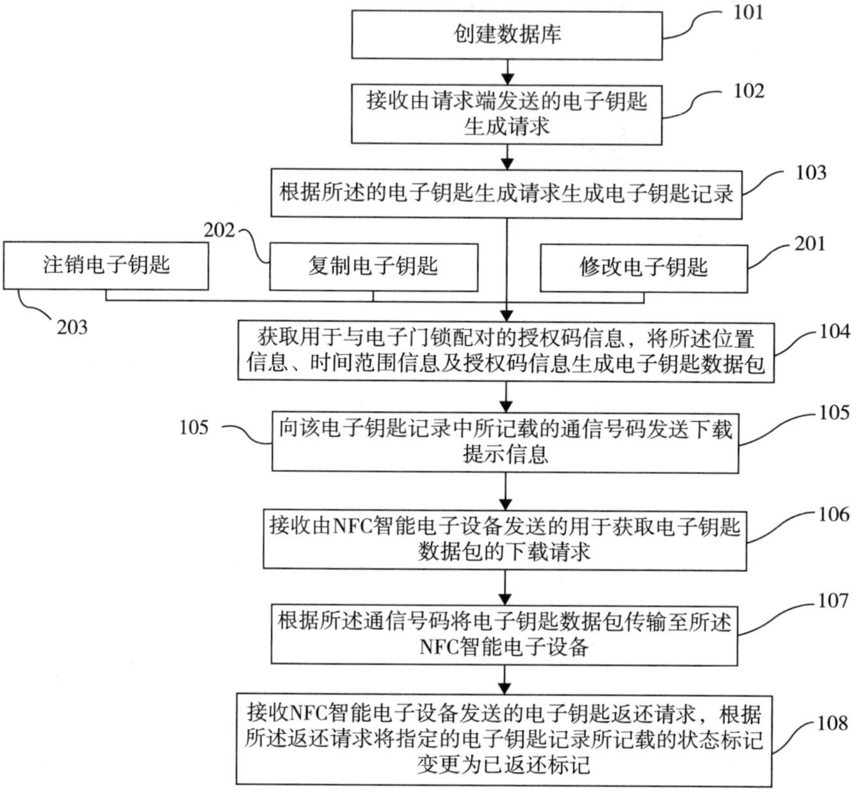

图 5-24 CN103345790A 摘要附图

文献 1 中的请求端相当于本专利中的通信终端，请求端的操作人员相当于本专利中的用户和发起方，管理服务器相当于本专利中的临时用户授权装置，持有 NFC 智能电子设备的客人相当于本专利中的临时用户，管理服务器中对不同请求端能够请求生成哪些客房的请求权限进行管理的功能模块相当于本专利中的授权策略管理模块，管理服务器中生成和管理电子钥匙数据包并对电子钥匙数据包进行管理的模块相当于本专利中的临时用户管理模块，管理服务器的信息交互模块相当于本专利中的消息模块，请求端中对电子钥匙的相关请求进行管理的模块相当于本专利中的请求端的授权管理模块，电子钥匙数据包相当于本专利中的临时授权令牌。

本案的权利要求 1 相对于文献 1，其区别在于权利要求 1 中还限定了“临时用户管理模块（202），用于进行临时用户授权验证，对收到的临时用户授权申请进行授权检测，首先进行发起方的权限检测，用以检查发起方具备的临时用户授权范围；然后将收到的临时用户授权申请范围与发起方具备的临时用户授权范围对比并取交集，取交集结果不为空，则授权验证通过，反之，授权验证未通过”。

针对上述区别，进一步针对上述区别技术特征进行检索选取“授权”“交集”，聚焦到该技术特征进行检索，此时检索目的主要是快速查准，检索到可用文件即可，因此采用快速检索策略：

18 >> 说明书=((“授权” or“权限”) s 交集)

命中文献数量：447

19>> 说明书=((“授权” or“权限”) 2w 交集)

命中文献数量：81

20 >> 16 and 19

命中文献数量：23

首先采用同在算符“s”进行检索，检索结果为447件，数量偏多，然后采用临近算符“w”进行检索，获得81件，进一步用公开日进行限定，最后获得23件。通过对检索结果进行浏览阅读，获得文献2（CN102713865A，其摘要见图5-25）。

该文献公开了用于管理授权数据缓存的系统和方法。数据服务器可以生成授权数据并将授权数据发送到数据缓存服务器。数据缓存服务器可以是在数据提供者计算机网络内距离用户较近的服务器，它可以接收和缓存授权数据。权限服务器可以存储用户权限并将用户权限发送到数据服务器和数据缓存服务器。当接收到数据请求时，数据缓存服务器可以从缓存中检索请求的数据并将与用户权限匹配的缓存数据子集发送给用户，而不需要从数据服务器请求数据。

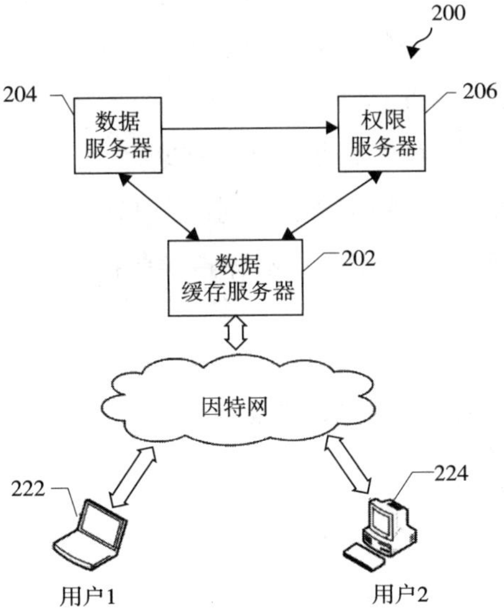

图5-25　CN102713865A 摘要

经过上述分析，文献 1 和文献 2 可作为评价本案有效性的证据。

六、检索经验与技巧总结

技巧 1：本案例在对其保护的技术方案进行理解的基础上，确定分类号 G07C 9/00，并通过 IPC 统计的方式确定分类号是否准确，能够极大提升检索效率。

技巧 2：专利说明书中通常记载了更为具体的实施方式，当在摘要中检索不到合适结果时，通过在说明书中扩展检索会增加检索的全面性。本案例中技术方案相对比较上位和抽象，在检索时为了防止遗漏，对各检索要素的关键词进行充分扩展，由于其下位关键词一般在说明书中进行描述，仅在摘要中检索会有所遗漏，需要扩展到对说明书全文进行检索。

技巧 3：在检索过程中，需要灵活运用各种检索算符来实现对检索意图的准确表述。在进行检索式构建时，为准确表达检索意图防止遗漏，采用临近算符进行检索，例如在本案中对门禁和临时用户的关键词表达：((door or gate) 2w access),((casual or temporary) 2w user)等。

技巧 4：在检索策略制定方面，采用“块”检索策略，根据各个检索要素构建专利检索式，并首先针对最小化的技术方案构建检索块，然后根据检索结果的数量进行渐进检索，将检索范围逐渐缩小，例如在本案中采用检索式“说明书=(远程 or 互联网 or 因特网 or internet or remote)”对检索结果进行缩小。

技巧 5：当针对特定技术特征进行聚焦检索时，充分利用同在算符和临近算符的特点，当采用同在算符专利结果较多时，可采用临近算符对结果进行缩减，并进一步提升检索精确度，例如本案中采用检索式“说明书=((“授权” or“权限”) s 交集)”所获得的结果为 447 条，而采用临近算符的检索式说明书=((“授权” or “权限”) 2w 交集)，其检索结果为 81 条，检索结果得到极大减少。

技巧 6：在检索中需要同时对所获得的最接近现有技术进行分析，并根据最接近现有技术调整检索目标，从而快捷获得可影响创造性的证据。

案例 7　终端解锁方法和装置

一、案例背景

ZL201410550437.2 号涉及一种终端解锁方法和装置，该专利中的终端解锁方法包括：在终端锁定状态下，通过预设应用程序接收终端解锁信息；根据终端解锁信息，对终端进行解锁。该发明直接在应用程序中解锁终端，提高了终端解锁的便捷性。

该专利的专利权人为广州三星通信技术研究有限公司和三星电子株式会社，其申请日为 2014 年 10 月 16 日，并于 2017 年 10 月 13 日获得授权。无效请求人于 2018 年 11 月 9 日向国家知识产权局提出了无效请求，国家知识产权局于 2019 年 10 月 28 日作出决定（案件编号：4W108090），认为该发明专利权全部无效。

该专利扉页如图 5-26 所示。

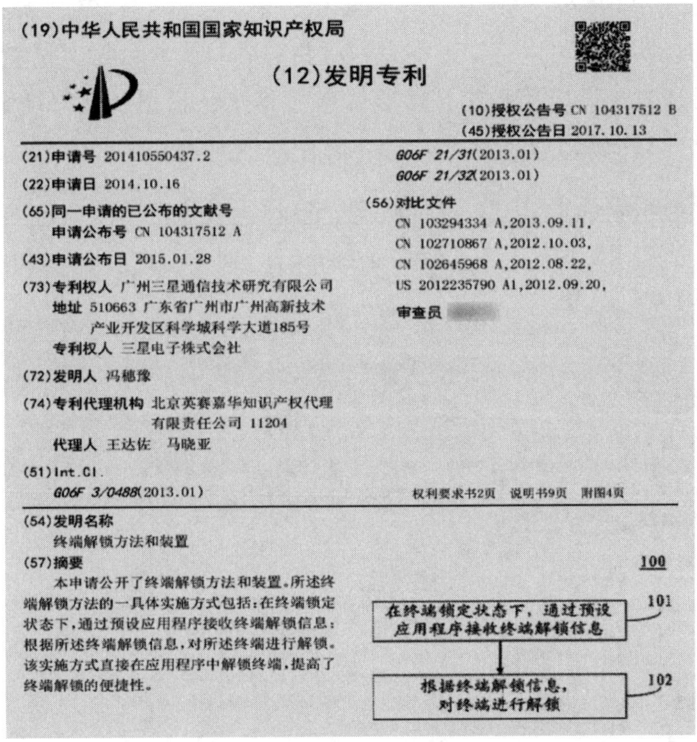

(19)中华人民共和国国家知识产权局

(12)发明专利

(10)授权公告号 CN 104317512 B
(45)授权公告日 2017.10.13

(21)申请号 201410550437.2
(22)申请日 2014.10.16
(65)同一申请的已公布的文献号
申请公布号 CN 104317512 A
(43)申请公布日 2015.01.28
(73)专利权人 广州三星通信技术研究有限公司
地址 510663 广东省广州市广州高新技术产业开发区科学城科学大道185号
专利权人 三星电子株式会社
(72)发明人 冯穗豫
(74)专利代理机构 北京英赛嘉华知识产权代理有限责任公司 11204
代理人 王达佐　马晓亚
(51)Int.Cl.
G06F 3/0488(2013.01)
G06F 21/31(2013.01)
G06F 21/32(2013.01)
(56)对比文件
CN 103294334 A,2013.09.11,
CN 102710867 A,2012.10.03,
CN 102645968 A,2012.08.22,
US 2012235790 A1,2012.09.20,
审查员 [redacted]

权利要求书2页　说明书9页　附图4页

(54)发明名称
终端解锁方法和装置
(57)摘要
本申请公开了终端解锁方法和装置。所述终端解锁方法的一具体实施方式包括：在终端锁定状态下，通过预设应用程序接收终端解锁信息；根据所述终端解锁信息，对所述终端进行解锁。该实施方式直接在应用程序中解锁终端，提高了终端解锁的便捷性。

图 5-26　终端解锁方法和装置专利扉页

本专利的权利要求 1 和对应的附图如图 5-27 所示。

1. 一种终端解锁方法，其特征在于，所述方法包括：

在终端锁定状态下，接收程序运行指令，运行与所述程序运行指令对应的预设应用程序，

通过预设应用程序接收用户输入信息，从所述用户输入信息中获取终端解锁信息，其中，所述预设应用程序为具备解锁信息识别功能的应用程序；根据所述终端解锁信息，对所述终端进行解锁。

图 5-27　本专利的权利要求 1 和对应的附图

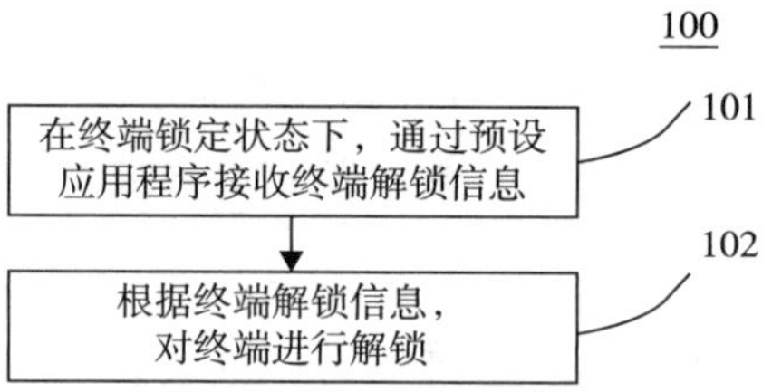

图 5-27　本专利的权利要求 1 和对应的附图（续）

二、理解发明构思

从本专利的说明书中可以得知，本专利所要解决的技术问题（见图 5-28）是在终端锁定状态下，通过预设应用程序接收终端解锁信息；根据所述终端解锁信息，对所述终端进行解锁，从而解决当前终端解锁不够便捷的问题。

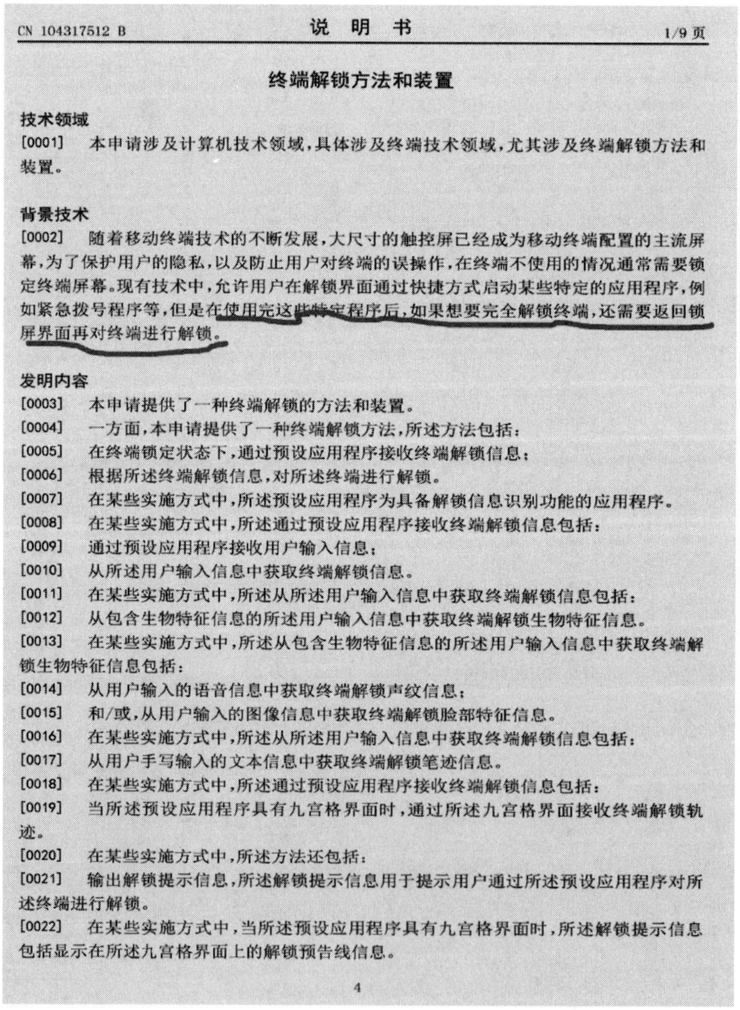

CN 104317512 B　　说　明　书　　1/9 页

终端解锁方法和装置

技术领域

[0001]　本申请涉及计算机技术领域，具体涉及终端技术领域，尤其涉及终端解锁方法和装置。

背景技术

[0002]　随着移动终端技术的不断发展，大尺寸的触控屏已经成为移动终端配置的主流屏幕，为了保护用户的隐私，以及防止用户对终端的误操作，在终端不使用的情况通常需要锁定终端屏幕。现有技术中，允许用户在解锁界面通过快捷方式启动某些特定的应用程序，例如紧急拨号程序等，但是在使用完这些特定程序后，如果想要完全解锁终端，还需要返回锁屏界面再对终端进行解锁。

发明内容

[0003]　本申请提供了一种终端解锁的方法和装置。

[0004]　一方面，本申请提供了一种终端解锁方法，所述方法包括：

[0005]　在终端锁定状态下，通过预设应用程序接收终端解锁信息；

[0006]　根据所述终端解锁信息，对所述终端进行解锁。

[0007]　在某些实施方式中，所述预设应用程序为具备解锁信息识别功能的应用程序。

[0008]　在某些实施方式中，所述通过预设应用程序接收终端解锁信息包括：

[0009]　通过预设应用程序接收用户输入信息；

[0010]　从所述用户输入信息中获取终端解锁信息。

[0011]　在某些实施方式中，所述从所述用户输入信息中获取终端解锁信息包括：

[0012]　从包含生物特征信息的所述用户输入信息中获取终端解锁生物特征信息。

[0013]　在某些实施方式中，所述从包含生物特征信息的所述用户输入信息中获取终端解锁生物特征信息包括：

[0014]　从用户输入的语音信息中获取终端解锁声纹信息；

[0015]　和/或，从用户输入的图像信息中获取终端解锁脸部特征信息。

[0016]　在某些实施方式中，所述从所述用户输入信息中获取终端解锁信息包括：

[0017]　从用户手写输入的文本信息中获取终端解锁笔迹信息。

[0018]　在某些实施方式中，所述通过预设应用程序接收终端解锁信息包括：

[0019]　当所述预设应用程序具有九宫格界面时，通过所述九宫格界面接收终端解锁轨迹。

[0020]　在某些实施方式中，所述方法还包括：

[0021]　输出解锁提示信息，所述解锁提示信息用于提示用户通过所述预设应用程序对所述终端进行解锁。

[0022]　在某些实施方式中，当所述预设应用程序具有九宫格界面时，所述解锁提示信息包括显示在所述九宫格界面上的解锁预告线信息。

4

图 5-28　本专利所要解决的技术问题

CN 104317512 B　　　　说　明　书　　　　3/9 页

[0057]　在某些实施方式中，所述装置还包括：

[0058]　程序运行模块，用于在终端锁定状态下运行预设应用程序。

[0059]　在某些实施方式中，所述程序运行模块包括：

[0060]　指令接收子模块，用于在终端锁定状态下接收程序运行指令；

[0061]　程序运行子模块，用于在运行与所述程序运行指令对应的预设应用程序。

[0062]　在某些实施方式中，所述装置还包括：

[0063]　输入模块，用于在所述预设应用程序中输入与所述程序运行指令对应的预设内容。

[0064]　本申请提供的终端解锁方法，首先在终端锁定状态下，通过预设应用程序接收终端解锁信息，然后根据所述终端解锁信息，对所述终端进行解锁，通过在程序中直接接收终端解锁信息，并对终端进行解锁操作，省去了在解锁终端时需要返回原锁屏界面的步骤，从而提高了终端解锁的便捷性。

附图说明

[0065]　通过阅读参照以下附图所作的对非限制性实施例所作的详细描述，本申请的其它特征、目的和优点将会变得更明显：

[0066]　图1是本申请终端解锁方法的一个实施例的流程图；

[0067]　图2是本申请终端解锁方法的另一个实施例的流程图；

[0068]　图3是图2所示实施例的一个应用场景的示意图；

[0069]　图4是本申请终端解锁方法的另一个实施例的流程图；

[0070]　图5是图4所示实施例的一个应用场景的示意图；

[0071]　图6是是本申请终端解锁方法的另一个实施例的流程图；

[0072]　图7是本申请终端解锁装置的一个实施例的结构示意图；

[0073]　图8是图7所示实施例的一种实现方式的结构示意图；

[0074]　图9是图7所示实施例的另一种实现方式的结构示意图；

[0075]　图10是图7所示实施例的另一种实现方式的结构示意图。

具体实施方式

[0076]　下面结合附图和实施例对本申请作进一步的详细说明。可以理解的是，此处所描述的具体实施例仅仅用于解释相关发明，而非对该发明的限定。另外还需要说明的是，为了便于描述，附图中仅示出了与有关发明相关的部分。

[0077]　需要说明的是，在不冲突的情况下，本申请中的实施例及实施例中的特征可以相互组合。下面将参考附图并结合实施例来详细说明本申请。

[0078]　请参考图1，其示出了终端解锁方法的一个实施例的流程100。在本实施例中，为了便于理解，结合具有显示屏的终端来举例说明。本领域技术人员可以理解，该终端可以包括但不限于智能手机、智能电视、平板电脑、电子书阅读器等等。

[0079]　如图1所示，在步骤101中，在终端锁定状态下，通过预设应用程序接收终端解锁信息。

[0080]　在本实施例中，在终端锁定状态下也就是说在终端的主屏幕被锁定的情况下，可

6

图 5-28　本专利所要解决的技术问题（续）

权利要求 1 中的主要技术特征如图 5-29 所示。

CN 104317512 B　　　　权　利　要　求　书　　　　1/2 页

1. 一种终端解锁方法，其特征在于，所述方法包括：

在终端锁定状态下，通过预设应用程序接收终端解锁信息，其中，所述预设应用程序为具备解锁信息识别功能的应用程序；

根据所述终端解锁信息，对所述终端进行解锁。

2. 根据权利要求1所述的终端解锁方法，其特征在于，所述通过预设应用程序接收终端解锁信息包括：

通过预设应用程序接收用户输入信息；

从所述用户输入信息中获取终端解锁信息。

图 5-29　权利要求 1 中的主要技术特征

经过对本专利的深入分析，可以梳理出本专利发明构思的三个要素（见图 5-30）。

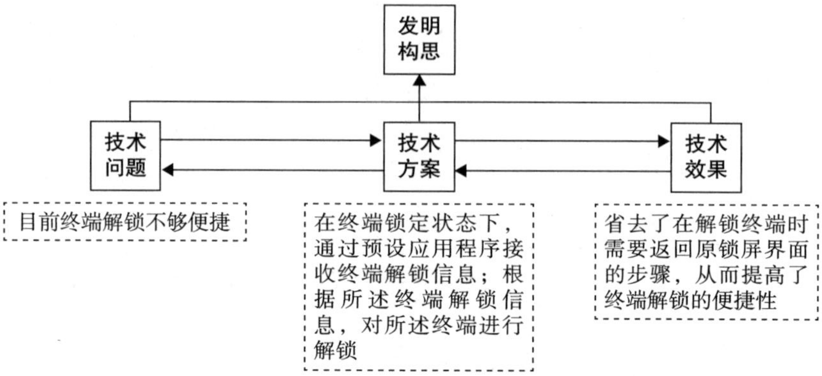

图 5-30　本专利发明构思的三要素

进而，可以将本专利的技术构思概括为一句话：对当前终端解锁不够便捷的问题是通过在终端锁定状态下，通过预设应用程序接收终端解锁信息；根据所述终端解锁信息，对所述终端进行解锁来解决的。

三、确定检索要素

确定检索要素时应当将重点放在检索对象的发明构思中对现有技术做出“智慧贡献”的技术特征上，技术问题和技术效果可用来细化、补充和完善这些检索要素。因此，需要对主要技术方案中的技术特征进行分类，可将技术特征分为核心技术特征、主要技术特征、次要技术特征，以及可替代次要技术特征，见前文图 4-8。

按照这个思路，本专利权利要求书中主要的技术特征可分解为：“终端”“解锁”以及“解锁信息”可作为一级的核心技术特征，其对确定技术领域和分类号具有重要意义，如图 5-31 所示。

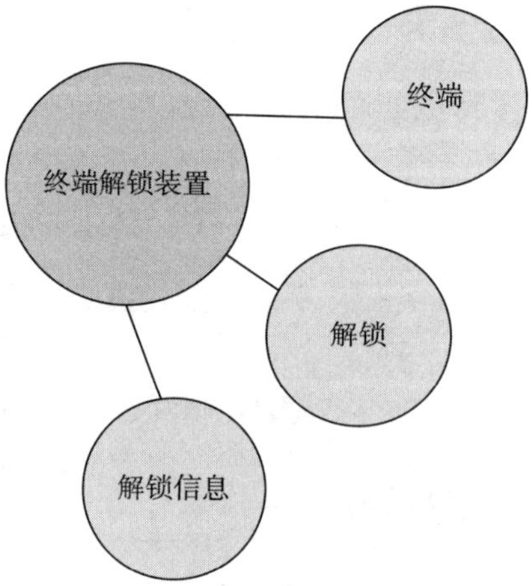

图 5-31　体现本专利发明构思的三种技术特征

四、表达检索要素

根据图 5-31 中的核心技术特征和主要技术特征制作检索要素表达表格，见表 5-6。

表 5-6　本专利检索要素表达

要素表达	检索要素		
	终端	解锁	解锁信息
分类号表达			
关键词表达			

1. 分类号的选取

首先，查阅 IPC 分类表，“G06F3/0488”为直接相关的分类号，其含义为“使用触摸屏或数字化仪，例如通过跟踪手势输入命令”，“G06F21/31”为涉及用户授权的专利分类号，“G06F21/32”为其下点组，其含义为“使用生物特征数据，例如指纹、虹膜扫描或声纹”。具体查询过程如图 5-32 所示。

图 5-32　查询 IPC 分类表

随后，为对IPC进行进一步扩展，包括上位组G06F3/0488、G06F21/00和G06F21/30，因此，本专利选择的分类号为G06F3/0488、G06F21/00、G06F21/30、G06F21/31、G06F21/32。

2. 关键词的遴选

本专利已有相对准确的分类号，可将关键词的遴选先集中在主要技术特征终端和解锁，并进一步对终端的具体类型和解锁的具体方式进行关键词扩展。

在本案中，其技术方案的描述均比较上位和抽象，需要对检索要素进行充分地扩展，例如对于“终端”，其下位概念包括电子设备、触摸屏、手机、移动电话等，对于“解锁信息”，其下位概念包括生物特征、指纹、声音、人脸和手势等。在进行关键词表达时，需要进行全面考虑。最终本专利的检索要素表达见表5-7。

表5-7　本专利的检索要素表达

要素表达	检索要素		
	终端	解锁	解锁信息
分类号表达	G06F3/0488	G06F21/00, G06F21/31, G06F21/32	
关键词表达	终端，电子设备，触摸屏，手机，移动电话，Terminal，mobile，phone，electronic device	解锁，锁定，unlock，lock	生物测定，生物特征，指纹，虹膜，人脸识别，手势，Information，biometric，fingerprint，iris，voiceprint，face，biological feature

五、制定检索策与分析

1. 专利数据检索

本案采用的专利数据源为国家知识产权局对公众开放的检索分析数据库。

2. 检索策略制定

由于本专利的检索要素可表达成较为准确的分类号和关键词。首先采用快速检索策略，选取最准确的关键词“终端”“解锁”，以及分类号“G06F3/0488、G06F21/00、G06F21/30、G06F21/31、G06F21/32”进行尝试，具体如图5-33所示。

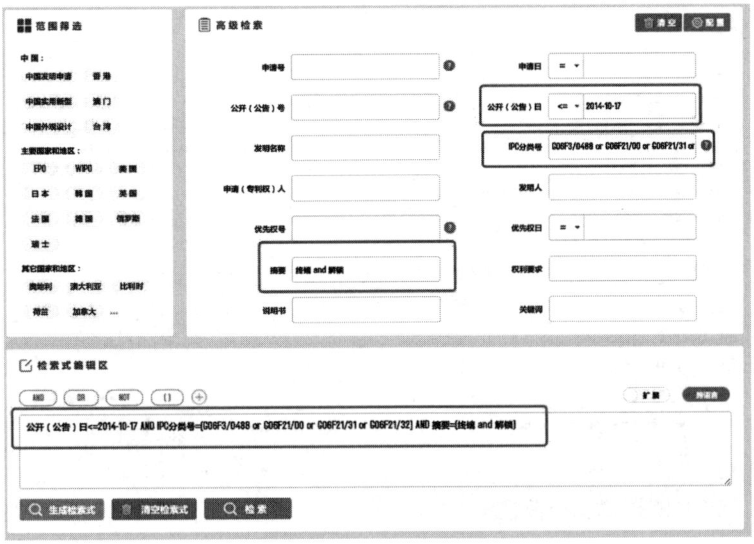

图 5-33　检索过程示意

通过快速检索获得检索结果为 217 条（见图 5-34），检索结果数量相对不大，可以进行快速浏览，发现较多背景技术文献。在浏览中可以看到检索结果相对比较精确，同时对分类号进行统计分析，可见在分类号中新出现了 G06F3/0484、G06F3/0481 等相关分类号，可见对于 G06F3/048 的分类过窄，因此将分类号进一步扩展到 G06F3/048 上位组，同时调整检索策略（见图 5-35）。

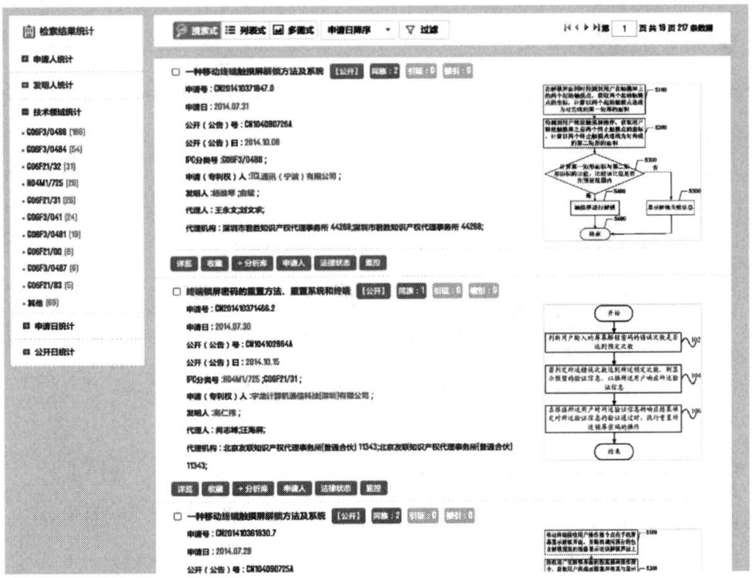

图 5-34　快速检索策略

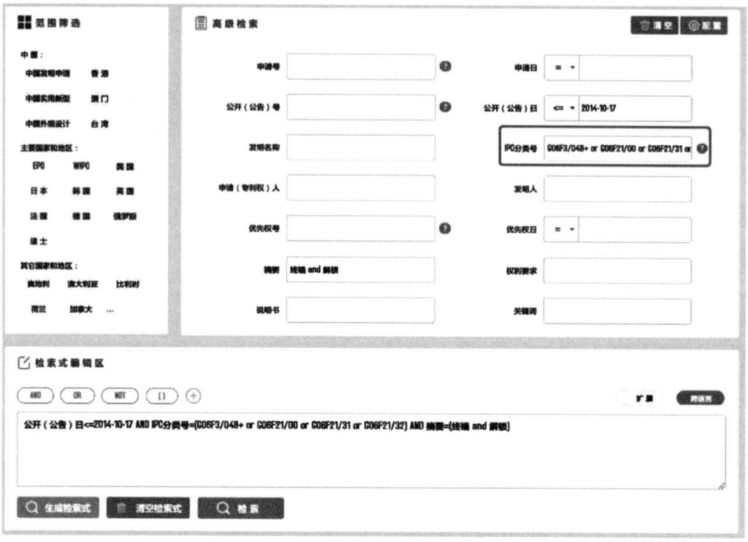

图 5-35 调整后检索过程示意

通过扩展 IPC 分类号后，检索结果增加到 424 条，通过对检索结果进行阅读，获得文献 1（CN102393805A，公开日：2012 年 3 月 28 日），以及背景技术文件 CN104035685A、CN103309615A，CN103809906A。

其中文献 1（CN102393805A）（摘要附图见图 5-36）公开一种终端锁屏界面的操作方法及装置、终端。其中，该方法包括：确定终端当前处于锁屏界面；响应用户通过锁屏界面上的搜索接口输入的操作请求，对用户需要的文件进行搜索操作。通过该专利，当无线终端处于锁屏界面时，用户在需要进行搜索文件的操作时无须进行解锁操作而直接在搜索接口输入操作请求即可实现搜索操作与解锁操作同时执行，从而提高了用户体验的效果。

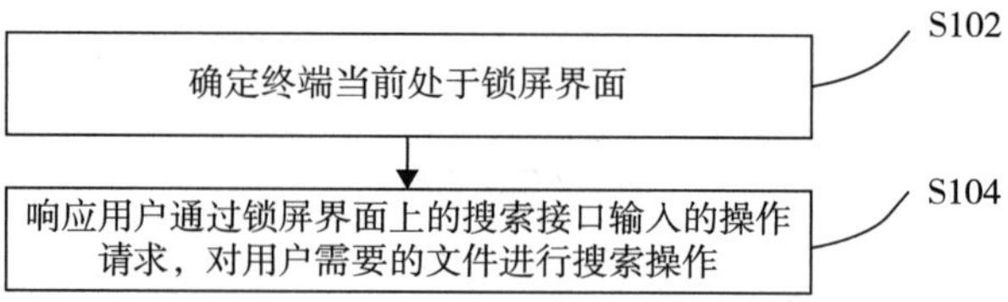

图 5-36 CN102393805A 摘要附图

文献 1（参见说明书第［0001］段到［0058］段，附图 2、附图 3）公开了终端锁屏界面的操作方法及装置、终端，该方法主要包括以下步骤：步骤 S102，确定终端当前处于锁屏界面；步骤 S104，响应用户通过锁屏界面上的搜索接口输入的操作请求，对用户需要的文件进行搜索操作，在步骤 S102 之前，可以在终端的锁屏界面上预留搜索接口，以供用户在需要进行搜索操作时直接在该预留搜索接口输入操作请求；在实际应用中，可以同时保留解锁接口，预留的搜索接口必须接收到有序的输入内容或经过确认的输入内容才能启动相关的搜索，例如，使用触摸屏或键盘输入特定的内容（对应于终端解锁信息），而该内容能够在手机中对应到搜索结果时，才启动搜索操作解锁操作，否则仍保持锁屏状态；当用户使用该预留接口进行操作时，能够直接进入搜索结果模块启动特定功能，例如对名片进行直接拨打电话、发送短信，对文件直接启动播放。经过比较可以知道，文献 1 公开了在终端的锁屏界面上预留搜索接口，通过在移动终端的锁定状态下运行搜索解决了现有技术中当无线终端在处于锁屏界面的状态下必须先进行解锁操作才能进一步进行搜索文件的操作问题，进而达到了用户在需要进行搜索文件的操作时无须进行解锁操作而直接在搜索接口输入操作请求即可实现搜索操作与解锁操作的同时执行，提高了用户体验的效果。

文献 1 没有明确记载实现“搜索接口”是一个应用程序，但是“搜索接口”要实现搜索的功能，对本领域技术人员来说，预先在终端中安装搜索程序实现搜索功能，搜索接口作为实现功能的软件的一部分，是本领域技术人员容易想到的，属于本领域的公知常识。可见，文献 1 可作为无效该专利的候选证据文件。

下一步将继续根据检索要素表构建更完整的检索式进行块检索，具体检索过程如下：

1 >> IPC 分类号 = （G06F3/048+ or G06F21/00 or G06F21/31 or G06F21/32）

命中文献数量：742036

2 >> 摘要 = （终端 or 电子设备 or 触摸屏 or 手机 or 移动电话 or terminal or “mobile phone” or “touch screen” or “electronic device” ）

命中文献数量：4129360

3 >> 摘要 = （解锁 or 锁定 or unlock or lock）

命中文献数量：1239805

4 >> 摘要 = （生物测定 or 生物特征 or 指纹 or 虹膜 or 人脸识别 or 手势 or biometric or fingerprint or iris or voiceprint or face or biological）

命中文献数量：3854918

5 >> 1 and 2 and 3 and 4

命中文献数量：1516

6 >> 公开（公告）日 < = 2014-10-17

命中文献数量：123181831

7 >> 5 and 6

命中文献数量：122

通过初步检索，获得检索结果共计 1516 条，而检索结果相对较大，此时可以通过日期进行进一步限定，或者增加新的关键词进行缩减。考虑到增加新关键词同样会增大漏检风险，而由于本申请申请日较早，而大量申请可能集中在近几年，因此决定采用公开日进行进一步限定。该专利申请日为 2014 年 10 月 16 日，可以通过公开日进行二次检索，将检索结果进一步限定在 2014 年 10 月 17 日之前，最后获得检索结果为 122 件（见图 5-37），这个检索结果的数量已经非常适合进行下一步筛选阅读。

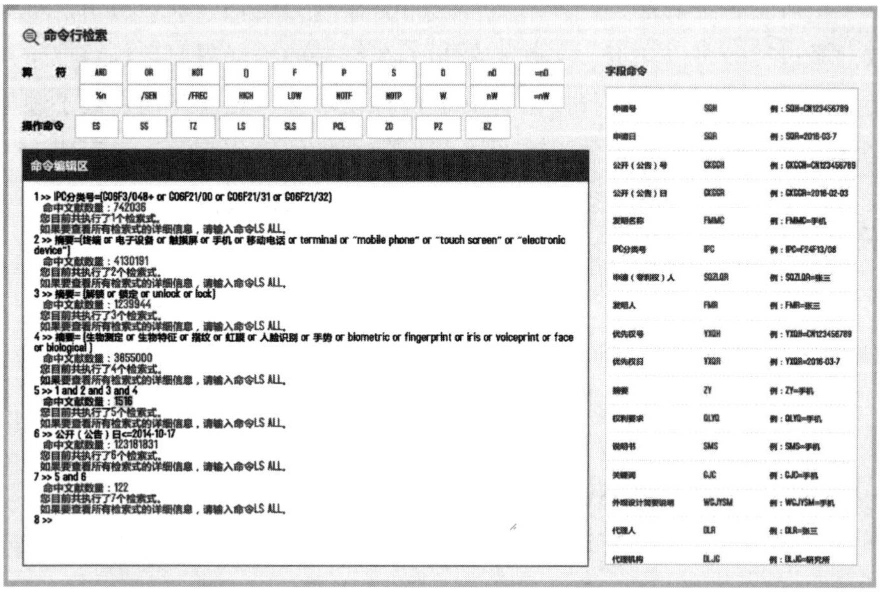

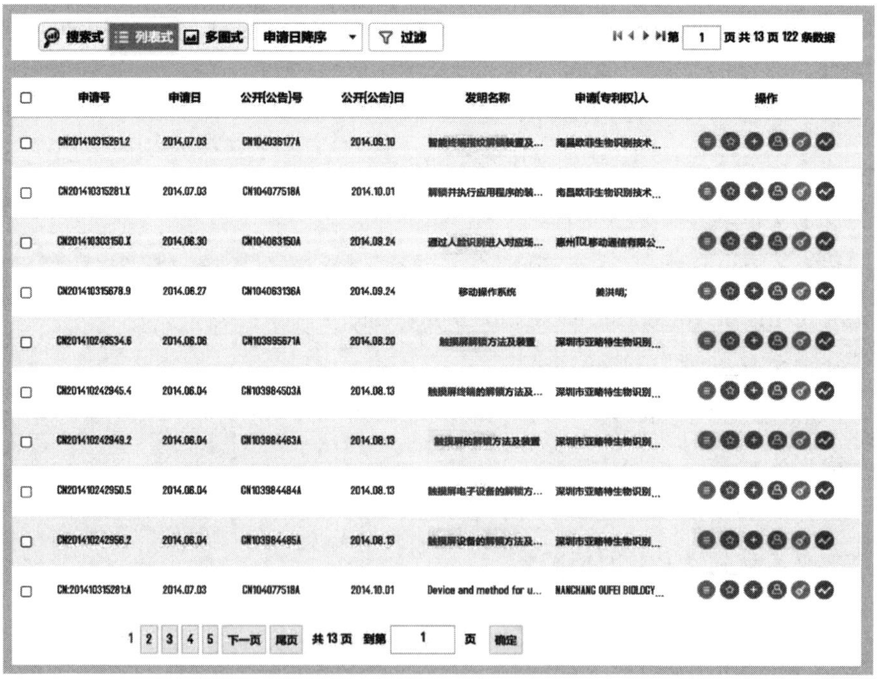

图 5-37 “块”检索结果

通过对上述检索结果进行阅读，获得文献 2（CN101667234A，公开日为 2010 年 3 月 10 日，摘要附图如图 5-38 所示），该专利涉及一种锁定状态转换方法、电子装置及计算机程序产品，该方法包含下列步骤：于该电子装置处于一锁定状态下，接收对应该电子装置的一功能的一操作输入时，提取一第一生物特征数据；判断该第一生物特征数据与一特定生物特征数据是否相符；以及当该第一生物特征数据与该特定生物特征数据被判定相符时，解除该电子装置的该锁定状态，并控制该电子装置执行该功能。本发明可让合法使用者将可直接通过各式操作行为来直接完成存在于背景中的身份验证动作，进而正常地操作该电子装置，更可让非法使用者无法正常使用该电子装置。

文献 2 与本案权利要求特征对比分析见表 5-8。

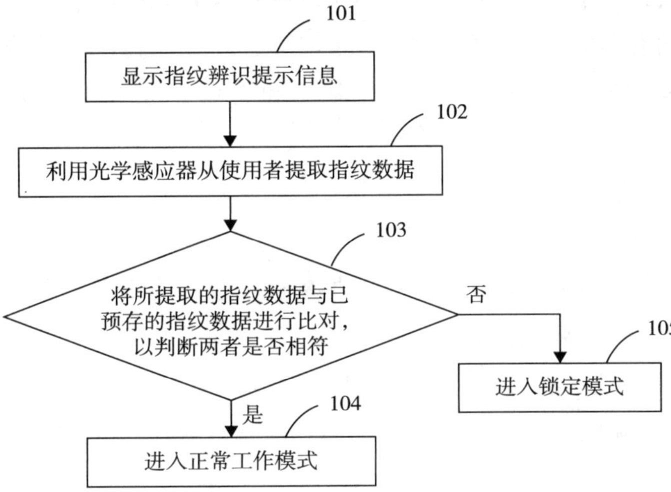

图 5-38　CN101667234A 摘要附图

表 5-8　文献 2 与本案权利要求特征对比分析

本案的技术特征	文献 2	是否公开
在终端锁定状态下，接收程序运行指令，运行与所述程序运行指令对应的预设应用程序	电子装置可为一声控手机，当该手机处于锁定状态下，且使用者利用声音来操控该手机以执行如拨打电话的功能	公开
预设应用程序具备解锁信息识别功能	手机便会利用一语音提取模块从该使用者提取一语音数据	公开
根据所述终端解锁信息，对所述终端进行解锁	与预存于手机中的一特定语音数据进行比对；若两者相符，手机便会解除该锁定状态	公开

将上述文献与本案的发明构思进行对比分析，可以直观地找出最接近的现有技术 CN101667234A，其能够评价本案权利要求 1 的新颖性。

权利要求 1 保护一种终端解锁方法，文献 2（参见说明书第 3~6 页）公开了一种锁定状态转换方法，适用于一电子装置，而该方法包含下列步骤：该电子装置处于一锁定状态下，接收对应该电子装置的一功能的一操作输入时，提取一第一生物特征数据（例如，指纹数据、语音数据、掌纹数据、虹膜数据或脸部数据）、判断该第一生物特征数据与一特定生物特征数据是否相符；以及当该第一生物特征数据与该特定生物特征数据被判定相符时，解除该电子装置的锁定状态，并控制该电子装置执行该功能；举例来说，该电子装置可为一声控手机，当该手机处于锁定状态下，且使用者利用声音来操控该手机以执行如拨打电话的功能（对应于权利要求 1 的预设应用程序）时，手机便会利用一语音提取模块从该使用者提取一语音数据（对应于权利要求 1 的预设应用程序具备解锁信息识别功能），并与预存于手机中的一特定语音数据进行比对；若两者相符，手机便会解除该锁定状态（对应于权利要求 1 中的解锁），并执行拨打电话的功能；反之，若两者不相符，手机将继续处于该锁定状态，并且不执行拨打电话功能。

经过上述检索过程以及文件分析，文献 1 和文献 2 可用于评价该专利有效性的文件。

六、检索经验与技巧总结

技巧 1：在进行关键词选取时，需要对抽象性较强的检索要素进行充分的关键词扩展，例如对于“终端”，其下位概念包括电子设备、触摸屏、手机、移动电话等，对于“解锁信息”，其下位概念包括生物特征、指纹、声音、人脸和手势等。

技巧 2：在进行 IPC 查询时，推荐使用 WIPO 官方的查询系统，其数据的及时性和全面性相对较强。由于本案涉及的技术方案具有一定的复合性，为全面查询分类信息，建议使用 WIPO 的官方 IPC 分类号查询系统。在确定本案的相关分类号 G06F3/0488、G06F21/30、G06F21/31、G06F21/32 后，需要对 IPC 进行进一步扩展，将上位组 G06F21/00 和 G06F21/30 也纳入检索范围，增强全面性。

技巧 3：在检索过程中需要及时根据检索结果对检索要素进行动态调整。在本案中，通过快速检索后对分类号进行统计，发现前期分类号选择并不全面，并及时进行了调整，将 G06F3/048 整个分类号均进行纳入，并采用截词符进行 G06F3/048 进行分类号检索，并获得了相关文献。

技巧 4：在检索过程中采用多种策略相结合的方式，循序渐进地扩大检索范围。在本案中首先采用最准确的关键词和分类号利用界面检索工具进行快速输入检索，然后根据检索结果利用命令行工具进行“块”检索，对检索范围进一步扩展。在本案中，正是通过扩展检索获得了更合适的文献 2。

技巧 5：对于计算机领域抽象性较强的技术方案，需要在检索过程中更加重视对检索结果的筛选和解读，防止出现文献已经检索到，但是由于在阅读过程中工夫下得不足导致错过合适的文献。本案的技术方案相对比较简单，但是权利要求的描述高度抽象，需要在解读文件时对具体的应用场景进行对比阅读和分析。

案例 8 会议传声系统

一、案例背景

ZL2009801560794 涉及一种用于通过一系统控制来自观众的捕捉声音的选择性音频输出的方法和系统，前述的系统包括位于所述观众上方或前方的至少一个传声器阵列以及至少一个照相机。

该专利的专利权人为方头技术有限公司，其申请日为 2009 年 2 月 3 日，2014 年 9 月 17 日获得授权。无效请求人于 2015 年 12 月 4 日向国家知识产权局提出了无效请求，国家知识产权局于 2016 年 6 月 15 日作出决定（案件编号：4W104256），认为该发明专利权全部无效。会议传声系统专利扉页如图 5-39 所示。

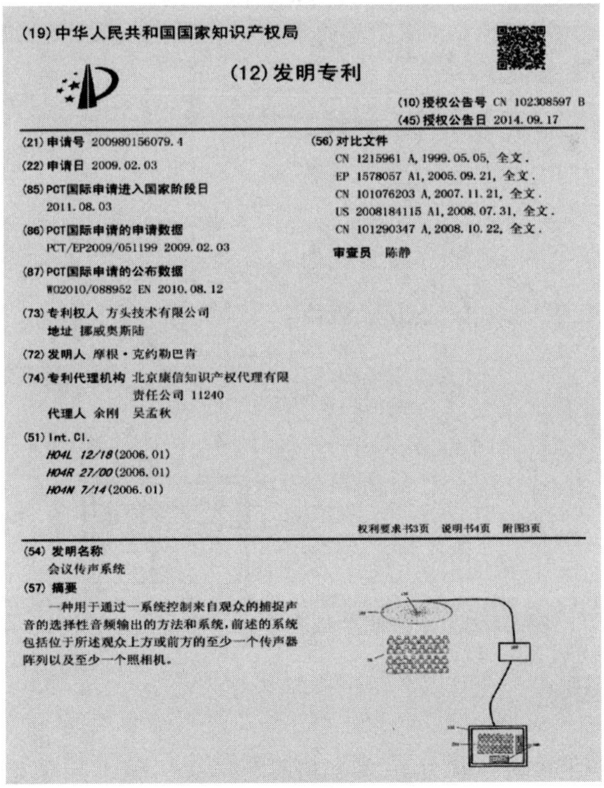
(19) 中华人民共和国国家知识产权局

(12) 发明专利

(10) 授权公告号 CN 102308597 B
(45) 授权公告日 2014.09.17

(21) 申请号 200980156079.4
(22) 申请日 2009.02.03
(85) PCT国际申请进入国家阶段日
2011.08.03
(86) PCT国际申请的申请数据
PCT/EP2009/051199 2009.02.03
(87) PCT国际申请的公布数据
WO2010/088952 EN 2010.08.12
(73) 专利权人 方头技术有限公司
地址 挪威奥斯陆
(72) 发明人 摩根·克约勒巴肯
(74) 专利代理机构 北京康信知识产权代理有限责任公司 11240
代理人 余刚 吴孟秋
(51) Int.Cl.
H04L 12/18 (2006.01)
H04R 27/00 (2006.01)
H04N 7/14 (2006.01)

(56) 对比文件
CN 1215961 A, 1999.05.05, 全文.
EP 1578057 A1, 2005.09.21, 全文.
CN 101076203 A, 2007.11.21, 全文.
US 2008184115 A1, 2008.07.31, 全文.
CN 101290347 A, 2008.10.22, 全文.
审查员 陈静

权利要求书3页 说明书4页 附图3页

(54) 发明名称
会议传声系统
(57) 摘要
一种用于通过一系统控制来自观众的捕捉声音的选择性音频输出的方法和系统，前述的系统包括位于所述观众上方或前方的至少一个传声器阵列以及至少一个照相机。

图 5-39 会议传声系统专利扉页

本专利的权利要求 1 和对应的附图如图 5-40 所示。

一种用于通过一系统来控制来自观众（50）中任何位置的捕捉声音的选择性音频输出的方法，所述系统包括位于所述观众（50）上方或前方的至少一个传声器阵列（100）、聚焦于所述观众（50）上的至少一个照相机（150），并且其中，所述方法在信号处理装置（200）中执行以下步骤：-从所述照相机（150）接收所述观众（50）的概览图像（250），且通过所述传声器阵列（100）接收来自所述观众（50）的声音；

-将所述观众（50）的所述概览图像（250）以及控制对象（300）一起呈现在显示器（350）上，以用于检测所述显示器（350）区域内的（x，y）位置处的触摸输入的存在和位置，其中所述控制对象（300）控制有效的虚拟传声器的声音水平，以及增加或去除虚拟传声器；

-接收所述显示器（350）上一个或多个（x，y）位置处的触摸输入，指示在所述观众（50）中的对应位置处执行特定的动作，以及通过控制来自所述传声器阵列（100）中的传声器的声音的转向、聚焦和声音水平来在所述信号处理装置（200）中应用信号处理，以便执行所述动作，从而控制所述观众（50）中一个或多个位置处的一个或多个虚拟传声器，所述位置与所述显示器（350）上的输入位置对应。

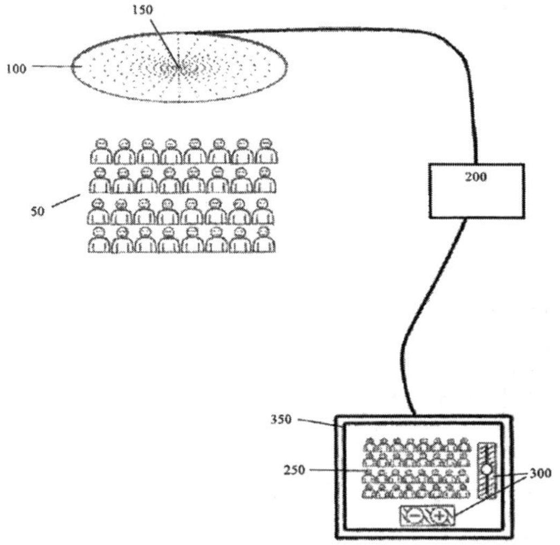

图 5-40　本发明的权利要求 1 和对应的附图

二、理解发明构思

从本专利的说明书中可以得知，本专利所要解决的技术问题是如何提供一种用于方便地访问和控制虚拟传声器的方法和系统，如图 5-41 所示。

权利要求 1 中的主要技术特征如图 5-42 所示。

CN 102308597 B　　　　说　明　书　　　　1/4 页

会议传声系统

技术领域

[0001]　本发明涉及录音的定向控制。更具体地，本发明涉及一种通过提供和控制虚拟传声器（microphone，麦克风）来控制来自观众的声音的方法和系统。

背景技术

[0002]　召开发布会或会议时，通常有一个或多个发言人将会向听众致辞，几个与会者会处在发言人的前方区域。

[0003]　当一个或多个与会者想要发表讲话时，必须把传声器传给这个人以使所有的与会者都能听到讲话的声音。这种方法显得笨拙，而且耗费时间。

[0004]　然而，也有包括传声器阵列以用来拾取和放大来自于特定位置声音的系统。

[0005]　申请人拥有专利公开 PCT/NO2006/000334，以引证方式结合与此，其说明了一种方法和系统，用于在目标区域内采样声音的数字定向聚焦和转向，以产生伴随视频的选择性音频输出。这是通过接收来自拍摄事件的一个或多个照相机的位置和聚焦数据，以及利用这个输入数据产生与图像一起的相关声音输出来执行。

[0006]　这种系统不适用于方便地控制来自于观众中的一个或多个特定位置的声音。当操作照相机时，一次只能指出一个地点，即，镜头对准和缩放的地点。另外，当把控制声音作为主要目的时，使用这种类型的界面被认为不是用户友好的。

[0007]　本发明说明了一种用于控制一个或多个"虚拟"传声器的用户友好的方法和系统。虚拟传声器可通过同步 DSP（数字信号处理器）处理来自于单个传声器阵列元件的组合的信号而产生。这将在上述引用公开中进一步说明。

[0008]　可认为本发明所要解决的问题是如何提供一种用于方便地访问和控制虚拟传声器的方法和系统。

[0009]　根据本发明，已经通过如下方式解决了此问题：提供一种显示观众的概览图像的触敏显示器，然后利用该显示器来控制一个或多个虚拟传声器。

发明内容

[0010]　本发明包括一种用于控制来自于观众中的任何位置的捕捉声音的选择性音频输出的方法，该方法通过这样的系统实现：该系统包括位于所述观众上方或前方的至少一个传声器阵列，聚焦于观众上的至少一个照相机。该方法包括在信号处理装置中进行的以下步骤：

[0011]　－接收来自所述照相机的观众的概览图像，以及通过所述传声器阵列接收来自所述观众的声音；

[0012]　－将观众的所述概览图像和控制对象一起呈现在显示器上，显示器可以检测显示器区域内在（x，y）位置处的触摸输入的存在和位置。

[0013]　－接收在所述显示器上的一个或多个（x，y）位置处的触摸输入，指示在观众中相应位置处要进行的具体动作，以及

5

图 5-41　本专利所要解决的技术问题

CN 102308597 B　　　　权　利　要　求　书　　　　1/3 页

1. 一种用于通过一系统来控制来自观众（50）中任何位置的捕捉声音的选择性音频输出的方法，所述系统包括位于所述观众（50）上方或前方的至少一个传声器阵列（100）、聚焦于所述观众（50）上的至少一个照相机（150），并且其中，所述方法在信号处理装置（200）中执行以下步骤：

－从所述照相机（150）接收所述观众（50）的概览图像（250），且通过所述传声器阵列（100）接收来自所述观众（50）的声音；

－将所述观众（50）的所述概览图像（250）以及控制对象（300）一起呈现在显示器（350）上，以用于检测所述显示器（350）区域内的（x，y）位置处的触摸输入的存在和位置，其中所述控制对象（300）控制有效的虚拟传声器的声音水平、以及增加或去除虚拟传声器；

－接收所述显示器（350）上一个或多个（x，y）位置处的触摸输入，指示在所述观众（50）中的对应位置处执行特定的动作，以及

－通过控制来自所述传声器阵列（100）中的传声器的声音的转向、聚焦和声音水平来在所述信号处理装置（200）中应用信号处理，以便执行所述动作，从而控制所述观众（50）

图 5-42　权利要求 1 中的主要技术特征

经过对本专利的深入分析，可以梳理出本专利发明构思的三个要素（见图 5-43）。

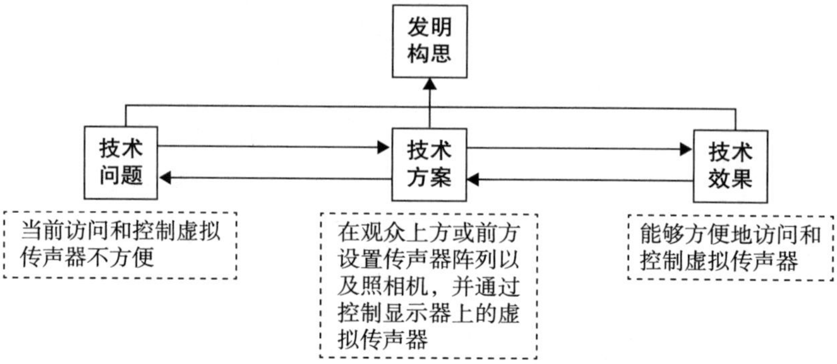

图 5-43　本专利发明构思的三要素

进而，可以将本专利的技术构思概括为一句话：对于当前访问和控制虚拟传声器不方便的问题是通过在观众上方或前方设置传声器阵列以及照相机，并通过控制显示器上的虚拟传声器来实现的。

三、确定检索要素

本专利权利要求书中主要的技术特征可分解为："会议传声系统"作为一级的核心技术特征，其对确定技术领域和分类号具有重要意义；"传声器""照相机""显示器"可作为二级的主要技术特征，其构成了技术方案的重要部件；而"选择性音频"则作为传声器的三级技术特征（见图 5-44）。

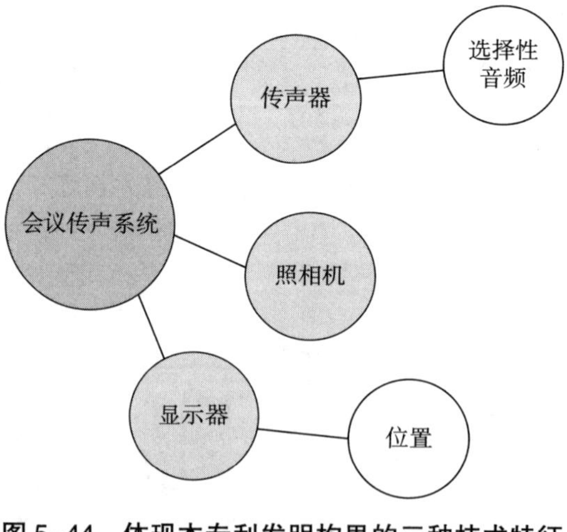

图 5-44　体现本专利发明构思的三种技术特征

四、表达检索要素

根据图 5-44 中的核心技术特征和主要技术特征制作检索要素表达表格，见表 5-9。

表 5-9 本专利检索要素表达

要素表达	检索要素					
	会议	传声器	选择性音频	照相机	显示器	位置
分类号表达						
关键词表达						

1. 分类号的选取

首先，查阅 IPC 分类表，看看是否能够找到比较恰当的分类位置。

经过查阅，发现大组分类号“H04L12/18、H04R7/14、H04N7/14”为直接相关的分类号，其含义为“独个输入口或输出口登记器”，可见，“H04L12/18”是涉及广播或会议的非常准确的分类号。

H 电学

H04 电通信技术

H04L 数字信息的传输，例如电报通信

12/00 数据交换网络

12/02 . 零部件

12/16 .. 向分局提供特种业务的装置

12/18 ... 用于广播或会议的

H04R 扬声器、传声器、唱机拾音器或其他声—机电传感器；助听器；扩音系统

27/00 扩音系统

H04N 图像通信，如电视

7/00 电视系统

7/14 . 双向工作系统

本专利为 PCT 进入国家阶段，在检索之前可以对其国际阶段的检索报告和英文文本进行查阅（见图 5-45 和图 5-46），从而获取更多的检索要素。

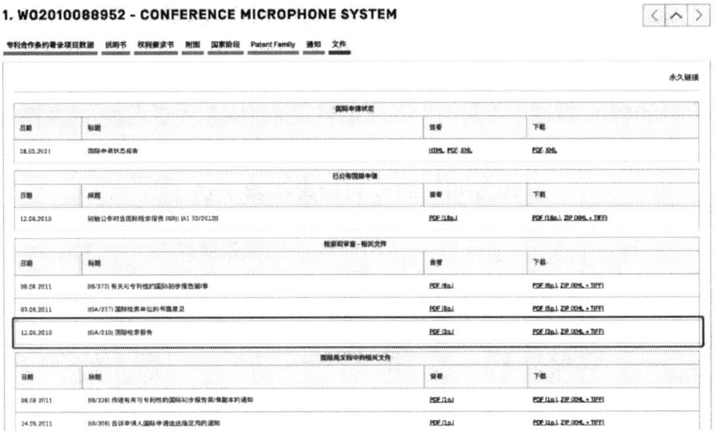

1. WO2010088952 - CONFERENCE MICROPHONE SYSTEM

专利合作条约著录项目数据 说明书 权利要求书 附图 国家阶段 Patent Family 通知 文件

永久链接

国际申请状态			
日期	标题	查看	下载
28.03.2021	国际申请状态报告	HTML, PDF, XML	PDF, XML

已公布国际申请			
日期	标题	查看	下载
12.08.2010	初始公布时含国际检索报告(ISR)(A1 32/2010)	PDF (18p.)	PDF (18p.), ZIP (XML + TIFF)

检索和审查 - 相关文件			
日期	标题	查看	下载
09.08.2011	(IB/373) 有关可专利性的国际初步报告第I章	PDF (6p.)	PDF (6p.), ZIP (XML + TIFF)
03.08.2011	(ISA/237) 国际检索单位的书面意见	PDF (5p.)	PDF (5p.), ZIP (XML + TIFF)
12.08.2010	(ISA/210) 国际检索报告	PDF (3p.)	PDF (3p.), ZIP (XML + TIFF)

国际局文档中的相关文件			
日期	标题	查看	下载
09.08.2011	(IB/326) 传送有关可专利性的国际初步报告第I章副本的通知	PDF (1p.)	PDF (1p.), ZIP (XML + TIFF)
24.05.2011	(IB/308) 告诉申请人国际申请送达指定局的通知	PDF (1p.)	PDF (1p.), ZIP (XML + TIFF)

图 5-45　W02010088952 国际检索报告

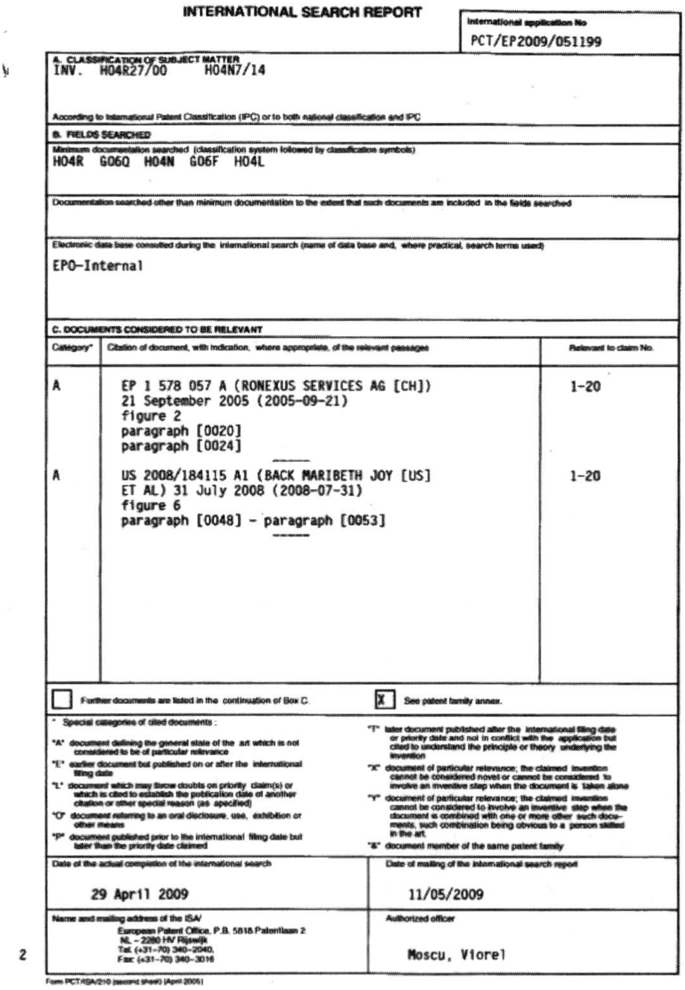

INTERNATIONAL SEARCH REPORT

International application No
PCT/EP2009/051199

A. CLASSIFICATION OF SUBJECT MATTER
INV.　H04R27/00　　H04N7/14

According to International Patent Classification (IPC) or to both national classification and IPC

B. FIELDS SEARCHED

Minimum documentation searched (classification system followed by classification symbols)
H04R　G06Q　H04N　G06F　H04L

Documentation searched other than minimum documentation to the extent that such documents are included in the fields searched

Electronic data base consulted during the international search (name of data base and, where practical, search terms used)
EPO-Internal

C. DOCUMENTS CONSIDERED TO BE RELEVANT

Category*	Citation of document, with indication, where appropriate, of the relevant passages	Relevant to claim No.
A	EP 1 578 057 A (RONEXUS SERVICES AG [CH]) 21 September 2005 (2005-09-21) figure 2 paragraph [0020] paragraph [0024]	1-20
A	US 2008/184115 A1 (BACK MARIBETH JOY [US] ET AL) 31 July 2008 (2008-07-31) figure 6 paragraph [0048] - paragraph [0053]	1-20

☐ Further documents are listed in the continuation of Box C.　　☒ See patent family annex.

* Special categories of cited documents :

"A" document defining the general state of the art which is not considered to be of particular relevance
"E" earlier document but published on or after the international filing date
"L" document which may throw doubts on priority claim(s) or which is cited to establish the publication date of another citation or other special reason (as specified)
"O" document referring to an oral disclosure, use, exhibition or other means
"P" document published prior to the international filing date but later than the priority date claimed

"T" later document published after the international filing date or priority date and not in conflict with the application but cited to understand the principle or theory underlying the invention
"X" document of particular relevance; the claimed invention cannot be considered novel or cannot be considered to involve an inventive step when the document is taken alone
"Y" document of particular relevance; the claimed invention cannot be considered to involve an inventive step when the document is combined with one or more other such documents, such combination being obvious to a person skilled in the art.
"&" document member of the same patent family

Date of the actual completion of the international search	Date of mailing of the international search report
29 April 2009	11/05/2009

Name and mailing address of the ISA/	Authorized officer
European Patent Office, P.B. 5818 Patentlaan 2 NL - 2280 HV Rijswijk Tel. (+31-70) 340-2040, Fax: (+31-70) 340-3016	Moscu, Viorel

2

Form PCT/ISA/210 (second sheet) (April 2005)

图 5-46　W02010088952 检索报告引用文献

通过阅读国际检索报告中的文献，可以查看所引用对比文件中的 IPC 专利分类从而发现新的分类号 G06F3/01（见图 5-47）。

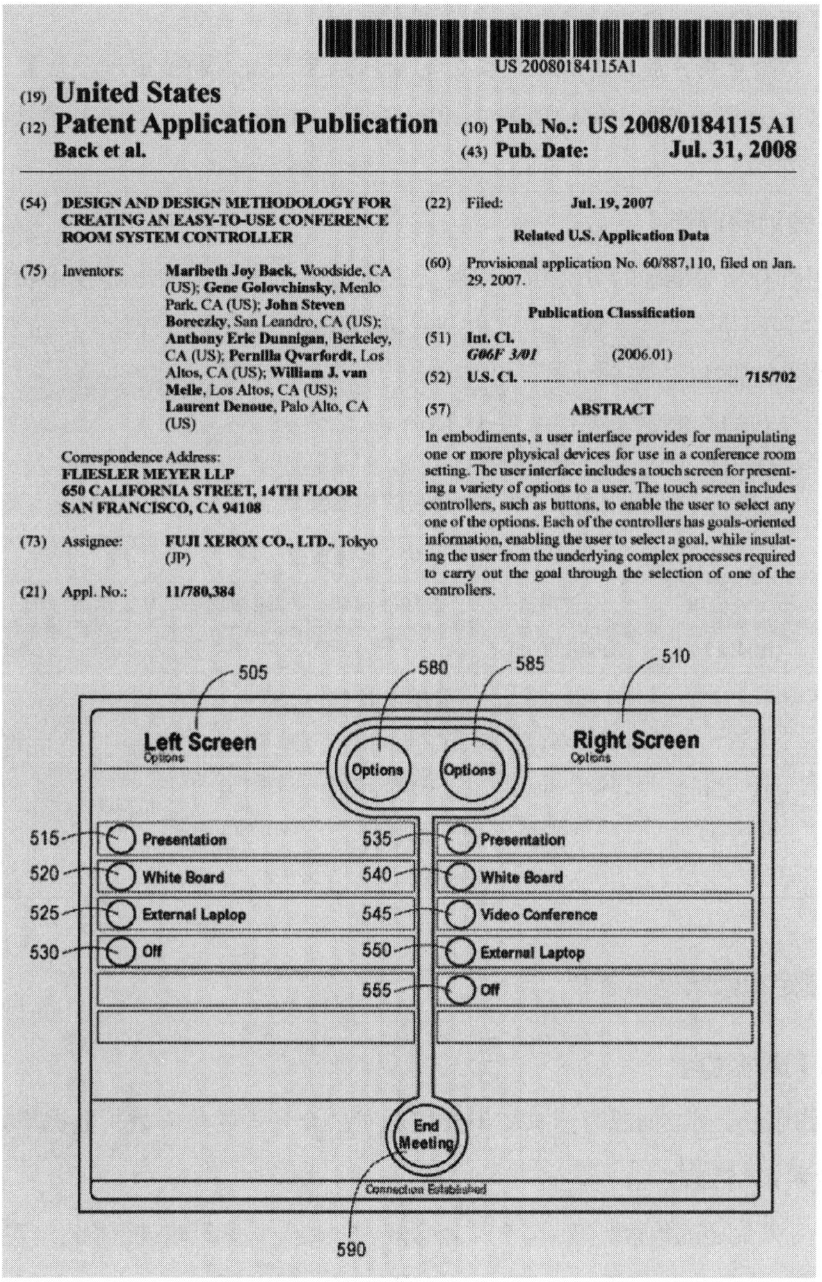
US 20080184115A1

(19) **United States**
(12) **Patent Application Publication**
Back et al.

(10) **Pub. No.: US 2008/0184115 A1**
(43) **Pub. Date: Jul. 31, 2008**

(54) DESIGN AND DESIGN METHODOLOGY FOR CREATING AN EASY-TO-USE CONFERENCE ROOM SYSTEM CONTROLLER

(75) Inventors: **Maribeth Joy Back**, Woodside, CA (US); **Gene Golovchinsky**, Menlo Park, CA (US); **John Steven Boreczky**, San Leandro, CA (US); **Anthony Eric Dunnigan**, Berkeley, CA (US); **Pernilla Qvarfordt**, Los Altos, CA (US); **William J. van Melle**, Los Altos, CA (US); **Laurent Denoue**, Palo Alto, CA (US)

Correspondence Address:
FLIESLER MEYER LLP
650 CALIFORNIA STREET, 14TH FLOOR
SAN FRANCISCO, CA 94108

(73) Assignee: FUJI XEROX CO., LTD., Tokyo (JP)

(21) Appl. No.: 11/780,384

(22) Filed: Jul. 19, 2007

Related U.S. Application Data

(60) Provisional application No. 60/887,110, filed on Jan. 29, 2007.

Publication Classification

(51) Int. Cl.
G06F 3/01 (2006.01)

(52) U.S. Cl. 715/702

(57) ABSTRACT

In embodiments, a user interface provides for manipulating one or more physical devices for use in a conference room setting. The user interface includes a touch screen for presenting a variety of options to a user. The touch screen includes controllers, such as buttons, to enable the user to select any one of the options. Each of the controllers has goals-oriented information, enabling the user to select a goal, while insulating the user from the underlying complex processes required to carry out the goal through the selection of one of the controllers.

图 5-47　引用文献 US2008/0184115A1 扉页

G　物理

G06　计算；推算；计数

G06F 电数字数据处理

3/00 用于将所要处理的数据转变成为计算机能够处理的形式的输入装置；用于将数据从处理机传送到输出设备的输出装置，例如，接口装置

3/01 ．用于用户和计算机之间交互的输入装置或输入和输出组合装置

经过以上分析可知，H04L12/18、H04R7/14、H04N7/14、G06F3/01 均是与本申请相关的分类号。

2. 关键词的遴选

本专利已有相对准确的分类号，可将关键词的遴选先集中在主要技术特征“会议”“传声器”“照相机”“显示器”上，并进一步聚焦于“选择性音频”“位置”等体现创新点的技术特征上。

最终本专利的检索要素表达见表 5-10。

表 5-10 本专利的检索要素表达

要素表达	检索要素					
	会议	传声器	选择性音频	照相机	显示器	位置
分类号表达	H04L12/18	H04R27/00				H04N7/14
关键词表达	会议，广播，meeting，broadcasting	传声器，麦克风，sound，microphone	选择性音频，定向音频，selective audio，directional audio	照相机，摄像机，camera	显示器，display	位置，坐标，position，coordinate

五、制定检索策略与分析

1. 专利数据检索

本案采用的专利数据源为国家知识产权局对公众开放的检索分析数据库。

2. 检索策略制定

根据上一节制定的检索要素，首先采用常规的“块”检索策略进行检索（见图 5-48）。

1 >> IPC 分类号 = （H04L12/18 or H04R7/14 or H04N7/14 or G06F3/01）

命中文献数量：350275

2 >> 摘要 = （会议 or 广播 or meeting or broadcast+）

命中文献数量：575206

3 >> 摘要 = （传声器 or 麦克风 or sound or microphone）

命中文献数量：959892

4 >> 摘要=（选择性音频 or 定向音频 or（（select+ or direction+）2w audio））

命中文献数量：6783

5 >> 摘要=（照相机 or 摄像机 or camera）

命中文献数量：962941

6 >> 摘要=（显示器 or display）

命中文献数量：3804643

7 >> 摘要=（位置 or 坐标 or position or coordinate）

命中文献数量：11424909

8 >> 1 and 2 and 3 and 4 and 5 and 6 and 7

命中文献数量：0

9 >> 1 and 2 and 3 and 4 and 5 and 7

命中文献数量：0

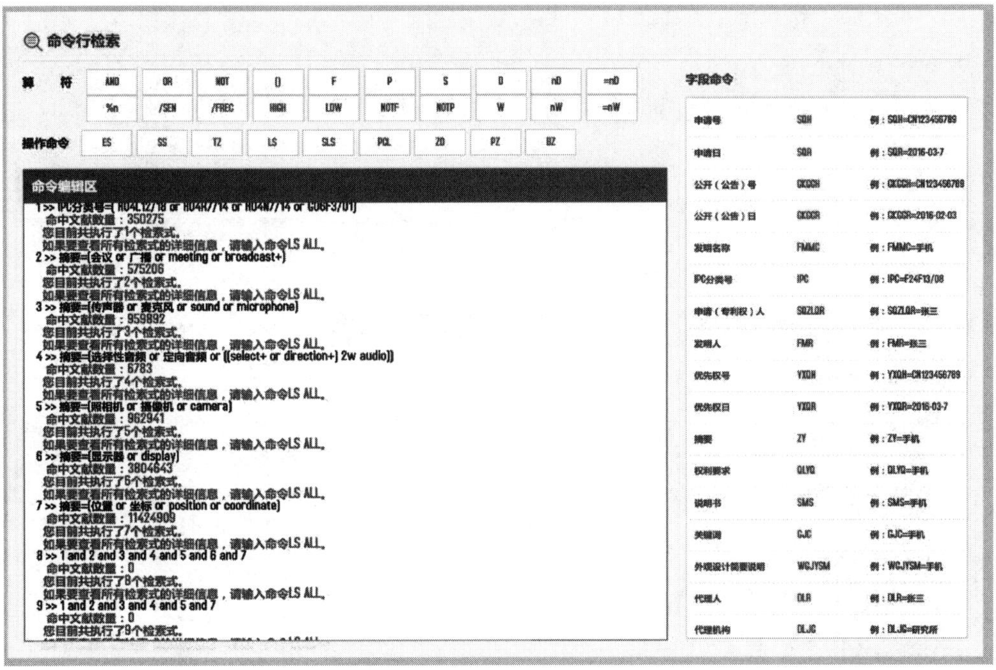

图 5-48　“块”检索策略过程

按照上述“块”检索策略，当对所有块进行组合时，检索结果为 0，考虑到“显示器”这个检索要素具有一定的通用性，将其从块中去除后进一步进行组合，检索结果仍然为 0。可见，上述检索策略可能过于严格，或者是检索要素并未在摘要中进行描述，因此，下面将在说明书中进行检索，从而扩大检索范围（见图 5-49）。

11 >> 说明书=（传声器 or 麦克风 or sound or microphone）

命中文献数量：2373717

12 >> 说明书=（选择性音频 or 定向音频 or（（select+ or direction+）2w audio））

命中文献数量：53562

13 >> 说明书=（照相机 or 摄像机 or camera）

命中文献数量：2401805

14 >> 说明书=（位置 or 坐标 or position or coordinate）

命中文献数量：34543342

15 >> 说明书=（显示器 or display）

命中文献数量：6937054

16 >> 1 and 10 and 11 and 12 and 13 and 14 and 15

命中文献数量：944

17 >> 公开（公告）日 <=2009-03-01

命中文献数量：87526943

18 >> 16 and 17

命中文献数量：219

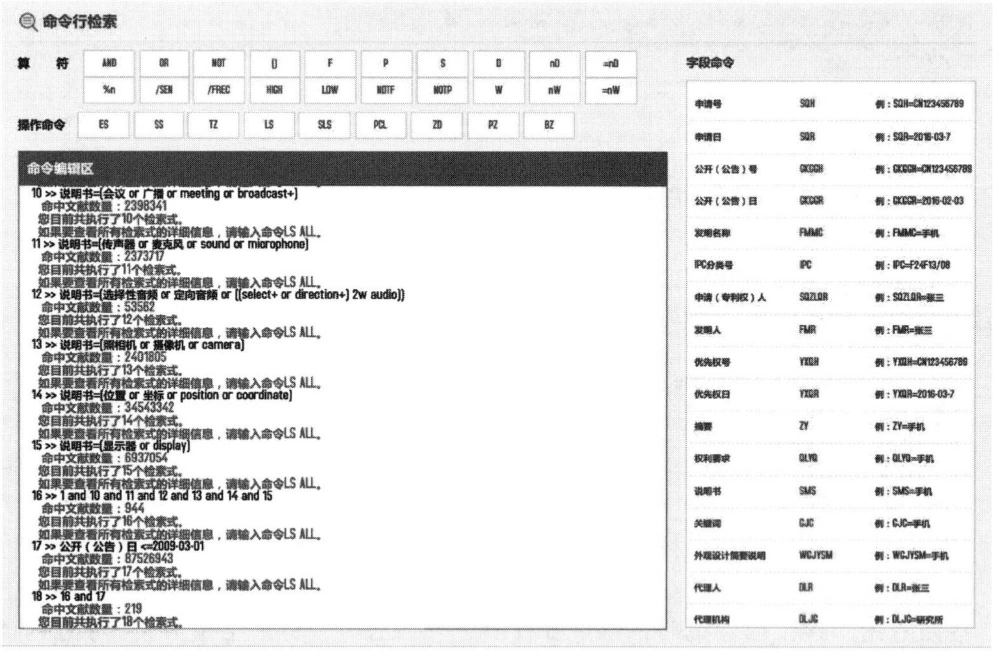

图 5-49　说明书扩展检索结果

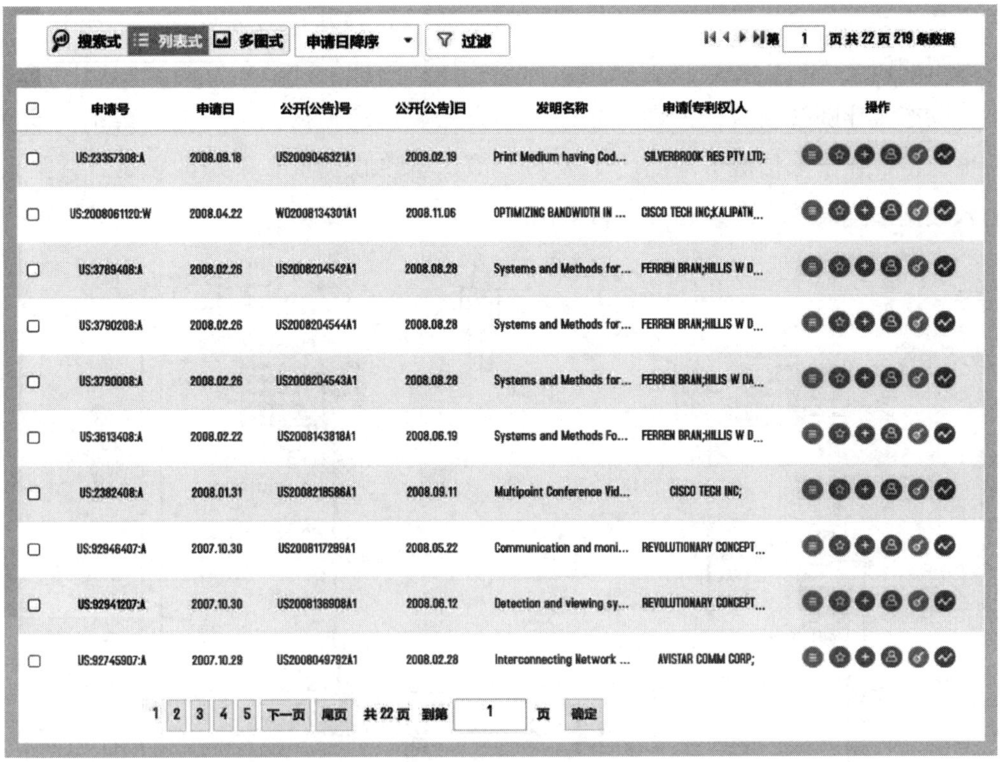

搜索式　列表式　多图式　申请日降序　过滤　第 1 页共 22 页 219 条数据

申请号	申请日	公开(公告)号	公开(公告)日	发明名称	申请(专利权)人	操作
US:23357308:A	2008.09.18	US2009046321A1	2009.02.19	Print Medium having Cod...	SILVERBROOK RES PTY LTD;	
US:2008061120:W	2008.04.22	WO2008134301A1	2008.11.06	OPTIMIZING BANDWIDTH IN ...	CISCO TECH INC;KALIPATN...	
US:3789408:A	2008.02.26	US2008204542A1	2008.08.28	Systems and Methods for...	FERREN BRAN;HILLIS W D...	
US:3790208:A	2008.02.26	US2008204544A1	2008.08.28	Systems and Methods for...	FERREN BRAN;HILLIS W D...	
US:3790008:A	2008.02.26	US2008204543A1	2008.08.28	Systems and Methods for...	FERREN BRAN;HILIS W DA...	
US:3613408:A	2008.02.22	US2008143818A1	2008.06.19	Systems and Methods Fo...	FERREN BRAN;HILLIS W D...	
US:2382408:A	2008.01.31	US2008218586A1	2008.09.11	Multipoint Conference Vid...	CISCO TECH INC;	
US:92946407:A	2007.10.30	US2008117299A1	2008.05.22	Communication and moni...	REVOLUTIONARY CONCEPT...	
US:92941207:A	2007.10.30	US2008136908A1	2008.06.12	Detection and viewing sy...	REVOLUTIONARY CONCEPT...	
US:92745907:A	2007.10.29	US2008049792A1	2008.02.28	Interconnecting Network ...	AVISTAR COMM CORP;	

1 2 3 4 5 下一页 尾页 共 22 页 到第 1 页 确定

图 5-49　说明书扩展检索结果（续）

按照上述检索式获取的专利总量达 944 件，明显超出了进行人工阅读的范围，因此需要对检索结果进行进一步缩小。同时由于该申请为较早期的申请，因此对公开日进行限制，更聚焦到能成为现有技术的专利文献上。通过初步检索，获得检索结果共计 219 条，可以对检索结果进行浏览阅读。通过上述检索结果进行阅读，未发现合适的文献。如前所述，“显示器”是一个相对常规的检索要素，因此对该检索块进行去除后重新对检索块进行组合检索，如下：

19 >> 1 and 10 and 11 and 12 and 13 and 14

命中文献数量：955

20 >> 17 and 19

命中文献数量：222

21 >> 20 not 18

命中文献数量：3

为进一步扩大检索范围，避免由于不同语言带来的差异，采用专利检索分析系统的跨语言检索系统继续检索。

为避免重复阅读，在新的检索结果中通过“not”算符对检索结果进行去重。通过对新增结果进行阅读，获得文献 1（CN101278596A，公开日为 2008 年 10 月 1 日，其摘要附图如图 5-50 所示），该文献用于对目标区域内的采样声音作数字定向的聚焦和操纵，以产生伴随视频的选择性音频输出的方法和系统。在优选实施方案中，该方法和系统的特征在于从拍摄事件的一个或多个摄像机接收位置和聚焦的数据，并且使用该输入数据以连同图像产生相关声音输出。

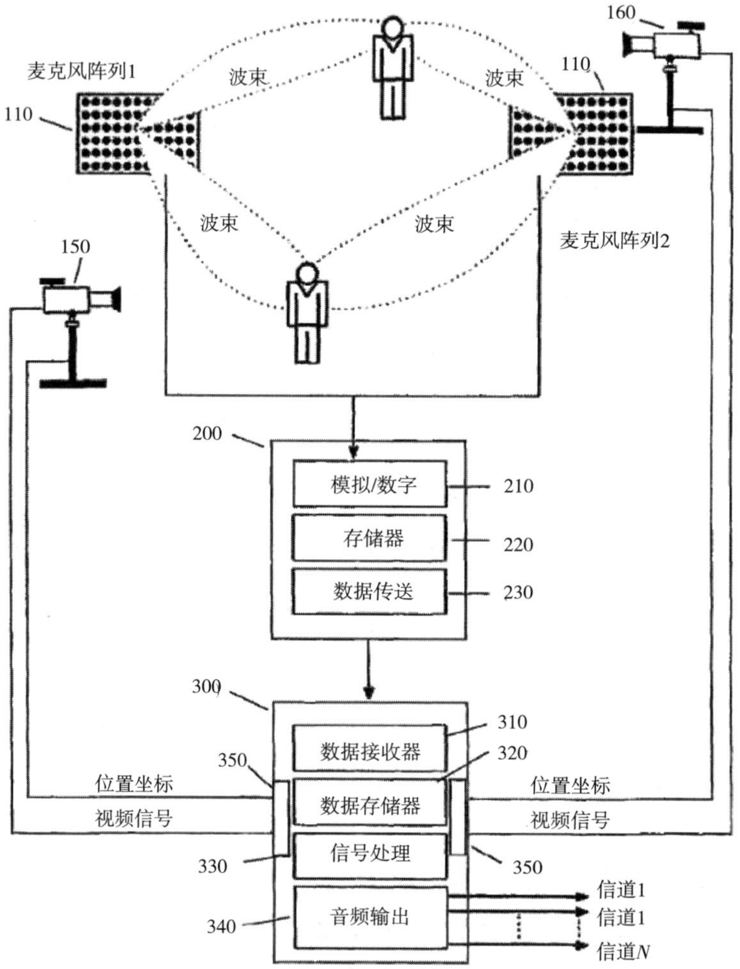

图 5-50　CN101278596A 摘要附图

文献 1 公开了一种用于对目标区域内的采样声音进行数字化定向聚焦和操纵以产生选择性音频输出的方法和系统，其中具体公开了以下内容（参见文献 1 说明书第 3 页倒数第 3 段至第 7 页倒数第 2 段、权利要求 9，图 5-50）：该系统包括临近记录声音的区域的宽带麦克风阵列（相当于权利要求 1 中的所述观众上方或前方的至少一个传声器阵列）；可以通过摄像机 150、160 的聚焦点以及根据摄像机三脚架的方位和高度提供声源的坐标（相当于权利要求 1 中的至少一个照相机，且可以直接、毫无疑义地确定其聚焦于所述观众上）；控制单元300执行下列步骤，接收来自该系统中包括的所有麦克风所捕获声音的数字信号（相当于权利要求1中的通过所述传声器阵列接收来自所述观众的声音），根据所接收的指令对来自相关麦克风的选集的信号执行信号处理来聚焦和控制声音（相当于权利要求1中的通过控制来自所述传声器阵列中的传声器的转向、聚焦来在所述信号处理装置中应用信号处理，以便执行所述动作，从而控制所述观众中的一个或多个位置处的一个或多个虚拟传声器）；控制单元300还可以包括用于接收选择性位置数据的指令的输入装置350，这些指令通过调整拍摄在目标区域内的特定地点发生的事件的一个或多个摄像机的定义位置以及聚焦点；在第二实施方案中，可以通过操作员操作图形用户界面、键盘、音频混合单元以及一个或多个操纵杆来提供声源的坐标，以及因而提供位置（相当于虚拟传声器的位置与所述显示器上的输入位置对应），该GUI向操作员提供在何处操纵和缩放的信息，GUI可以显示来自一个或多个所连接的摄像机的实况视频（相当于权利要求1中的从所述照相机接收所述观众的概览图像以及将所述观众的所述概览图像以及控制对象一起呈现在显示器上）；在优选实施方案中，附加的图形被添加到该GUI以便指出该系统正在何处操纵，这简化了系统的操作并通过缩放和操纵功能给予操作员完全控制（由此可直接、毫无疑义地确定可以增加或去除虚拟传声器）。

本案中权利要求1与文献1的区别特征在于：（1）权利要求1中控制对象还可以控制有效的虚拟传声器的声音水平，并通过控制声音水平来执行对虚拟传声器的控制，而文献2中并未明确记载这一内容；（2）权利要求1中检测所述显示器区域内的（x，y）位置处的触摸输入的存在和位置，接收所述显示器上一个或多个（x，y）位置处的触摸输入，指示在所述观众中的对应位置处执行特定的动作，即权利要求1中使用触摸屏执行控制。对于区别技术特征（1），文献1中记载了对来自相关麦克风的选集的信号执行信号处理来聚焦和操纵声音（参见文献1权利要求9），而声音水平的控制是本领域技术人员熟知的对声音的控制内容之一，属于本领域的公知常识，本领域技术人员在文献1公开的内容的基础上有动机使用控制对象来控制虚拟传声器的声音水平并通过控制声音水平来执行对虚拟传声器的控制。

通过对该案中PCT检索报告的引用文件进行阅读，其中文献2（EP1578057A1，摘要附图如图5-51所示）公开一种用于大会活动的交互式通信系统，其中具体公开了以下内容（见文献2中文译文第7页第16~24行、第8页倒数第1段、第11页第1、2段，图5-51）：会议大厅中的各个坐席位置上的输入和输出单元在此可以局限于简单的触碰式的显示屏（“触摸屏”），在控制单元中同样可以如此；在显示屏上示出的切换面可以通过利用手指或合适的钝头笔的触碰来实现；显示屏上重新设置有三个触碰式的切换面54、55、56，利用这些切换面可以调节音量或可以切换到另外一种语言。

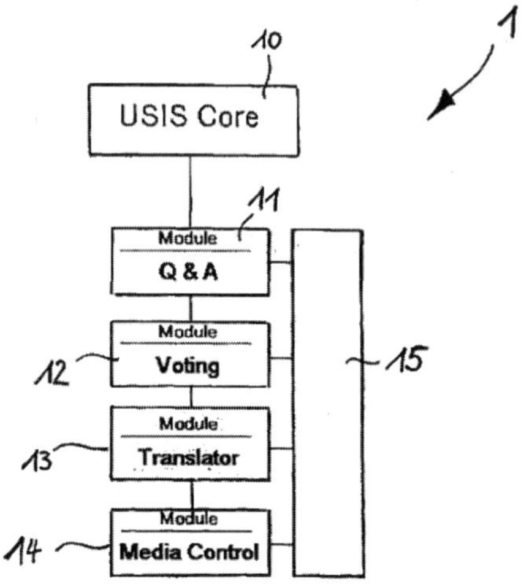

图 5-51　EP1578057A1 摘要附图

文献 1 和文献 2 与本案的技术特征对比见表 5-11。

表 5-11　权利要求特征对比

本案的技术特征	文献 1	文献 2
所述观众上方或前方的至少一个传声器阵列	临近记录声音的区域的宽带麦克风阵列	
前方的至少一个传声器阵列（100）、聚焦于所述观众（50）上的至少一个照相机（150）	通过摄像机 150、160 的聚焦点以及根据摄像机三脚架的方位和高度提供声源的坐标	
通过所述传声器阵列接收来自所述观众的声音	控制单元 300 执行下列步骤，接收来自该系统中包括的所有麦克风所捕获声音的数字信号	
通过控制来自所述传声器阵列中的传声器的转向、聚焦来在所述信号处理装置中应用信号处理，以便执行所述动作，从而控制所述观众中的一个或多个位置处的一个或多个虚拟传声器	根据所接收的指令对来自相关麦克风的选集的信号执行信号处理来聚焦和控制声音	
虚拟传声器的位置与所述显示器上的输入位置对应	控制单元 300 还可以包括用于接收选择性位置数据的指令的输入装置 350，这些指令通过调整拍摄在目标区域内的特定地点发生的事件的一个或多个摄像机的定义位置以及聚焦点；在第二实施方案中，可以通过操作员操作图形用户界面、键盘、音频混合单元以及一个或多个操纵杆来提供声源的坐标，以及因而提供位置	

续表

本案的技术特征	文献 1	文献 2
从所述照相机接收所述观众的概览图像以及将所述观众的所述概览图像以及控制对象一起呈现在显示器上	该 GUI 向操作员提供在何处操纵和缩放的信息，GUI 可以显示来自一个或多个所连接的摄像机的实况视频	
可以增加或去除虚拟传声器	在优选实施方案中，附加的图形被添加到该 GUI 以便指出该系统正在何处操纵，这简化了系统的操作并通过缩放和操纵功能给予操作员完全控制	
可以控制有效的虚拟传声器的声音水平，并通过控制声音水平来执行对虚拟传声器的控制		
所述显示器区域内的（x，y）位置处的触摸输入的存在和位置，接收所述显示器上一个或多个（x，y）位置处的触摸输入，指示在所述观众中的对应位置处执行特定的动作		会议大厅中的各个坐席位置上的输入和输出单元在此可以局限于简单的触碰式的显示屏（“触摸屏”），在控制单元中同样可以如此；在显示屏上示出的切换面可以通过利用手指或合适的钝头笔的触碰来实现；显示屏上重新设置有三个触碰式的切换面 54、55、56，利用这些切换面可以调节音量或可以切换到另外一种语言

将上述专利与本申请的发明构思进行对比分析，文献 1 和文献 2 可作为影响本案有效性的证据。

六、检索经验与技巧总结

技巧 1：在检索之前对案件的背景技术文件进行检索，对于进入中国的 PCT 申请可以查看其国际检索报告，从中获取引用文献、英文关键词表达以及分类号表达。在本案中，通过查阅 PCT 文本可以发现新的 IPC 分类号 G06F3/01。

技巧 2：对比国际检索报告中给出的引用文件需要予以重视并详细阅读，可以起到事半功倍的作用。在本案中，国际检索报告中引用了一件 A 类对比文件 EP1578057A1，而其原文为德文，通过采用机器翻译快速对该文进行阅读，其实质上可以作为本案的 Y 类对比文件。

技巧 3：本案例中技术方案相对比较上位和抽象，在检索时为了防止遗漏，对各检索要素的关键词进行充分扩展，由于其下位词一般在说明书中进行描述，因此重点对说明书进行检索。在本案中当采用仅在摘要中进行检索时，无检索结果，而转变为在说明书全文中进行检索后则检索结果明显增加，并最终获得了比较好的结果。

技巧4：在检索策略制定方面，采用“块”检索策略，根据各个检索要素构建专利检索式，在实际检索过程中需要根据检索结果，对非关键性检索要素进行去除，例如在本案中，虽然一开始选取“显示器”作为检索要素，但该检索要素具有一定的通用性，因此尝试将该检索要素进行去除，然后对各个检索块进行重新组合，从而对检索结果进行调整。

技巧5：在检索过程中，为避免重复阅读，可以适当采用“not”算符对之前已阅读过的专利结果进行去重，从而仅聚焦到新增结果，提高检索效率。

第六章　医药与化学领域案例

案例9　抗菌组合药物

一、案例背景

本专利的发明名称为“抗菌组合药物”，涉及头孢他啶与特定的β-内酰胺酶抑制剂的组合药物。

β-内酰胺类抗生素是一种杀菌剂，其分子中具有一个β-内酰胺环结构，它能抑制细菌细胞壁中肽聚糖的形成。β-内酰胺类抗生素的效应取决于它们是否能够完整地达到青霉素结合蛋白以及是否能与青霉素结合蛋白结合，因此细菌抵抗β-内酰胺类抗生素的方法包括使用酶水解β-内酰胺环，即通过生产β-内酰胺酶等酶，细菌可以解开抗生素中的β-内酰胺环，使抗生素失效。

头孢他啶是第三代的头孢菌素抗生素，与其他第三代的先锋霉素相似，有着较广泛的反应对抗革兰氏阳性菌及革兰氏阴性菌。头孢他啶属于β-内酰胺类抗生素，因此临床上将β-内酰胺类抗生素与β-内酰胺酶抑制剂联合应用，能够取得良好的抗菌效果。

本专利正是基于这一技术背景所提出的发明创造。本专利的申请日为1998年7月15日，授权公告日为2002年12月18日，专利号为98113282.0，其扉页如图6-1所示。

[19]中华人民共和国国家知识产权局

[51]Int. Cl^7^
A61K 31/545 A61P 31/04
//(A61K31/545,31: 42)

[12]发明专利说明书

[21] ZL 专利号 98113282.0

[45]授权公告日 2002 年 12 月 18 日

[11]授权公告号 CN 1096266C

[22]申请日 1998.7.15 [21]申请号 98113282.0

[73]专利权人 广州威尔曼药业有限公司

地址 510075 广东省广州市水荫路 57 -5 嘉富广场嘉兴楼 A201

[72]发明人 吕华冲

[56]参考文献

< <中国抗生素杂志> >,22(5) 1997.10.1 凌保东等,"氯唑西大对阴沟杆菌 B - 内酰胺酶的抑制及其与头孢他啶的协同抗菌作用"

[74]

权利要求书 1 页 说明书 5 页

[54]发明名称 抗菌组合药物

[57]摘要

本发明涉及一种抗菌组合药物。它由头孢他啶与β - 内酰胺酶抑制剂混合而成,头孢他啶与β - 内酰胺酶的重量百分比为1: 2 至10: 1(含端点)。头孢他啶为头孢他啶游离酸、头孢他啶五水合物、头孢他啶的碱金属盐以及头孢他啶游离酸的水合和非水合物加用碳酸钠或碳酸氢钠的形式,β - 内酰胺酶抑制剂为棒酸及其衍生物,舒巴坦及其衍生物以及他佐巴坦及其衍生物。该产品不仅对敏感菌,而且对产酶菌有较好作用,其抗菌谱更广、抗菌作用更强。

图 6-1 抗菌组合药物专利扉页

授权后，该专利经历多次专利权转移、质押保全及许可，体现出其活跃的商业应用（见图 6-2）。

法律状态公告日：2016.03.02　　法律状态：专利权的保全及其解除

法律状态信息：
专利权保全的解除
号牌文件类型代码:1602
号牌文件序号:101728763487
IPC(主分类):A61K 31/545
专利号:ZL981132820
申请日:19980715
授权公告日:20021218
登记生效日:无
解除日:20160127

法律状态公告日：2015.08.26　　法律状态：专利权的保全及其解除

法律状态信息：
专利权的保全
号牌文件类型代码:1602
号牌文件序号:101719841553
IPC(主分类):A61K 31/545
专利号:ZL981132820
申请日:19980715
授权公告日:20021218
登记生效日:20150506
解除日:无

法律状态公告日：2015.03.11　　法律状态：专利实施许可合同备案的生效、变更及注销

法律状态信息：
专利实施许可合同备案的生效
号牌文件类型代码:1602
号牌文件序号:101711497319
IPC(主分类):A61K 31/545
专利申请号:981132820
专利号:ZL981132820
合同备案号:2011990000404
让与人:湘北威尔曼制药股份有限公司
受让人:海南国瑞堂制药有限公司
发明名称:抗菌组合药物
申请日:19980715
申请公布日:19990421
授权公告日:20021218
许可种类:普通许可
备案日期:20110527

法律状态公告日：2013.03.27　　法律状态：专利实施许可合同备案的生效、变更及注销

专利实施许可合同备案的生效
号牌文件类型代码:1602
号牌文件序号:101529006442
IPC(主分类):A61K 31/545
专利申请号:981132820
专利号:ZL981132820
合同备案号:2013460000002

图 6-2　CNIPR 数据库展示的该专利的部分运营情况

本专利授权的权利要求书如下：

1. 一种抗菌组合药物，其特征在于：它由头孢他啶与β-内酰胺酶抑制剂混合而成，头孢他啶与β-内酰胺酶抑制剂的重量百分比为 1∶2至10∶1。

2. 根据权利要求 1 所述的抗菌组合药物，其特征在于：头孢他啶为头孢他啶游离酸、头孢他啶五水合物、头孢他啶的碱金属盐以及头孢他啶游离酸的水合和非水合物加用碳酸钠或碳酸氢钠的形式。

3. 权利要求 1 所述的抗菌组合药物，其特征在于：β-内酰胺酶抑制剂为棒酸及其衍生物，舒巴坦及其衍生物以及他佐巴坦及其衍生物；而棒酸衍生物有棒酸的碱金属盐，舒巴坦衍生物有舒巴坦的碱金属盐，他佐巴坦衍生物有他佐巴坦的碱金属盐。

4. 根据权利要求 3 所述的抗菌组合药物，其特征在于棒酸的碱金属盐为棒酸钾。

5. 根据权利要求 3 所述的抗菌组合药物，其特征在于舒巴坦的碱金属盐为舒巴坦钠。

6. 根据权利要求 3 所述的抗菌组合药物，其特征在于他佐巴坦的碱金属盐为他佐巴坦钠。

二、理解发明构思

本专利的说明书背景技术中记载：“头孢他啶与β-内酰胺酶抑制剂组成的组合药

物不仅对敏感菌，而且对产酶菌均有较好作用，其抗菌谱更广、抗菌作用更强。”由此可见，基于本专利申请日时的现有技术水平，“头孢他啶与β-内酰胺酶抑制剂联用”这一技术手段本身是公知的，因此本专利的发明贡献比之更进一步，在于β-内酰胺酶抑制剂的具体化合物的选择，以及特定β-内酰胺酶抑制剂与头孢他啶的用量配比。

通过本专利说明书的记载能够进一步明确其发明构思：本专利在说明书中的表1~表3中，分别记载了单独使用头孢他啶和联用头孢他啶与棒酸/舒巴坦/他佐巴坦，证明了联合用药比单独使用头孢他啶具有更好的抗菌作用。

由此不难归纳出，本专利的发明构思在于：将头孢他啶分别与棒酸（克拉维酸）、舒巴坦、他唑巴坦这三类β-内酰胺酶抑制剂联合使用，从而抑制β-内酰胺酶对于头孢他啶的水解，提高联合用药的抗菌作用（见图6-3）。

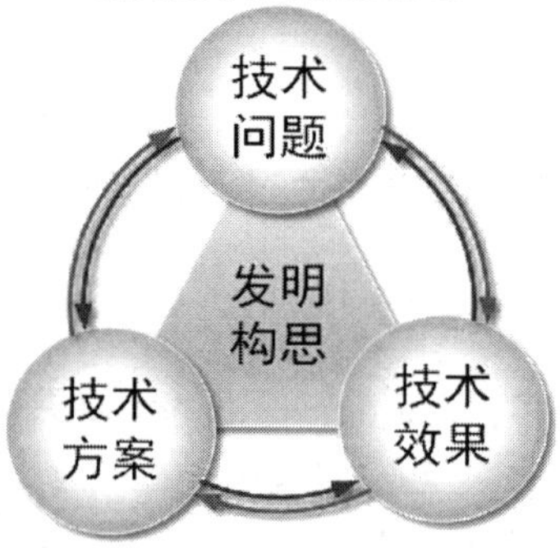

图6-3　本专利的发明构思

三、检索要素的确定和表达

理解了本专利的发明构思之后，应当回归到其权利要求，围绕专利的保护范围来确定检索要素。

基于授权的权利要求书，并没有在独立权利要求1中限定β-内酰胺酶抑制剂的具体种类，而仅仅是限定了头孢他啶与β-内酰胺酶抑制剂的配比。但根据本专利说明书内容理解其发明构思，充分体现发明构思的核心技术方案，在授权的权利要求1的基础上，应当包括下述技术特征（称为假定技术方案）：

一种抗菌组合药物，由头孢他啶与β-内酰胺酶抑制剂混合而成，头孢他啶与β-内酰胺酶抑制剂的重量百分比为1：2至10：1，且所述头孢他啶为头孢他啶游离酸、头孢他啶五水合物、头孢他啶的碱金属盐以及头孢他啶游离酸的水合和非水合物加用碳酸钠或碳酸氢钠的形式；所述β-内酰胺酶抑制剂为舒巴坦及其衍生物（舒巴坦的碱金属盐）以及他佐巴坦及其衍生物（他佐巴坦的碱金属盐），如图6-4所示。

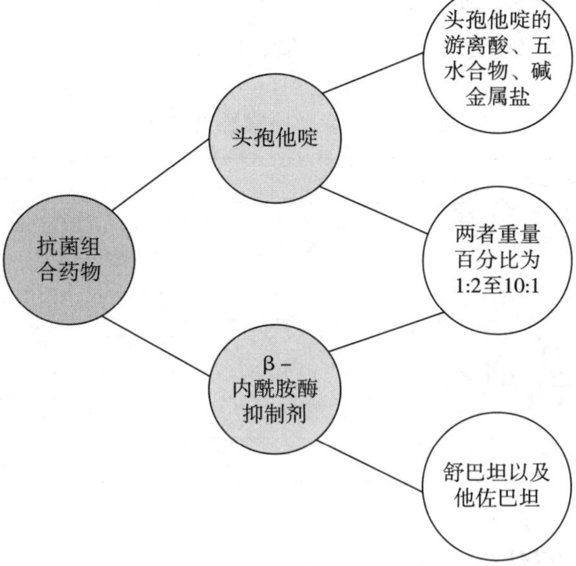

图6-4 体现本专利发明构思的三组技术特征

假定技术方案相对于本专利授权的独立权利要求而言，针对其核心的技术方案进行检索，显然对于对比文件的有效性有着更高的要求，即如果能够否定核心技术方案的新颖性或创造性，那么该专利就能全部被无效。

从专利分类来看，本专利的分类号根据涉及的化合物结构，可以比较明确其分类号A61K31/545。相关的分类号含义如下：

A61K 31/54·· ·有至少以1个氮原子和1个硫原子作为环杂原子的六元环的，例如噻嗪磺胺〔2〕

A61K 31/541·· ··含有另外的杂环的非稠合噻嗪〔7〕

A61K 31/5415·· ··与碳环系统邻位或迫位稠合的，例如吩噻嗪、氯丙嗪、吡罗昔康〔7〕

A61K 31/542·· ··与杂环系统邻位或迫位稠合的〔7〕

A61K 31/545·· ··含5硫杂1氮杂双环\ ［4.2.0\ ］辛烷环系的化合物，即含下式环系的化合物，例如头孢菌素、氯头孢菌素、头孢菌素IV〔2，6〕

A61K 31/546·· ·· ··含有另外的杂环的，例如头孢菌素I〔7〕

A61K 31/547·· ··螺环稠合或形成桥环部分的〔7〕

A61K 31/548·· ··在相同环上具有两个或多个硫原子的〔7〕

A61K 31/549·· ··在相同环上具有两个或多个氮原子的，例如双氢氯噻嗪〔7〕

通过前文分析可见，本发明的发明构思在于头孢他啶和β-内酰胺酶抑制剂的具体种类和比例。考虑到用量比例的技术特征难以直接构建检索式，所以在确定检索要素时，注意力应当集中在本专利具体涉及的化合物。由此不难得出表6-1所示的检索要素表达（其中，下画线文字所示的是本专利使用的文字）。

表6-1 本专利检索要素的表达

检索要素	头孢他啶	内酰胺酶抑制剂
中文	头孢他啶 头孢菌素	棒酸，克拉维酸 舒巴坦 他唑巴坦，他佐巴坦
英文	CEFTAZIDIME，FORTAZ，TAZICEF	"CLAVULANIC ACID" SULBACTAM TAZOBACTAM
IPC	A61K31/545	

四、检索策略及其分析

1. 初步检索策略

确定检索要素后，则可以启动检索工作，确定检索策略。以下检索使用的是知识产权出版社有限责任公司出品的CNIPR检索平台。

针对授权的权利要求1进行检索，采用如下检索式：

SS 1（名称，摘要，权利要求书+=（头孢他啶）OR 分类号=（A61K31/545））and 名称，摘要，权利要求书+=（内酰胺酶 and/10 抑制剂）

其中，"and/10"表示两个词前后间隔10个字符。命中得到139篇对比文件（见图6-5），尽管数量不多，尚可直接阅读，但是以申请日升序排列后发现，本专利位于第6篇，而前5篇（即构成现有技术的专利）与本发明的关系并不密切（如，公开了β-内酰胺酶抑制剂本身）。

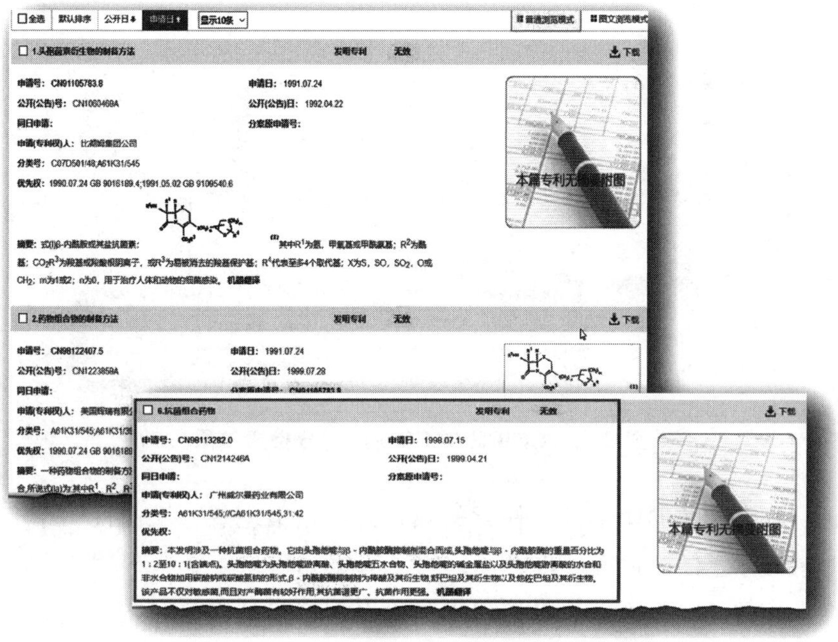

图 6-5 CNIPR 中 SS 1 的部分检索结果

因此，有必要针对前述假定技术方案，进行更为精细的检索。与之类似地，针对前述假定技术方案，首先进行简单检索，执行如下检索式：

SS 2 名称，摘要，权利要求书+=（头孢他啶 AND（棒酸 OR 舒巴坦 OR 他佐巴坦））

命中 229 篇，按照申请日升序排序第一篇正是本专利，这也说明了该检索式并不能获得有效的现有技术（因为其他专利的申请日均在本专利之后）。

因此需要对检索使用的关键词进行扩展，再次检索。对于本专利而言，假设以无效检索为目的，所以可以根据本专利的申请日+18 个月，限定公开日为 2000 年 1 月 16 日之前，从而以涵盖现有技术和抵触申请。检索式如下：

SS 3 名称，摘要，权利要求书+=（头孢他啶 OR 头孢菌素）OR 分类号=（A61K31/545）

SS 4 名称，摘要，权利要求书+=（棒酸 OR 克拉维酸 OR 舒巴坦 OR 他唑巴坦 OR 他佐巴坦）

SS 5 3 AND 4

SS 6 公开（公告）日<（20000116）

SS 7 5 AND 6

命中结果 9 篇，包括本专利，而其他专利主要涉及 β-内酰胺类抗生素的制备，没有命中关于头孢他啶和具体的 β-内酰胺酶抑制剂联合用药的现有技术（见图 6-6）。

图 6-6　CNIPR 中 SS 7 的部分检索结果

基于此，在专利数据库中进行检索的效果并不是很理想，反而说明本专利至少在国内确实具有技术上的改进或进步之处。

根据我国国情，最先进的技术情报不仅以专利形式被记录，还可能以学术论文的形式公之于众，因此在专利库中检索未果的情况下，可以转向中文非专利数据库进一步尝试。

在 CNKI 中，采取检索式如下：

SS 1 SU = "棒酸" +"克拉维酸" +"舒巴坦" +"他唑巴坦" +"他佐巴坦"

SS 2 SU = "头孢他啶" + "头孢菌素"

SS 3 1 and 2

其中，“SU”表示“主题”，其范围涵盖标题、摘要、关键词。同样地，对公开日进行限定，但是可以限定为本专利申请日之前，检索命中 13 条结果，初步认定下述文献与本发明密切相关：

凌保东等，氯唑西大对阴沟杆菌 β-内酰胺酶的抑制及其与头孢他啶的协同抗菌作用，《中国抗生素杂志》，1997，22（5），第 364-367 页。

因此，将该文献作为候选对比文件。值得说明的是，该文献是在实质审查过程中所引用的对比文件，但基于内容相关性，建议仍然作为候选文献（称为文献 1），如图 6-7 所示。

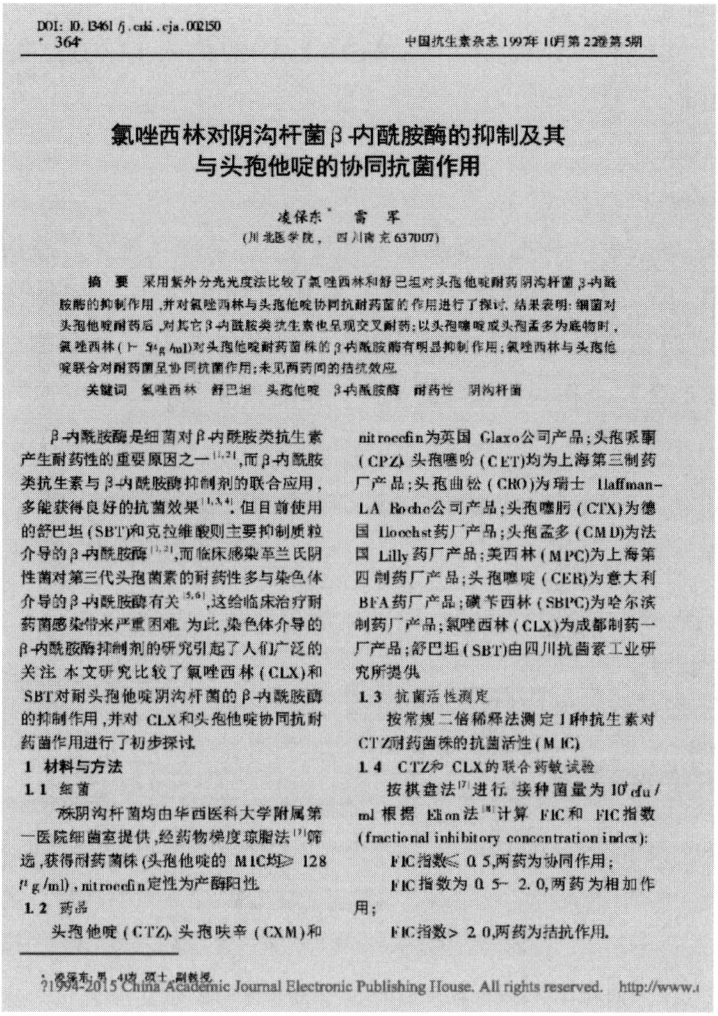

DOI: 10.13461/j.cnki.cja.002150
· 364 ·　　中国抗生素杂志 1997年10月第22卷第5期

氯唑西林对阴沟杆菌β-内酰胺酶的抑制及其与头孢他啶的协同抗菌作用

凌保东*　雷　军
(川北医学院，四川南充 637007)

摘　要　采用紫外分光光度法比较了氯唑西林和舒巴坦对头孢他啶耐药阴沟杆菌β-内酰胺酶的抑制作用，并对氯唑西林与头孢他啶协同抗耐药菌的作用进行了探讨。结果表明：细菌对头孢他啶耐药后，对其它β-内酰胺类抗生素也呈现交叉耐药；以头孢噻啶或头孢孟多为底物时，氯唑西林(1~5μg/ml)对头孢他啶耐药菌株的β-内酰胺酶有明显抑制作用；氯唑西林与头孢他啶联合对耐药菌呈协同抗菌作用；未见两药间的拮抗效应。

关键词　氯唑西林　舒巴坦　头孢他啶　β-内酰胺酶　耐药性　阴沟杆菌

β-内酰胺酶是细菌对β-内酰胺类抗生素产生耐药性的重要原因之一[1,2]，而β-内酰胺类抗生素与β-内酰胺酶抑制剂的联合应用，多能获得良好的抗菌效果[1,3,4]。但目前使用的舒巴坦(SBT)和克拉维酸则主要抑制质粒介导的β-内酰胺酶[1,2]，而临床感染革兰氏阴性菌对第三代头孢菌素的耐药性多与染色体介导的β-内酰胺酶有关[5,6]，这给临床治疗耐药菌感染带来严重困难。为此，染色体介导的β-内酰胺酶抑制剂的研究引起了人们广泛的关注。本文研究比较了氯唑西林(CLX)和SBT对耐头孢他啶阴沟杆菌的β-内酰胺酶的抑制作用，并对CLX和头孢他啶协同抗耐药菌作用进行了初步探讨。

1　材料与方法

1.1　细菌

7株阴沟杆菌均由华西医科大学附属第一医院细菌室提供，经药物梯度琼脂法[7]筛选，获得耐药菌株(头孢他啶的MIC均≥128μg/ml)，nitrocefin定性为产酶阳性。

1.2　药品

头孢他啶(CTZ)、头孢呋辛(CXM)和nitrocefin为英国Glaxo公司产品；头孢哌酮(CPZ)、头孢噻吩(CET)均为上海第三制药厂产品；头孢曲松(CRO)为瑞士Hoffman-LA Roche公司产品；头孢噻肟(CTX)为德国Hoechst药厂产品；头孢孟多(CMD)为法国Lilly药厂产品；美西林(MPC)为上海第四制药厂产品；头孢噻啶(CER)为意大利BFA药厂产品；磺苄西林(SBPC)为哈尔滨制药厂产品；氯唑西林(CLX)为成都制药一厂产品；舒巴坦(SBT)由四川抗菌素工业研究所提供。

1.3　抗菌活性测定

按常规二倍稀释法测定11种抗生素对CTZ耐药菌株的抗菌活性(MIC)。

1.4　CTZ和CLX的联合药敏试验

按棋盘法[7]进行。接种菌量为10^5cfu/ml，根据Elion法[8]计算FIC和FIC指数(fractional inhibitory concentration index)：

FIC指数≤0.5，两药为协同作用；

FIC指数为0.5~2.0，两药为相加作用；

FIC指数>2.0，两药为拮抗作用。

* 凌保东：男，41岁，硕士，副教授。

图 6-7　文献 1

至此，可以说是完成了实质审查阶段的检索过程，并获得了审查员引用的对比文件。但是显然上述检索过程并不是全面的，也不能对专利的新颖性和创造性产生实质性的影响，因此还需要进一步调整检索思路。

2. **检索策略调整**

为了进一步完善检索，有必要扩大检索范围。首先应当在英文专利数据库中进行检索。以下使用英国 MineSoft 公司和 RWS 公司出品的 PatBase™ 数据库。

基于前述的检索过程，可以省去尝试的过程，直接执行以下检索式：

SS 1 TAC = CEFTAZIDIME OR FORTAZ OR TAZICEF

SS 2 IPC = A61K31/545

SS 3 1 OR 2

SS 4 TAC= “CLAVULANIC ACID” OR SULBACTAM OR TAZOBACTAM

SS 5 3 AND 4

SS 6 PD<20000116

SS 7 5 AND 6

其中，“TAC” 表示 “标题、摘要和权利要求”。与中文检索思路相同地限定公开日，命中 115 篇，尚在可以阅读的范围内。其中包括本专利，以及比较相关的文献：US5763603A，发明名称为 “CRYSTALLINE TAZOBACTAM，AND ITS PRODUCTION AND USE”（称文献 2），作为候选对比文件，如图 6-8 所示。

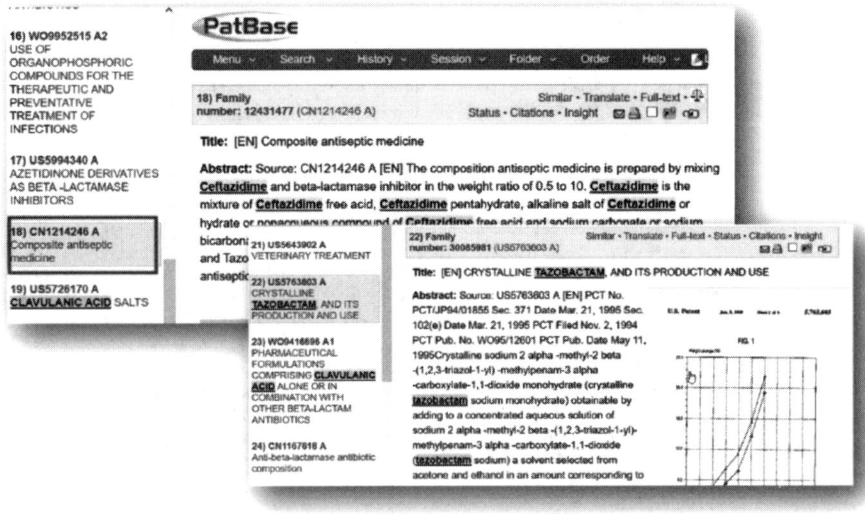

图 6-8　PatBase™ 中 SS 7 命中本专利和文献 2

为了获得更多的结果，需要进一步扩大检索范围，其中一个手段是扩展检索字段。前述检索过程均是在 “标题、摘要和权利要求” 这类字段进行的，在没有获得理想结果的情况下，有必要将字段扩展至包括说明书的全文。中英文的检索式如下（编号分别续前）。

中文检索：

SS 8 说明书=（头孢他啶 OR 头孢菌素）OR 分类号=（A61K31/545）

SS 9 说明书=（棒酸 OR 克拉维酸 OR 舒巴坦 OR 他唑巴坦 OR 他佐巴坦）

SS 10 PD<20000116

SS 11 8 AND 9 AND 10

命中结果 50 篇，同样是以 β-内酰胺类抗生素的制备为主。其中，通过阅读题目和摘要初步确定下述文献与本发明关系密切，作为候选文献：

CN1149254A，发明名称“含有β-内酰胺酶抑制性青霉烯与β-内酰胺抗生素复合的药物制剂及其在治疗细菌感染中的应用”（称为文献3）。

英文检索：

SS 8 FT=（（CEFTAZIDIME OR FORTAZ OR TAZICEF）AND（“CLAVULANIC ACID” OR SULBACTAM OR TAZOBACTAM））

SS 9 PD<20000116

SS 10 8 AND 9

其中，“FT”表示“全文”。命中117篇，尚在可以阅读的范围内。但是逐一分析命中结果后发现，相对于前文在TAC字段的检索结果而言，并没有获得与本专利前述假定技术方案更为接近的对比文件。

前面在中文专利/非专利数据库中进行检索，也进行了外文专利的检索，但考虑到对医药（化学）领域而言，大量技术也被记载于外国非专利文献之中，因此有必要在外文非专利数据库中进一步检索。对于医药领域的英文非专利文献检索，除了广为人知的ISI-Web of Knowledge之外，还可以使用免费的PubMed（https://pubmed.ncbi.nlm.nih.gov/）。

执行以下检索式，并将公开日限定为1998年及以前：

SS 1（CEFTAZIDIME OR FORTAZ OR TAZICEF）AND（" CLAVULANIC ACID" OR SULBACTAM OR TAZOBACTAM）

命中313篇对比文件。对其逐一阅读并筛选出可用的对比文件，显然是效率低下的，因此需要考虑降噪手段。具体而言，根据本专利的发明构思，可以进一步增加“lactamases”（对应“β-内酰胺酶抑制剂”），以及“Synerg *”“combi *”和“inhibi *”（分别对应“联合”和“抗菌”）。最终检索式如下：

SS 2（((CEFTAZIDIME OR FORTAZ OR TAZICEF）AND（"CLAVULANIC ACID" OR SULBACTAM OR TAZOBACTAM)）AND（lactamases)）AND（Synerg * [Title] OR combi * [Title] OR inhibi * [Title]）

其中，“ * ”表示截词符，“[Title]”表示“标题”字段。限定时间后命中50篇，如图6-9所示。

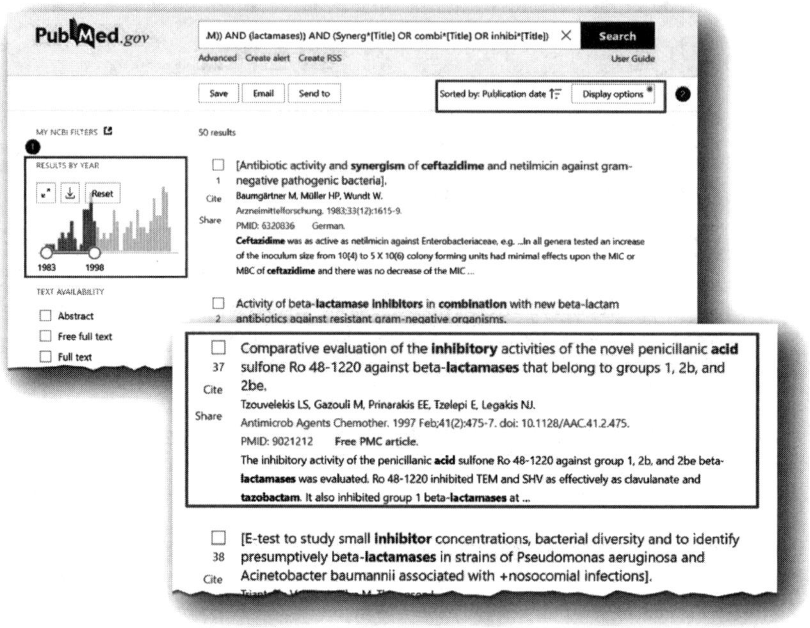

图 6-9 PubMed 中 SS 2 的部分检索结果

注：①用于按时间筛选；②用于命中结果排序等。

对命中的文献快速地阅读其摘要内容，初步确定下述文献与本专利密切相关：

Leonidas S. TZOUVELEKIS 等，Comparative evaluation of the inhibitory activities of the novel penicillanic acid sulfone Ro 48-1220 against β-lactamases that belong to groups 1，2b，and 2be. Antimicrobial agents and chemotherapy，1997 年 2 月，第 41 卷，第 2 期，第 475-477 页（称为文献 4）。

3. 公知常识证据的检索

上述检索的所有候选文献，均未明确公开头孢他啶与他唑巴坦的用量配比。但考虑到直接进行数值检索是难于构建检索式的，因此可以基于创造性判断思路出发，检索寻找公知常识性证据来予以完善创造性判断的证据链。为此，根据本专利的发明构思提炼出“内酰胺酶”“联合”两个关键词，进一步增加作为检索目的的“比率/比例”等关键词，在“读秀”数据库中检索。将书籍的公开日限定为本专利申请日之前，并且通过快速地阅读标题，可以非常容易地获得多篇可用的现有技术证据（称为公知常识证据）（见图 6-10），例如：

- 《新编简明药物手册》，焦万田等，人民军医出版社，1993 年出版；
- 《新编药物学》，陈新谦等，人民卫生出版社，1997 年出版。

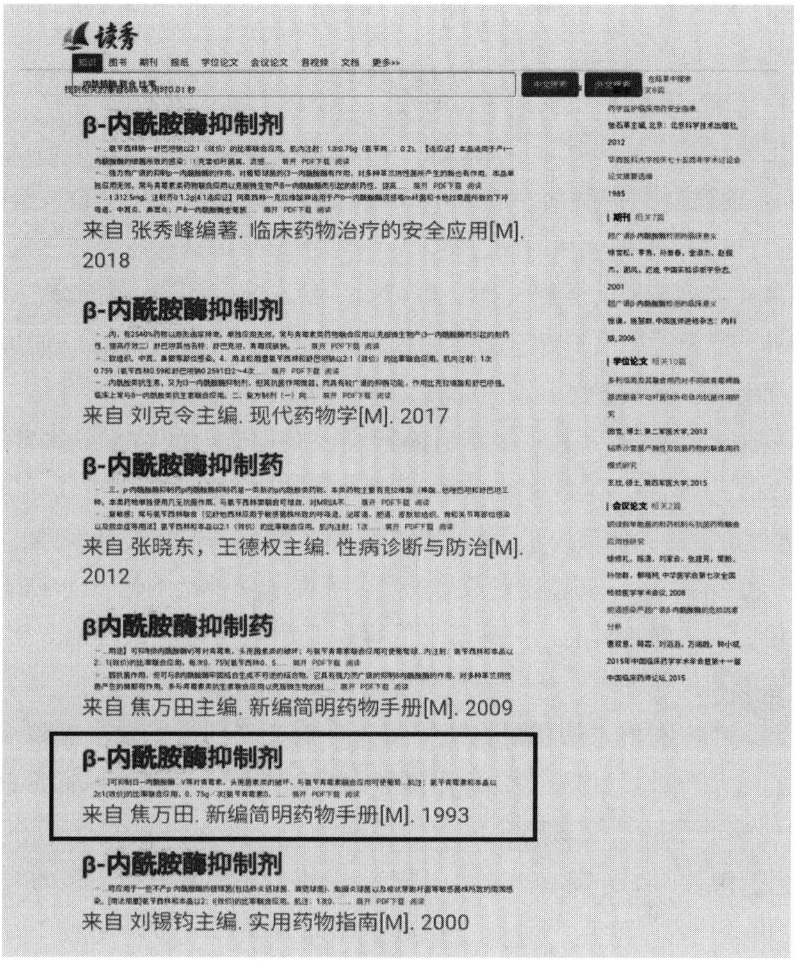

图 6-10 公知常识证据检索页面

4. 检索过程分析

检索的第一步是根据发明构思来确定检索要素。在确定检索要素时，有以下两点值得说明：

（1）化学领域中，检索关键词的确定，至少要包括以下三类：一是化合物名称（一般为通俗命名法的名称，或俗称、简称等，鲜用 IUPAC 命名）；二是商品名/牌号；三是别字、错字（例如“他佐巴坦”，特别是发明文本中使用的）。

（2）尽管专利给出了 A61K31/04 的辅助分类号，但是该分类号的范围远大于“内酰胺酶抑制剂”这个检索要素，如果在检索中引入此分类号可能严重地扩大噪声，得不偿失。即，对于分类号的选择要慎重，最好使用能够代表检索要素本身的分类号。

确定检索要素后，首先进行基础检索。基础检索可以使用与本专利表述一致的词语，其目的在于验证检索思路、确定后续检索方向。通过前述检索过程不难发现，在中文专利中进行基础检索无法获得有效的对比文件，即使进一步考虑到针对中文非专利的检索也是无法达到检索目的的。

在扩展检索中，尽管将中英文专利的检索范围扩展到了说明书/全文，也确实获得了一些有一定关联的专利文献，但是这些专利文献更多地涉及克拉维酸/舒巴坦/他唑巴坦以外的 β-内酰胺酶抑制剂，应该不太可能作为有效的对比文件。另外，在说明书/全文中进行检索，即使使用时间进行限定，命中结果的数量也是较多的，对如此大量的对比文件（特别是外文专利文件）进行逐一的有效的阅读，对检索人员而言是一个不小的挑战。因此，如果不得不在说明书/全文的范围内进行检索，则应当考虑同时应用一些降噪手段，例如下文展示的在英文非专利库中的检索操作。

由于中英文专利检索和中文非专利检索难以获得有效的结果，并且考虑到化学（药学）领域的特殊性，有必要将检索范围进一步扩展到英文非专利数据库。在 PubMed 中进行检索时，如果按照之前的检索策略，即使限定了公开时间，依然命中了 300 余篇非专利文件，逐一阅读这种数量的英文非专利文件显然是不现实的，因此必须引入降噪手段。为达到此目的，一种常见的操作是引入更多的关键词，而这些关键词必须和待检索专利（例如本专利）的发明构思密切相关，以防漏检。

如前所述，本专利的发明构思在于：将头孢他啶分别与棒酸（克拉维酸）、舒巴坦、他佐巴坦（他唑巴坦）这三类 β-内酰胺酶抑制剂联合使用，从而抑制 β-内酰胺酶对于头孢他啶的水解，提高联合用药的抗菌作用。从这一发明构思中不难归纳出“联合”与“抗菌”两个关键词。对于“联合”，可以采用具有截词符的关键词“Synerg *”与“combi *”；对于“抗菌”，同样适用具有截词符的关键词“inhibi *”。但是，这些关键词实际上是较为“泛泛而言”的词语，如果直接在默认字段中检索，势必引入大量的噪声。对于本专利而言，所期望的对比文件显然是将“联合”与“抗菌”作为研究重点的文献，因此可以考虑仅在标题字段（［Title］）中进行检索。另外，本专利的发明构思也可以视为对于“β-内酰胺酶抑制剂”的一种“应用”，考虑到论文多会在“摘要”或者“引言”中阐述其科研背景或灵感来源，因此使用对应英文单词“lactamases”对检索结果进行进一步限定，也能够有效地抑制噪声，且不存在明显的漏检风险。

基于上述考虑，最终得到了英文非专利的检索式，从而将 300 余条命中结果限缩为 50 篇，作为检索人员对其进行逐一的阅读和核实还是可以实现的；如果按照公开时间降序排列，文献 4 正是命中了结果的第 2 条。

五、检索结果的确定

简要介绍一下相关文献的情况，以确定可用作无效证据的文献。

文献 1 是本专利实质审查阶段引用的对比文件，涉及氯唑西林与头孢他啶的联合用药，并且也没有公开两者的用量配比。也就是说，作为本专利的发明构思的两个关键因素，即 β-内酰胺酶抑制剂的具体种类，其与头孢他啶的用量配比，文献 1 均没有公开。这可能也是审查员最终授予专利权的原因所在。

文献 2 公开了一种他唑巴坦的晶体（见其权利要求 1），并进一步公开了该他唑巴坦晶体与头孢他啶等的组合物（见其权利要求 15）。但是文献 2 并没有记载任何实验数据，以证明他唑巴坦与头孢他啶联合使用时具有更好的抗菌效果。如果基于该文献 2 而认为其给出了“头孢他啶与棒酸等联用以起到更好的抗菌效果”的启示并作为无效请求的证据，并不能说是万无一失的。

文献 3 公开了含有 β-内酰胺酶抑制性青霉烯与 β-内酰胺抗生素复合的药物制剂，其在背景技术中提及“阿莫西林与例如棒酸等内酰胺酶抑制剂联用”，发明内容在于 β-内酰胺酶抑制性青霉烯与头孢类化合物联用（但未公开头孢他啶这种特定的头孢类药物）。因此该文献 3 并未公开本专利的发明构思；进一步考虑到该文献 3 是在全文字段中检索而命中的，这也体现出全文字段的检索容易引入较大噪声的弊端。

文献 4 是一篇英文非专利文件，其主旨在于探讨代号为 Ro 48-1220 的化合物作为 β-内酰胺酶抑制剂，以及与头孢他啶的联合用药时对抗菌性能的影响。文献 4 不仅给出了 Ro 48-1220 与头孢他啶的联合使用的效果，作为比较还给出了克拉维酸（棒酸）和他唑巴坦分别与头孢他啶的联合使用的效果（见表 6-2 给出的翔实的实验数据）。因此，基于该文献 4，不仅可以认为其教导了“他唑巴坦可以与头孢他啶联合使用”，而且还证明了两者联用确实能够取得比单独使用头孢他啶而言更好的抗菌效果。如果以该文献 4 作为无效请求的证据，显然对于本专利具有较强的“杀伤力”。

在此基础上，公知常识证据进一步公开了头孢他啶与 β-内酰胺酶抑制剂联合使用时的常规用量配比。结合前述文献 4 和该公知常识证据，不难发现本领域技术人员是可以容易地获得本专利的技术方案的（无论是授权的权利要求，还是假定技术方案）。

表 6-2 各对比文件与本专利的比较

检索结果	本专利					
	本专利的发明构思					对比结果
	技术问题	技术方案			技术效果	
	抑制头孢他啶水解	特定的头孢他啶	特定的 β 内酰胺酶抑制剂-	两者比例	提高抗菌作用	
文献 1	√	√	×	×	√	不可用
文献 2	×	√	√	×	×	不可用

续表

检索结果	本专利					
	本专利的发明构思					对比结果
	技术问题	技术方案			技术效果	
	抑制头孢他啶水解	特定的头孢他啶	特定的β内酰胺酶抑制剂-	两者比例	提高抗菌作用	
文献3	√	×	√	×	√	不可用
文献4	√	√	√	√	√	可用
公知常识证据	√	×	√	√	√	—

由上述检索过程和文献确定过程来看，“好用”的文献是专利确权成败的关键。另外，对于专利工作者而言，特别是专利无效检索，一份行之有效的文献除能够覆盖独立权利要求之外，最好还能够覆盖从属权利要求的技术方案或者最核心的技术方案，从而在面对专利权人修改时也能够游刃有余地应对，达到专利无效的目的。

六、检索经验和技巧总结

技巧1：专利检索应当覆盖基本的检索数据库。一般而言，一项有效的专利检索至少需要覆盖：中国专利文摘类数据库、中国专利全文类数据库、外文专利文摘类数据库、英文专利全文类数据库，以及中国期刊全文数据库。另外，根据专利的具体技术领域，有时候也需要考虑诸如化学结构数据库、中药方剂数据库等。

技巧2：对医药（化学）领域而言，经常需要检索外国非专利文献，除了ISI - Web of Knowledge之外，比较常见和好用的检索平台如免费的PubMed、Nucleotide/Genbank等，其中涉及生物医药方面的非专利文献也比较全面。

技巧3：除专用数据库之外，通用型的检索引擎也应当予以关注。例如，Google Scholar、百度学术等，通过在这些数据库中进行简单检索，可以迅速了解现有技术发展的水平，对确定发明构思、扩展关键词大有裨益。另外，诸如读秀等用于检索公知常识性证据的工具也应当熟练使用。

技巧4：化学领域中，检索关键词的确定，至少要包括以下三类：一是化合物名称（一般为通俗命名法的名称，或俗称、简称等，鲜用IUPAC命名）；二是商品名/牌号；三是别字、错字（例如“他佐巴坦”，特别是发明文本中使用的）。

技巧5：发明构思对于专利检索具有重要的指导作用。正确地理解发明构思，一方面能够更为有效地提炼检索要素、扩展关键词，另一方面能够有效地引导对于检索策略的调整和优化。具体到本专利而言，本专利的发明构思在于将特定种类的β-内酰胺酶抑制剂与头孢他啶联合使用，因此检索要素必然要具体到他唑巴坦等具体的β-内酰胺酶抑制剂，这一思路正是构建检索策略的基本思路。

技巧6：在检索过程中，如果简单检索不能获得有效的对比文件，则需要进一步扩大检索范围。扩大检索范围的大方向包括增加检索对象（如从专利扩展到非专利、从中文扩展到英文等外语语种），以及使用范畴更广泛的字段（如从“标题、摘要、权利要求”扩展到“全文/说明书”）。

技巧7：扩展检索范围必然导致引入噪声，为了抑制噪声，经常使用的手段包括引入进一步的检索要素（关键词），以及对特定的关键词的应用范畴（字段）进行限定。而这些策略的具体表现，则应当是深入理解专利的发明构思而得出的。例如，本专利的检索过程中，根据本专利的发明构思能够提炼出“内酰胺酶抑制剂”这个检索要素，从而将检索范围限定在利用了“内酰胺酶抑制剂”这一功能的文献之中。进一步根据发明构思体现的“联合使用以提升抗菌效果”的目的，提炼出“联合”“抗菌”这两个关键词，这两个关键词尽管较为泛泛，但确是直接地体现了本专利采用的技术手段。因此，针对非专利文献，可以仅在“标题”字段进行检索。如果是针对专利文献，也可以在说明书全文中检索“他唑巴坦”和“头孢他啶”等，而在“标题、摘要”中检索诸如“联合”“抗菌”等关键词。

技巧8：在专利无效检索中，如果检索到认为能够影响创造性的对比文件的情况下，但区别特征并非是过于公知的特征或极其细节上的区别，仍然需要检索寻找到有效的公知常识性证据作为无效证据，以表明其确定是公知常识。必要时也可以考虑将其作为结合用的对比文件（这就需要考虑该区别特征在发明中的作用和地位来确定）。

技巧9：公知常识性证据的检索主要是检索教科书、技术手册等（而通常不能是专利文献或期刊文献），例如可以在万方数据库的书籍库中进行检索，甚至可以去图书馆查阅相关专业书籍，但其中一个较为方便的检索途径是“读秀”，往往更容易找到相关的公知常识性证据。

案例10　用于治疗糖尿病的二肽基肽酶抑制剂

一、案例背景

根据国际糖尿病联合会发布的《IDF全球糖尿病概览（第9版）》，中国糖尿病患病率已达10.9%；2019年，中国预估有1.16亿名成年人患有糖尿病，位居全球第一。因此，治疗糖尿病药物的研发一直是大众关注的焦点。

目前，糖尿病治疗药物主要包括口服药和注射制剂两大类，其中，二肽基肽酶-4抑制剂（DPP-4 抑制剂）作为治疗糖尿病的口服药物，其市场规模已经占到糖尿病整体药物市场规模的1/4。我国当前DPP-4抑制剂领域的降糖药主要是国外制药企业的原研药，有阿格列汀、沙格列汀、西格列汀、维格列汀、利格列汀等，本案例涉及的即为武田的阿格列汀药物专利。2010年，苯甲酸阿格列汀片（商品名为“尼欣那”）在日本上市，并于2013年在中国获批进口药品上市，该药品为武田公司上市的单一活性组分阿格列汀的苯甲酸盐。

专利名称为“用于治疗糖尿病的二肽基肽酶抑制剂”（专利号：ZL201210399309.3），其在中国的系列申请共3件，名称均为“用于治疗糖尿病的二肽基肽酶抑制剂”，除了本发明（下称专利一）外，还有ZL201210399309.3（下称专利二）、ZL200680042417.8（下称专利三）。2006年9月13日，武田公司就专利三向国家知识产权局提交发明专利申请，并以此为基础，分别提交了4件专利分案申请，专利一和专利二便是这4件申请中的两件。经审理，这5件专利均被授予了专利权，保护期限至2026年9月13日。这3件专利分别要求保护包含阿格列汀用于制备治疗2型糖尿病的制药用途（专利二），包含阿格列汀和载体的药物组合物（专利一），配制成特定规格的单剂量形式的阿格列汀药物组合物（专利三）。

2018年9月，亚宝公司以涉案3件专利说明书公开不充分、权利要求得不到说明书支持、权利要求无新颖性、创造性，权利要求不清楚等理由，向原专利复审委员会提起专利权无效宣告请求，亚宝公司与武田公司之间的专利攻防战由此拉开序幕。经审理，国家知识产权局作出了第38950号、第38951号和第38952号无效宣告请求审查决定，维持专利三专利权有效，宣告专利二专利权部分无效，宣告本案例涉及的专利一专利权全部无效。

本发明涉及一种二肽基肽酶抑制剂及其用于治疗糖尿病的用途，专利扉页如图6-11所示。

(19) 中华人民共和国国家知识产权局

(12) 发明专利

(10) 授权公告号 CN 102908351 B
(45) 授权公告日 2014.07.23

(21) 申请号 201210399309.3

(22) 申请日 2006.09.13

(30) 优先权数据
60/717,558 2005.09.14 US
60/747,273 2006.05.15 US

(62) 分案原申请数据
200680042417.8 2006.09.13

(73) 专利权人 武田药品工业株式会社
地址 日本大阪

(72) 发明人 R·J·克里斯托弗　P·科文顿

(74) 专利代理机构 中国国际贸易促进委员会专利商标事务所 11038
代理人 [redacted]

(51) Int.Cl.
A61K 31/513 (2006.01)
A61P 3/10 (2006.01)
A61K 45/06 (2006.01)

(56) 对比文件
WO 2005016911 A1, 2005.02.24, 全文.
王林. 二肽基肽酶Ⅳ抑制剂 P32/98.《国外医学药学分册》. 2002, 第 29 卷 (第 3 期), 173-174.

审查员 [redacted]

权利要求书1页　说明书27页　附图4页

(54) 发明名称
用于治疗糖尿病的二肽基肽酶抑制剂

(57) 摘要
本发明涉及用于治疗糖尿病的二肽基肽酶抑制剂，提供了含有 2-[[6-[(3R)-3- 氨基 -1- 哌啶基]-3,4- 二氢 -3- 甲基 -2,4- 二氧代 -1(2H)- 嘧啶基] 甲基]- 苄腈及其药学上可接受的盐的药物组合物，以及包含该药物组合物的药剂盒和制造品，以及使用该药物组合物的方法。

图 6-11　用于治疗糖尿病的二肽基肽酶抑制剂的专利扉页

本专利授权的权利要求书如下：

1. 化合物Ⅰ在制备药物组合物中的用途，所述药物组合物通过口服给予日剂量为 5 毫克至 250 毫克的化合物Ⅰ用于治疗Ⅱ型糖尿病，其中化合物Ⅰ具有下式结构：

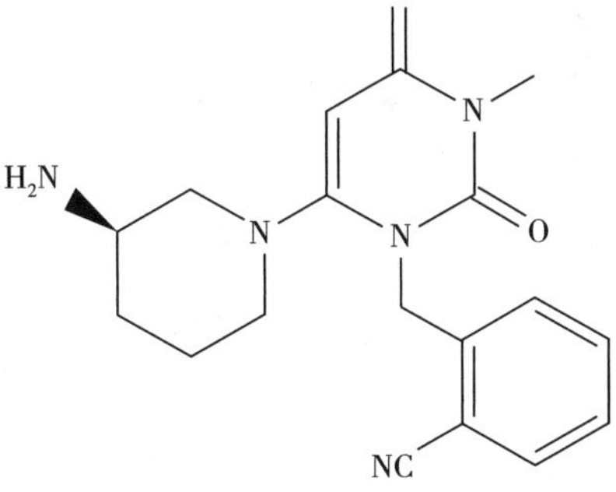

并且以药学上可接受的盐或游离碱的形式存在。

2. 根据权利要求 1 的用途，其中所述化合物Ⅰ的日剂量是 10 毫克至 200 毫克。

3. 根据权利要求 1 的用途，其中所述化合物Ⅰ的日剂量是 10 毫克至 150 毫克。

4. 根据权利要求 1 的用途，其中所述化合物Ⅰ的日剂量是 10 毫克至 100 毫克。

5. 根据权利要求 1 的用途，其中所述化合物Ⅰ的日剂量是 10 毫克。

6. 根据权利要求 1 的用途，其中所述化合物Ⅰ的日剂量是 12.5 毫克。

7. 根据权利要求 1 的用途，其中所述化合物Ⅰ的日剂量是 20 毫克。

8. 根据权利要求 1 的用途，其中所述化合物Ⅰ的日剂量是 25 毫克。

9. 根据权利要求 1 的用途，其中所述化合物Ⅰ的日剂量是 50 毫克。

10. 根据权利要求 1 的用途，其中所述化合物Ⅰ的日剂量是 75 毫克。

11. 根据权利要求 1 的用途，其中所述化合物Ⅰ的日剂量是 100 毫克。

12. 根据权利要求 1~11 中任一项的用途，其中所述药物组合物被配制成固体制剂。

13. 根据权利要求 1~11 中任一项的用途，其中所述药物组合物被配制成片剂或胶囊。

14. 根据权利要求 1~11 中任一项的用途，其中化合物Ⅰ以游离碱的形式存在。

15. 根据权利要求 1~11 中任一项的用途，其中化合物Ⅰ以药学上可接受的盐的形式存在。

16. 根据权利要求 15 的用途，其中化合物Ⅰ以苯甲酸盐的形式存在。

17. 根据权利要求 15 的用途，其中化合物Ⅰ以甲苯磺酸盐的形式存在。

二、理解发明构思

在理解本专利发明构思的过程中，首先要确定本发明要解决的技术问题是什么。而技术问题通常需要仔细阅读说明书的全文，尤其是背景技术部分提及的现有技术的缺陷、发明内容部分描述的本发明的目的。其次要分析主要技术方案（通常是围绕权利要求 1）中主要技术特征以及与之对应的具体实施方式中的技术效果。以上分析思路如图 6-12 所示。

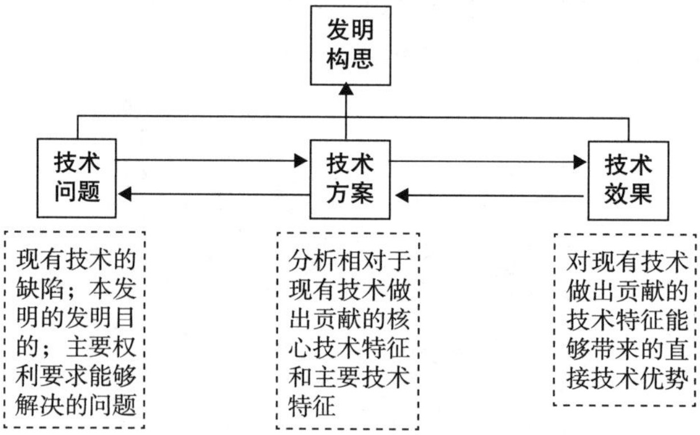

图 6-12　发明构思分析思路

从本专利的说明书中可以得知，本专利所要解决的技术问题是：GLP-1（7-36）在体内显示出很短的体内半衰期，而该分子能够预防和治疗Ⅱ型糖尿病，因此抑制GLP-1（7-36）在体内迅速降解的问题是治疗Ⅱ糖尿病的关键（见图6-13）。权利要求1的技术方案中的核心技术特征是以特定化学结构表征的化合物。另外，还包括了药物的用法用量的涉及治疗过程的其他技术特征（见图6-14），属于采用治疗具体方案描述的技术特征。其能达到的技术效果是该化合物能够抑制二肽基肽酶（DPP-Ⅳ）的活性，其作用机制是：DPP-Ⅳ是GLP-1（7-36）在体内的主要降解酶，通过抑制DPP-Ⅳ使得其降解GLP-1（7-36）的活性受抑制，从而提高GLP-1（7-36）的水平，用于预防由DPP-Ⅳ介导的病症（condition），特别是Ⅱ型糖尿病（见图6-15）。

CN 102908351 B　　　　说　明　书　　　　1/27 页

用于治疗糖尿病的二肽基肽酶抑制剂

[0001]　本申请是申请号为200680042417.8、申请日为2006年9月13日、发明名称为“用于治疗糖尿病的二肽基肽酶抑制剂”的专利申请(已授权)的分案申请。

技术领域

[0002]　本发明涉及给予化合物的方法以及基于该给药的治疗方法，所述化合物用于抑制二肽基肽酶IV。

背景技术

[0003]　二肽基肽酶IV(IUBMB酶命名法EC.3.4.14.5)是一种II型膜蛋白，其在文献中以各种各样的名称被提到，包括DPP4、DP4、DAP-IV、FAPβ、腺苷脱氨酶络合蛋白2、腺苷脱氨酶结合蛋白(ADAbp)、二肽基氨肽酶IV；Xaa-Pro-二肽基-氨肽酶；Gly-Pro萘基酰胺酶；脯氨酰(postproline)二肽基氨肽酶IV；淋巴细胞抗原CD26；糖蛋白GP110；二肽基肽酶IV；甘氨酰脯氨酸氨肽酶；甘氨酰脯氨酸氨肽酶；X-脯氨酰二肽基氨肽酶；pep X；白细胞抗原CD26；甘氨酰脯氨酰二肽基氨肽酶；二肽基-肽水解酶；甘氨酰脯氨酰氨肽酶；二肽基-氨肽酶IV；DPP IV/CD26；氨基酰基-脯氨酰二肽基氨肽酶；T细胞激发分子Tp103；X-PDAP。本文中将二肽基肽酶IV称为“DPP-IV”。

[0004]　DPP-IV是一种非经典的丝氨酸氨基二肽酶，其从多肽和蛋白质的氨基末端(N-末端)除去Xaa-Pro二肽。对某些天然存在的肽，也报道了X-甘氨酸或X-丝氨酸型二肽的DPP-IV依赖性缓释。

[0005]　DPP-IV组成型表达在多种不同组织(肠、肝、肺、肾和胎盘)的上皮和内皮细胞上，并且也在体液中被发现。DPP-IV还表达在循环T-淋巴细胞上，且已显示其与细胞表面抗原CD-26同义。

[0006]　DPP-IV是造成某些内源性肽(GLP-1(7-36)，胰高血糖素)在体内代谢裂解的原因，且已证明在体外对许多其它肽(CHRH、NPY、GLP-2、VIP)有蛋白水解活性。

[0007]　GLP-1(7-36)是一种由胰高血糖素原在小肠内翻译后加工处理产生的29个氨基酸的肽。GLP-1(7-36)在体内具有多种作用，包括刺激胰岛素分泌、抑制胰高血糖素分泌、促进饱胀感以及减缓胃排空。基于其生理学特征，认为GLP-1(7-36)的作用有益于预防和治疗II型糖尿病并且潜在地有益于预防和治疗肥胖症。例如，已发现对糖尿病患者外源给予GLP-1(7-36)(连续输注)在该患者群体中是有效的。令人遗憾的是，GLP-1(7-36)在体内迅速降解，显示出很短的体内半衰期($t_{1/2}$=1.5分钟)。

[0008]　基于遗传繁殖的DPP-IV敲除小鼠的研究和用选择性DPP-IV抑制剂进行的体内/体外研究，已显示DPP-IV是GLP-1(7-36)在体内的主要降解酶。GLP-1(7-36)通过DPP-IV高效地降解为GLP-1(9-36)，推测GLP-1(9-36)充当GLP-1(7-36)的生理拮抗剂。因此，认为体内抑制DPP-IV对于提高GLP-1(7-36)的内源水平和减少其拮抗剂GLP-1(9-36)的形成是有用的。因此，认为DPP-IV抑制剂是用于预防由DPP-IV介导的病症(condition)，特别是糖尿病，更特别是2型糖尿病、糖尿病血脂异常、葡萄糖耐量降低(IGT)状况、空腹血糖

图6-13　本专利所要解决的技术问题

CN 102908351 B　　　　说　明　书　　　　2/27 页

受损 (IFG) 状况、代谢性酸中毒、酮病、食欲调节和肥胖、延缓该病症的进展和/或治疗该病症的有用药剂。

[0009]　已显示几种化合物抑制DPP-IV。但是，仍然存在对新的DPP-IV抑制剂和给予这类抑制剂用于治疗疾病的方法的需求。

发明内容

[0010]　发明概述

[0011]　提供一种方法，它包括：对患者给予日剂量为5毫克/天至250毫克/天的化合物I，任选10毫克至200毫克的化合物I，任选10毫克至150毫克的化合物I，以及任选10毫克至100毫克的化合物I。在一种变化方案中，给予日剂量为10毫克、12.5毫克、20毫克、25毫克、50毫克、75毫克或100毫克的化合物I。

[0012]　在一种变化方案中，每天给药1次，并且可以任选以单剂量每天给药1次。任选地，每天给药1次，持续至少30天的期间并且任选持续至少60天的期间。

[0013]　在一种变化方案中，每天1次在早晨给药，并且任选每天1次在早晨所述患者当天第一餐之前给药。

[0014]　给药可通过多种给药途径进行，该途径包括但不限于选自下列的途径：口服、肠胃外、腹膜内、静脉内、动脉内、透皮、舌下、肌内、直肠、透颊、鼻内、脂质体、经吸入、阴道、眼内、经局部给药、皮下、脂肪内、关节内、腹膜内和鞘内。在一种特定变化方案中，给药通过口服进行。

[0015]　化合物I可被用于治疗一定范围的疾病。在一种变化方案中，给予化合物I以治疗患者的I型或II型糖尿病状态。在另一种变化方案中，给予化合物I以治疗前驱糖尿病患者。还在另一种变化方案中，给予化合物I以治疗炎性肠病、局限性回肠炎(Crohn病)、化疗诱发的肠炎、口腔黏膜炎或者短肠综合征。

[0016]　在另一种变化方案中，给予化合物I以治疗患有由DPP-IV介导的病症的患者，该病症例如糖尿病，更特别是II型糖尿病；糖尿病血脂异常；葡萄糖耐量降低(IGT)；空腹血浆葡萄糖降低(IFG)；代谢性酸中毒；酮病；食欲调节；肥胖；糖尿病相关的并发症包括糖尿病神经病、糖尿病视网膜病和肾病；高脂血症包括高甘油三酯血症、高胆固醇血症、低HDL血症和饭后高脂血症；动脉硬化；高血压；心肌梗塞、心绞痛、脑梗塞、脑卒中和代谢综合征。

[0017]　还提供一种与除化合物I以外的一种或多种抗糖尿病化合物联合给予化合物I的方法。在一种变化方案中，进行这样的组合治疗方法，其中给予患者日剂量为5毫克/天至250毫克/天的化合物I，任选10毫克至200毫克的化合物I，任选10毫克至150毫克的化合物I，以及任选10毫克至100毫克的化合物I。在一种变化方案中，与除化合物I以外的一种或多种抗糖尿病化合物联合给予患者日剂量为10毫克、12.5毫克、20毫克、25毫克、50毫克、75毫克或100毫克的化合物I。

[0018]　应注意的是，这里提供了特定抗糖尿病化合物的几个不同的剂量范围。打算本发明的范围包括药物组合，该药物组合覆盖与其它抗糖尿病化合物的这里描述的任何剂量范围组合的化合物I的任何公开的范围。

[0019]　化合物I与除化合物I以外的一种或多种抗糖尿病化合物的组合提供了优异的效

图 6-13　本专利所要解决的技术问题（续）

CN 102908351 B　　　　权　利　要　求　书　　　　1/1 页

1. 化合物I在制备药物组合物中的用途，所述药物组合物通过口服给予日剂量为5毫克至250毫克的化合物I用于治疗II型糖尿病，其中化合物I具有下式结构：

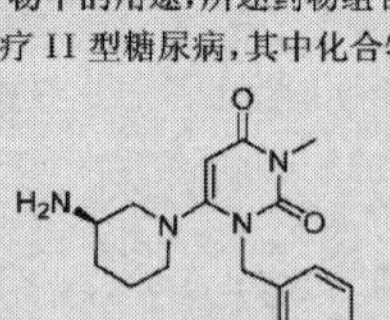

并且以药学上可接受的盐或游离碱的形式存在。

图 6-14　权利要求 1 中的主要技术特征

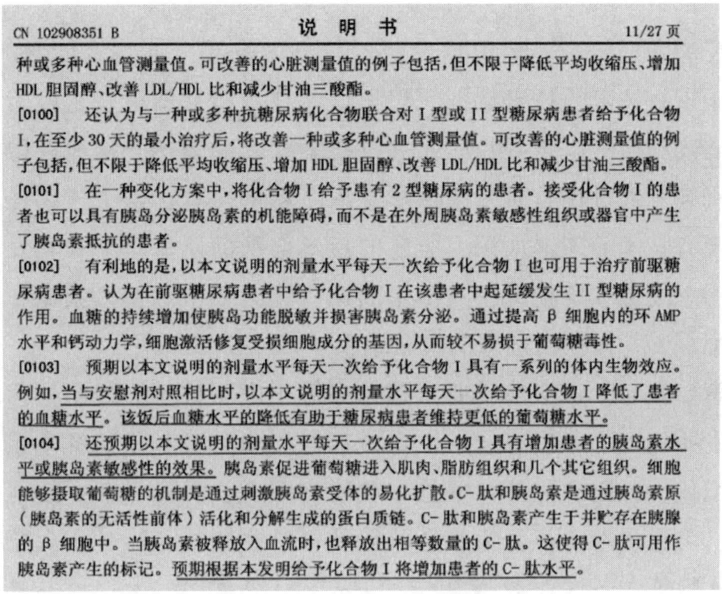

CN 102908351 B　　　　说　明　书　　　　11/27 页

种或多种心血管测量值。可改善的心脏测量值的例子包括，但不限于降低平均收缩压、增加HDL 胆固醇、改善 LDL/HDL 比和减少甘油三酸酯。

[0100]　还认为与一种或多种抗糖尿病化合物联合对 I 型或 II 型糖尿病患者给予化合物 I，在至少 30 天的最小治疗后，将改善一种或多种心血管测量值。可改善的心脏测量值的例子包括，但不限于降低平均收缩压、增加 HDL 胆固醇、改善 LDL/HDL 比和减少甘油三酸酯。

[0101]　在一种变化方案中，将化合物 I 给予患有 2 型糖尿病的患者。接受化合物 I 的患者也可以具有胰岛分泌胰岛素的机能障碍，而不是在外周胰岛素敏感性组织或器官中产生了胰岛素抵抗的患者。

[0102]　有利地的是，以本文说明的剂量水平每天一次给予化合物 I 也可用于治疗前驱糖尿病患者。认为在前驱糖尿病患者中给予化合物 I 在该患者中起延缓发生 II 型糖尿病的作用。血糖的持续增加使胰岛功能脱敏并损害胰岛素分泌。通过提高 β 细胞内的环 AMP 水平和钙动力学，细胞激活修复受损细胞成分的基因，从而较不易损于葡萄糖毒性。

[0103]　预期以本文说明的剂量水平每天一次给予化合物 I 具有一系列的体内生物效应。例如，当与安慰剂对照相比时，以本文说明的剂量水平每天一次给予化合物 I 降低了患者的血糖水平。该饭后血糖水平的降低有助于糖尿病患者维持更低的葡萄糖水平。

[0104]　还预期以本文说明的剂量水平每天一次给予化合物 I 具有增加患者的胰岛素水平或胰岛素敏感性的效果。胰岛素促进葡萄糖进入肌肉、脂肪组织和几个其它组织。细胞能够摄取葡萄糖的机制是通过刺激胰岛素受体的易化扩散。C- 肽和胰岛素是通过胰岛素原（胰岛素的无活性前体）活化和分解生成的蛋白质链。C- 肽和胰岛素产生于并贮存在胰腺的 β 细胞中。当胰岛素被释放入血流时，也释放出相等数量的 C- 肽。这使得 C- 肽可用作胰岛素产生的标记。预期根据本发明给予化合物 I 将增加患者的 C- 肽水平。

图 6-15　权利要求 1 中主要技术特征能带来的技术效果

经过对本专利的深入分析，可以梳理出本专利发明构思的三个要素（见图 6-16）。

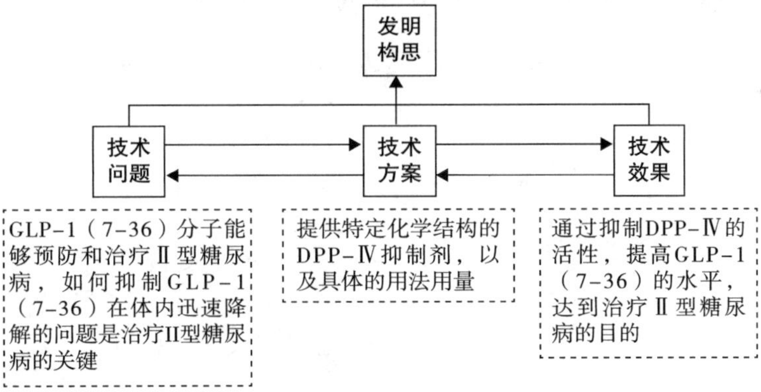

图 6-16　本专利发明构思的三要素

因此，本专利的发明构思是提供一种具有 DPP-Ⅳ抑制效果的小分子化合物，通过抑制 DPP-Ⅳ的活性从而抑制 DPP-Ⅳ对其底物 GLP-1（7-36）的降解，治疗因 GLP-1（7-36）过快降解诱发的Ⅱ型糖尿病。

三、检索要素的确定和表达

技术方案反映发明构思，而根据发明构思分解解决所述技术问题的各个发明点，发明点即区别于现有技术的技术特征，根据这些技术特征即可确定检索过程中的检索要素。检索要素确定后，以合适的形式进行检索要素的表达，从而获得检索结果。对检索结果阅读和筛选的过程是对发明逐步深入了解的过程，这个过程伴随着对发明所属技术领域的现有技术的理解加深。所述的理解会帮助调整对本专利发明相对于现有技术而言发明构思的更准确把握，从而不断调整检索要素和检索策略，形成检索过程的不断循环和加深，从而获得理想的检索结果。

在确定检索要素时，由于检索要素直接来源于发明构思，因此检索时应当重点放在检索对象的发明构思中对现有技术做出“智慧贡献”的技术特征上，技术问题和技术效果可用来细化、补充和完善这些检索要素。因此，需要对主要技术方案中的技术特征进行分类，可将技术特征分为核心技术特征、主要技术特征、次要技术特征以及可替代次要技术特征。

对于本专利而言，所述技术方案为制药用途，因此制备的药物本身的化合物结构，以及其治疗的疾病构成了其核心的技术特征。即核心的技术特征之一为“以药学上可接受的盐或游离碱的形式存在”的下述结构式的特定化学结构的化合物：

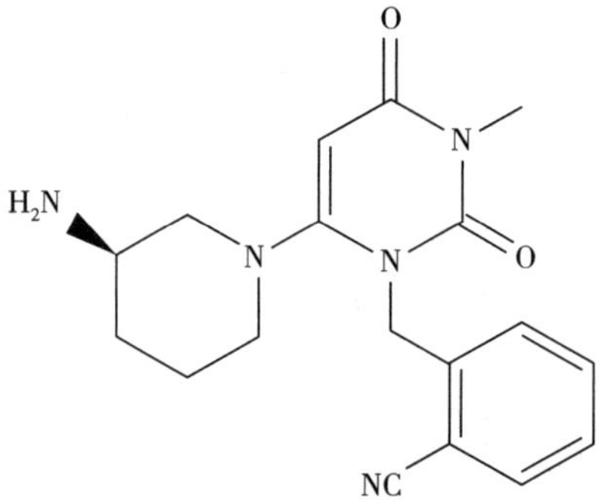

核心技术特征之二为“治疗Ⅱ型糖尿病”。而“通过口服给予”为药物剂型特征，会影响制药过程，属于主要技术特征。注意，按照中国专利实践，其中的“给予日剂量为 5 毫克至 250 毫克”则仅仅体现在用药过程的特征，对制药过程无影响，因此属于次要技术特征（见图 6-17）。

发明的从属权利要求基于权利要求 1 进行了进一步限定，这些附加技术特征，如“苯甲酸盐”、剂型“固体制剂、片剂”等也属于本专利的次要技术特征。

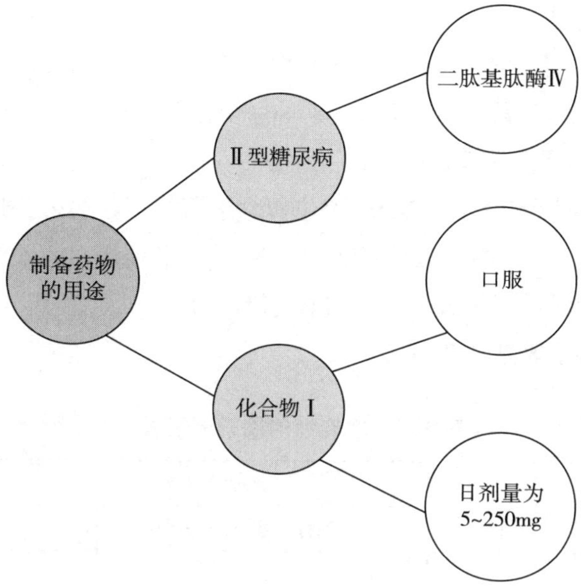

图 6-17　体现本专利发明构思的三种技术特征

根据图 6-17 中的核心技术特征和主要技术特征制作检索要素表达表格。

(1) 分类号的选取

首先，查阅 IPC 分类表，看看是否能够找到比较恰当的分类位置。

经过查阅，发现小组分类号“A61K31/00”比较相关，其涉及含有有机结构成分的医药制品。

· A61K 医用、牙科用或梳妆用的配制品（专门适用于将药品制成特殊的物理或服用形式的装置或方法 A61J3/00；空气除臭，消毒或灭菌，或者绷带、敷料、吸收垫或外科用品的化学方面，或材料的使用入 A61L；肥皂组合物入 C11D）

· A61K31/00 含有机有效成分的医药配制品〔2〕

此外，发现“A61P 3/00”也高度相关，其涉及化合物或药物制剂治疗代谢疾病。

· A61P 化合物或药物制剂的特定治疗活性〔7〕

· A61P3/00 治疗代谢疾病的药物（治疗血液或细胞外液的入 A61P7/00）〔7〕

A61P 3/00 下有几个小类：

· A61P3/02 · 营养物，例如维生素、矿物质〔7〕

· A61P3/04 · 减食欲剂；抗肥胖剂〔7〕

· A61P3/06 · 抗高血脂药〔7〕

· A61P3/08 · 用于葡萄糖体内平衡的药物（胰激素类入 A61P5/48）〔7〕

· A61P3/12 · 用于电解质体内平衡的药物〔7〕

从这几个小类看，A61P3/08 与Ⅱ型糖尿病最相关，作为重点检索的分类号。

（2）关键词的遴选

医药领域中，由于创造性的评价与化合物结构本身密切相关，因此通过分类号进行检索会带来较高的非相关噪声。此时，关键词的检索尤为重要。由于化合物 I 的作用机制是通过抑制 DPP-Ⅳ的活性从而延长 GLP-1（7-36）的半衰期，因此“DPP-Ⅳ抑制剂”的功能性描述的关键词可作为化合物I的上位概念进行扩展。另外，还可以对作用机制和技术效果进行进一步延展，如“延长 GLP-1（7-36）半衰期”的效果性词语。

对关键词进行同义词、近义词和上位概念的扩展，以及中英文的扩展也是必需的。最终本专利的检索要素表达见表 6-3。

表 6-3　本专利的检索要素表达

要素表达	检索要素		
	化合物Ⅰ	治疗Ⅱ型糖尿病用途	二肽基肽酶Ⅳ
分类号表达	A61K31/00	A61P3/00 A61P3/08	
关键词表达	2-［［6-［（3R）-3-氨基哌啶-1-基］-3-甲基-2，4-二氧代嘧啶-1-基］甲基］苄腈，2-［［6-［（3R）-3-amino-1-piperidinyl］-3，4-dihydro-3-methyl-2，4-dioxo-1（2H）-pyrimidinyl］methyl］-benzonitrile，阿格列汀，alogliptin，alogliptina，UNII-JHC049LO86，$C_{18}H_{21}N_5O_2$，片剂，口服，剂量，固体	type Ⅱ diabetes，糖尿病，代谢病，肥胖，胰岛素抵抗，insulin resistance，fat，obesity，GLP-1（7-36）	二肽基肽酶Ⅳ，DPP4、DP4、DAP-Ⅳ、FAPβ、腺苷脱氨酶络合蛋白2、腺苷脱氨酶结合蛋白（ADAbp）、二肽基氨肽酶Ⅳ；Xaa-Pro-二肽基-氨肽酶；Gly-Pro萘基酰胺酶；脯氨酰（post-proline）二肽基氨肽酶Ⅳ；淋巴细胞抗原CD26；糖蛋白GP110；二肽基肽酶Ⅳ；甘氨酰脯氨酸氨肽酶；甘氨酰脯氨酸氨肽酶；X-脯氨酰二肽基氨肽酶；pep X；白细胞抗原CD26；甘氨酰脯氨酰二肽基氨肽酶；二肽基-肽水解酶；甘氨酰脯氨酰氨肽酶；二肽基-氨肽酶Ⅳ；DPPⅣ/CD26；氨基酰基-脯氨酰二肽基氨肽酶；T细胞激发分子Tp103；X-PDAP，Dipeptidyl Peptidase

四、检索策略及分析

1. 引文/申请人/发明人追踪检索

本发明的申请人为武田药品工业株式会社（TAKEDA PHARMACEUTICAL COMPA-

NY LIMITED），发明人为 CHRISTOPHER RONALD J，COVINGTON PAUL。由于药物的研发具有延续性，不排除本专利之前的前期工作积累会有先导化合物、偶然公开或者探索性研究公开的可能，对于化合物的研发过程有时会出现在先申请或者在先文章构成本专利的现有技术的情况，因此对申请人和发明人的在先文章和专利的引文进行追踪检索也作为一个不可忽视的检索环节。

2. **关键词和分类号检索**

生物医药领域，多以关键词为初步检索要素，若结果太多，再以分类号限缩检索结果，不同检索要素的关键词均需要组合尝试，所以以关键词和分类号构成以下检索式：

S1：（diabetes or（insulin w resistance）or obesity）AND（DPP-4 or FAPβ or Dipeptidyl Peptidase）

S2：（GLP-1）AND（diabetes or（insulin w resistance）or obesity））NOT S1

S3：alogliptin+ AND（DPP-4 or FAPβ or Dipeptidyl Peptidase）

S4：A61K31/00 AND（S1 OR S2 OR S3）

S5：A61P3/00 AND（S1 OR S2 OR S3）

S6：（TAKEDA or CHRISTOPHER）AND（diabetes or（insulin w resistance）or obesity）......

智慧芽数据库中的检索过程：

在智慧芽中先以“diabetes OR（insulin w resistance）OR obesity AND DPP-4 OR FAPβ or Dipeptidyl Peptidase”，获得超过 30 万条同族的结果（见图 6-18），十分庞杂。

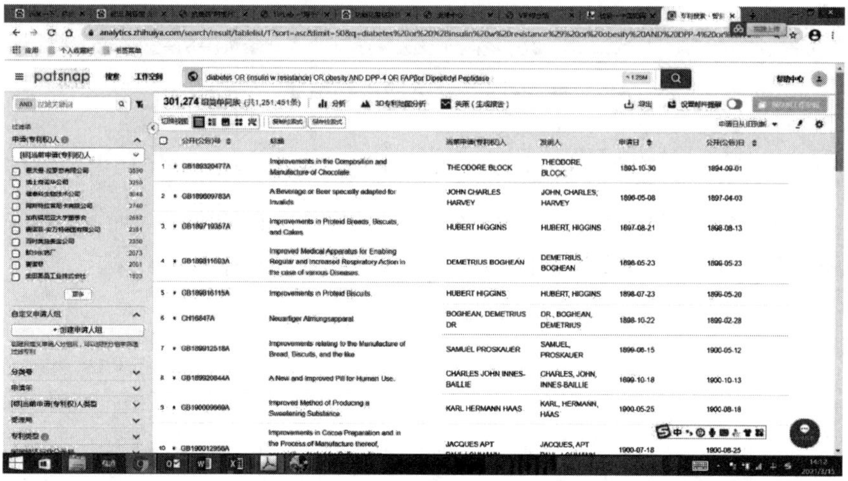

图 6-18 智慧芽检索结果

因此，进一步采用分类号限缩结果，获得 999 组同族专利，如图 6-19 所示。

图 6-19 分类号限缩结果

结果仍然过多，调整关键词和分类号检索词为 diabetes AND（DPP-4 OR FAPβ or Dipeptidyl Peptidase）AND IPC：（A61P3/00），获得 460 个同族，逐一浏览，获得一些 A 类文献，其中发现还是武田药业自己的申请和本专利的化合物结构比较类似，如图 6-20 所示。

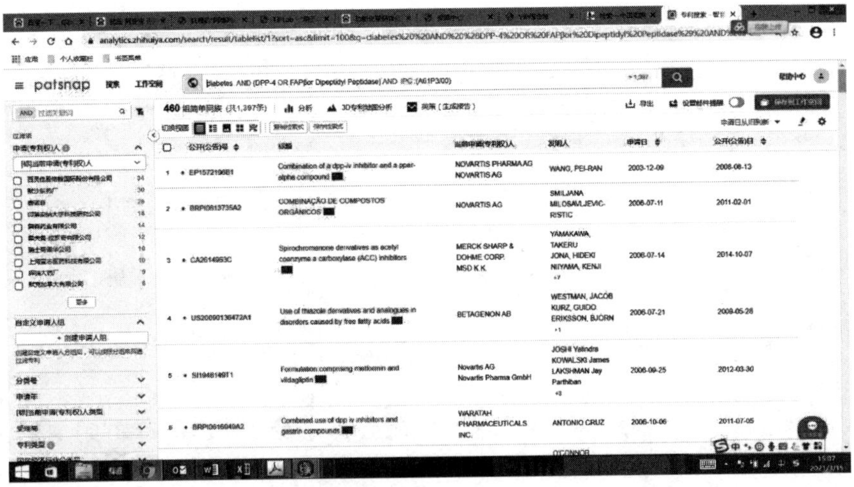

图 6-20　调整关键词和分类号检索结果

3. 申请人+关键词检索

基于之前的检索结果，发现申请人武田药业的申请和本专利比较接近，因此重点关注武田公司在 DDP4 上的专利申请，用申请人+关键词（ANCS：“武田薬品工业株式会社”）AND（DPP4）进行检索，如图 6-21 所示。

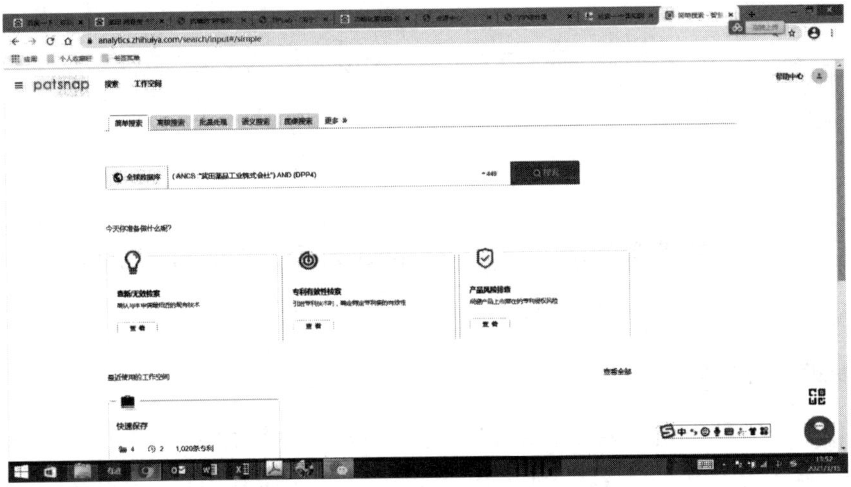

图 6-21　申请人+关键词检索结果

获得共计 449 条检索结果，74 个简单同族。逐一浏览 74 个同族的专利文件，获得与本专利发明构思、化合物结构都比较接近的 A 类文献（即在下文中提及的几篇），但没有找到 XY 类文献，如图 6-22、图 6-23 所示。

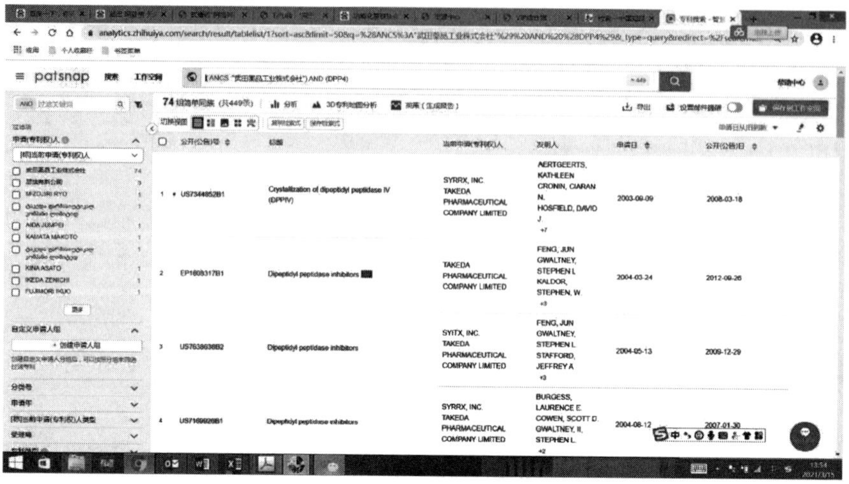

图 6-22　A 类文献（一）

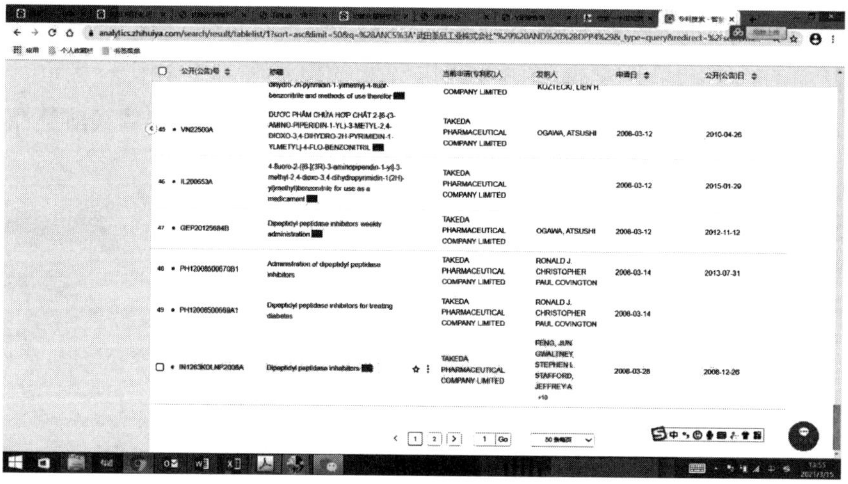

图 6-23　A 类文献（二）

4. 物质结构的检索

对于化学领域的申请，采用物质结构进行检索是重中之重。对于新化合物，通过理解发明，确定所述化合物发挥生物学作用的母核，构建马库什结构式作为检索要素。对于已知化合物，则可通过 RN 号（即 CAS 号）进行其相关现有技术的检索，也可根据其母核构建马库什结构式作为检索要素。化合物结构的检索一般在特定的化合物库中进行，常用的是美国化学学会的 STN 和 Science Finder。

由于用专利数据库没有找到 XY 文献，基于 STN 对化合物数据的强大检索能力，尝试在 STN 中用 RN 号进行结构式检索。首先通过检索确定，本专利的化合物 I 为武田公司的阿格列汀，其药用形式为苯甲酸阿格列汀，CAS 号为 850649-61-5。

检索命令如下：

```
=>file caplus
=> s 850649-61-5/rn
        964 850649-61-5
          4 850649-61-5D
L1      962 850649-61-5/RN
              (850649-61-5 (NOTL) 850649-61-5D)
```

即获得 962 个结果。由于时间越早的排序越靠后，因此请求显示最后几条结果，输入命令：=>d L1 959-962

浏览时间最早的一条检索结果，第 962 条，发现其可以作为对比文件使用：

L1 ANSWER 962 OF 962 CAPLUS COPYRIGHT 2021 ACS on STN

Full Text | Citing References

AN	2005：1045076 CAPLUS
DN	143：347194
TI	Preparation of pyrimidine-2，4-dione compounds as dipeptidyl peptidase Ⅳ inhibitors
IN	Feng，Jun；Gwaltney，Stephen L.，II；Stafford，Jeffrey A.；Zang，Zhiyuan
PA	Syrrx，Inc.，USA
SO	Jpn. Kokai Tokkyo Koho，278 pp. CODEN：JKXXAF
DT	Patent
LA	Japanese

FAN. CNT 1

PI PATENT NO.	KIND	DATE	APPLICATION NO.	DATE-----
JP 2005263780	A	20050929	JP 2004-382612	20041217
JP 3895349	B2	20070322		
AU 2004318013	A1	20051013	AU 2004-318013	20041215
AU 2004318013	B2	20110908		
CA 2559302	A1	20051013	CA 2004-2559302	20041215
CA 2559302	C	20120619		
WO 2005095381	A1	20051013	WO 2004-US42209	20041215
KR 2007008620	A	20070117	KR 2006-7020496	20041215

KR 1071389	B1	20111007		
CN 1926128	A	20070307	CN 2004-80042457	20041215
BR 2004018639	A	20070529	BR 2004-18639	20041215
BR 2004018639	B1	20200728		
ZA 2006007252	A	20080528	ZA 2006-7252	20041215
EA 13427	B1	20100430	EA 2006-1701	20041215
NZ 549716	A	20100430	NZ 2004-549716	20041215
KR 2011057274	A	20110531	KR 2011-7011142	20041215
KR 1071390	B1	20111007		
CN 102079743	A	20110601	CN 2011-10004223	20041215
CN 102079743	B	20200825		
CN 102127053	A	20110720	CN 2011-10005267	20041215
CN 102127057	A	20110720	CN 2011-10005289	20041215
CN 102134229	A	20110727	CN 2011-10005788	20041215
CN 102134229	B	20200804		
CN 102134230	A	20110727	CN 2011-10006009	20041215
CN 102134230	B	20190628		
CN 102134231	A	20110727	CN 2011-10006939	20041215
CN 102134231	B	20200804		
CN 102140090	A	20110803	CN 2011-10009884	20041215
IL 177629	A	20120628	IL 2004-177629	20041215
IL 220480	A	20120830	IL 2004-220480	20041215
TW I344962	B	20110711	TW 2004-139575	20041217
TW I363757	B	20120511	TW 2011-117512	20041217
EP 1586571	A1	20051019	EP 2004-258153	20041221
EP 1586571	B1	20080716		
EP 1586571	B3	20150624		
AT 401320	T	20080815	AT 2004-258153	20041221
PT 1586571	E	20080908	PT 2004-258153	20041221
ES 2310704	T3	20090116	ES 2004-258153	20041221
AR 48055	A1	20060329	AR 2004-104929	20041228
US 20050261271	A1	20051124	US 2005-80992	20050315
US 7807689	B2	20101005		

MY 146290	A	20120731	MY 2005-1082	20050315
HK 1083338	A1	20081031	HK 2006-104654	20060419
JP 2006298933	A	20061102	JP 2006-175511	20060626
JP 4068118	B2	20080326		
IN 2006KN02530	A	20070601	IN 2006-KN2530	20060904
IN 244233	B	20101126		
CR 8595	A	20080318	CR 2006-8595	20060905
PH 12006501804	B1	20130220	PH 2006-12006501804	20060914
MX 2006010571	A	20070216	MX 2006-10571	20060915
NO 2006004669	A	20061213	NO 2006-4669	20061016
NO 332232	B1	20120806		
JP 2007314551	A	20071206	JP 2007-182287	20070711
JP 4948298	B2	20120606		
US 20080003283	A1	20080103	US 2007-835295	20070807
US 7795428	B2	20100914		
US 20080108807	A1	20080508	US 2007-929482	20071030
US 8288539	B2	20121016		
US 20080108808	A1	20080508	US 2007-929673	20071030
US 8329900	B2	20121211		
US 20080161562	A1	20080703	US 2007-929549	20071030
US 7781584	B2	20100824		
US 20080177064	A1	20080724	US 2007-928944	20071030
US 8188275	B2	20120529		
US 20080188501	A1	20080807	US 2007-929737	20071030
US 7906523	B2	20110315		
US 20090012059	A1	20090108	US 2007-929593	20071030
US 8173663	B2	20120508		
AU 2011203217	A1	20110721	AU 2011-203217	20110630
AU 2011203217	B2	20130530		
AR 103423	A2	20170510	AR 2016-100097	20160114

PRAI	US 2004-60553571	P	20040315
	US 2004-60629524	P	20041118
	AU 2004-318013	A3	20041215

CN 2004-80042457	A3	20041215
IL 2004-177629	A3	20041215
KR 2006-7020496	A3	20041215
WO 2004-US42209	W	20041215
JP 2004-382612	A3	20041217
AR 2004-104929	A3	20041228
US 2005-80992	A1	20050315
JP 2006-175511	A3	20060626

可以看到，JP 2005263780 和 WO 2005095381 两个专利文献的申请时间早于本专利的优先权日，而公开时间在本专利的优先权日和申请日之间，属于中间文件，如果本专利的权利要求不能享受优先权，则构成现有技术。

5. **检索过程分析**

上述几种检索方式中，用分类号和关键词检索是所有领域通用的检索方式，这种检索方法获得的检索结果最为全面，可最大限度地避免漏检，但检索结果数量大，非相关的检索噪声强，检索效率较低。

用引文+发明人，以及申请人+关键词进行检索的方式都能快速地找到与本专利密切相关的现有技术。一方面，限于关键词、发明人的多种不同表达形式，以及不同数据库中对于引文、发明人、申请人标引和收录数据的差别，可能会导致漏检；另一方面，只使用这种检索方法会导致漏掉其他相近技术和发明构思的申请人的现有技术，造成漏检。因此，该检索方式需要结合其他检索方式一起使用，通常不能仅仅使用该检索方式。

采用 STN 数据库进行物质的检索，是最适合化学领域的检索方式。该检索方式不但能够准确、有针对性地检索到具体结构的化合物的文献，还能够构建马库什结构式，扩展检索到与发明的化合物结构类似的文献。该检索方式不仅能够最大限度地保持检索结果的准确性，还能够最大限度地避免漏检，同时兼顾检索效率，是化合物检索值得推荐的检索方式。

五、检索结果的确定

通过上述数据库的不同方式的关键词组合检索，获得如下检索结果，对这些现有技术与本专利进行比对分析如下：

US20050070531A1

该申请公开时间为 2005-03-31，早于本专利优先权日，该申请公开了具有 DPP-

Ⅳ抑制效果的化合物，其以以下通式结构的化合物表示：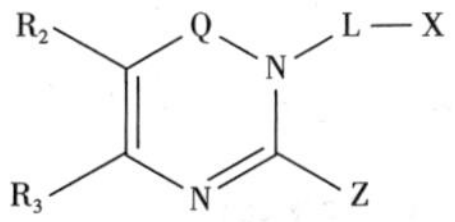，申请对 R_2、R_3、Q、L、X 和 Z 分别进行了定义，其中记载了两个具体结构的化合物为：

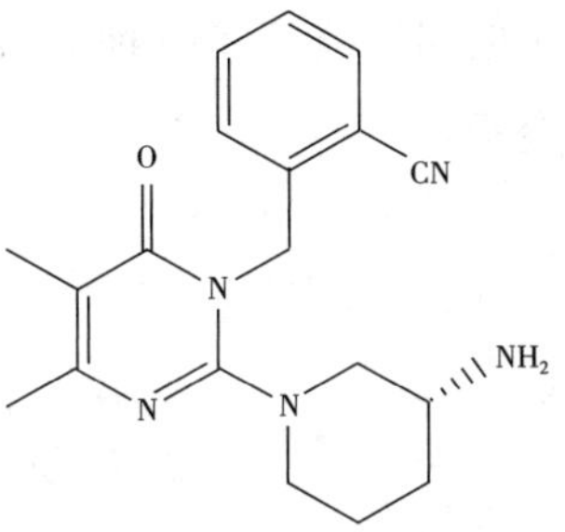

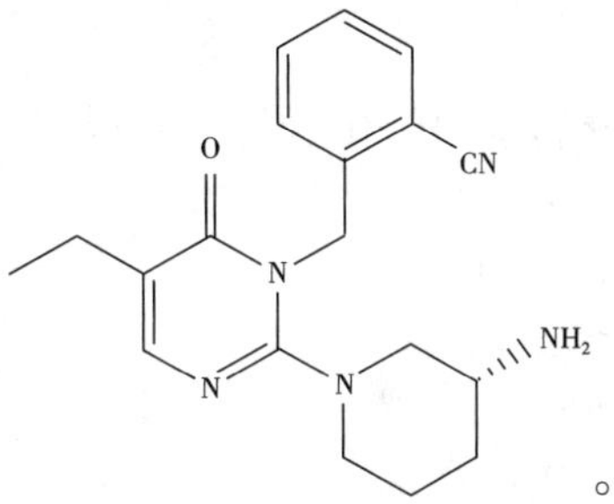
。

通过结构比对，发现该通式化合物涵盖了本专利化合物，但该文献中并未具体公开本专利化合物Ⅰ的结构，即本专利化合物Ⅰ相对于该文献而言具备新颖性。从创造性角度而言，该文献中具体公开的化合物虽然与本专利化合物Ⅰ在结构上有相似之处，但从该文献中，对 R_2、R_3、Q、L、X 和 Z 中的各个取代位置进行具体取代从而获得本专利的化合物Ⅰ的结构需要付出过度劳动，因为文献中并未给出具体进行化合物Ⅰ所述取代方式的教导。

WO2004087053A2

该专利文献于 2004 年 10 月 14 日公开，早于本专利优先权日，该申请公开了具有 DPP-Ⅳ抑制效果的化合物，其以以下通式结构的化合物表示：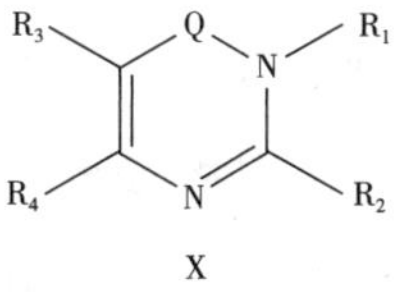，申请对 R_1 ~ R_4、Q 分别进行了定义，具体记载了具有良好 DDP4 抑制活性的化合物的具体结构为：

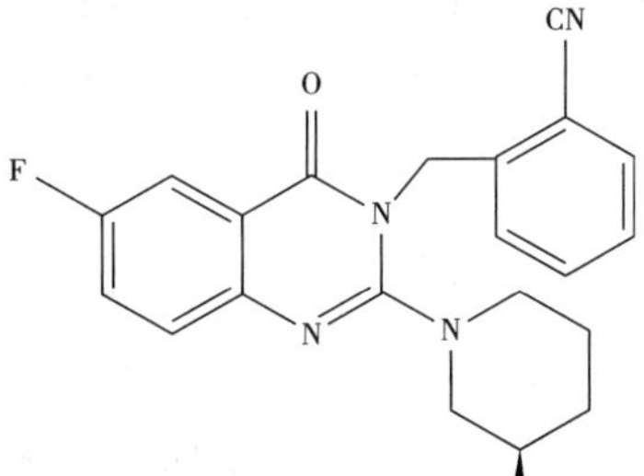

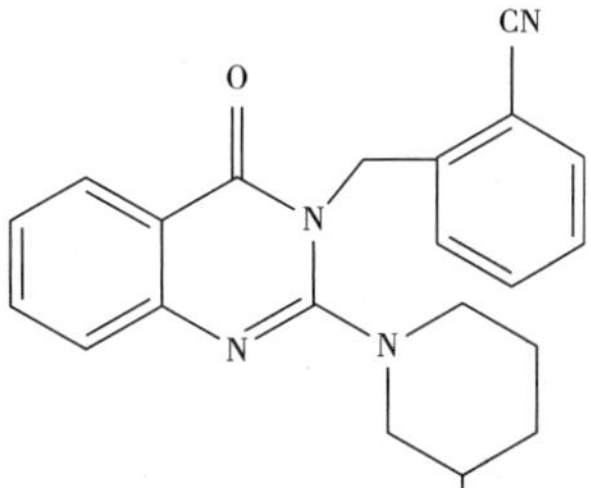

通过结构比对，发现该文献中的通式化合物和具体化合物均与本专利的化合物Ⅰ

的结构有一定的差异，且也不存在共同的发挥生物功能的母核，本领域技术人员从该文献出发没有动机获得如化合物Ⅰ所示的DDP4抑制剂，该文献只可作为A类文献。

EP1506967B1

该专利的申请日是2004年8月12日，最早优先权日是2003年8月11日，公开日是2005年2月16日，早于本专利优先权日。该文献同样公开了一种DDP4抑制剂，具有治疗Ⅱ型糖尿病作用的化合物，其以以下通式表示：

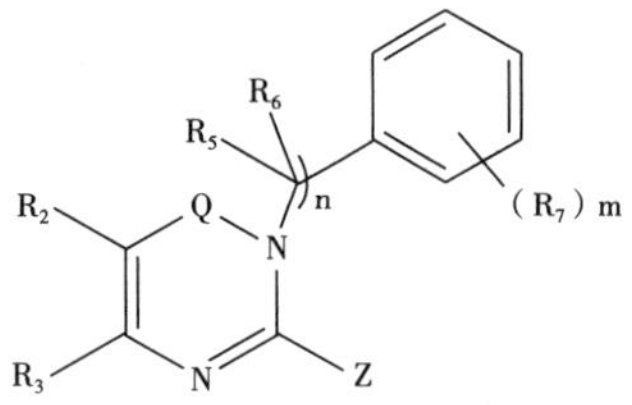

Ⅲ

对各取代基分别进行了定义，具体实例中公开的化合物结构有：

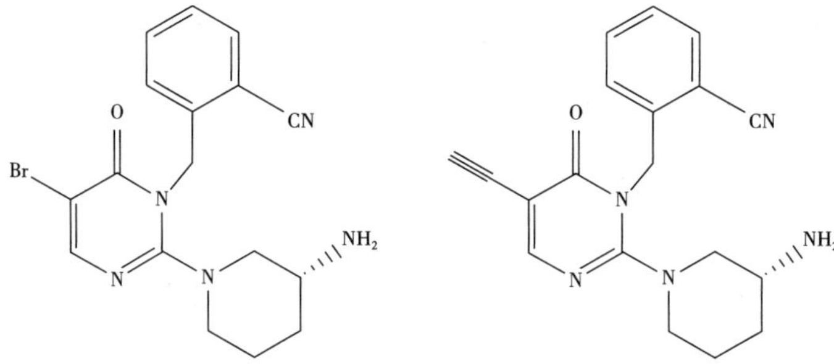

通过结构比对，发现该文献中的通式化合物和具体化合物均与本专利的化合物Ⅰ的结构有一定相似性，但无法作为Y类文献评价本专利创造性，可作为A类文献。

通过上述关键词的检索，发现获得的相近文献均为武田药品工业株式会社的相关专利，由此可以看到该药物是武田重点进行专利布局的一个品种。由于药品研发需要长时间积累和不断推进，其研发过程不会一蹴而就，因此其早期提交的专利申请或者文章中，可能获得好用的对比文件的可能性较大。由此，调整检索策略，重点追踪检索武田药品公司在DDP4抑制剂方向对治疗糖尿病相关研究提交的专利和文章，获得以下文献：

WO2005095381A1

该文献申请日为2004年11月18日，早于本专利的优先权日，公开日为2005年10月13日，晚于本专利优先权日。该专利公开了使用新的DPP-4抑制剂化合物或组合物来治疗DPP-4相关疾病，具体为糖尿病，更具体为Ⅱ型糖尿病的技术领域，其要解决的技术问题是提供一种新的DPP-4抑制剂来有效地治疗糖尿病，尤其是Ⅱ型糖尿病。所述的抑制剂的结构如下：

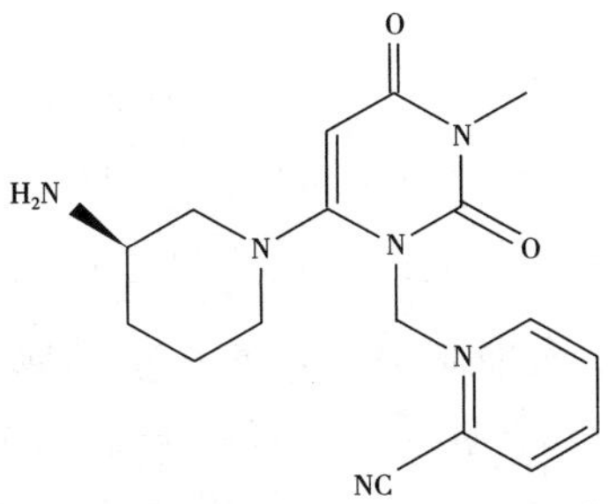

4

为了解决所述技术问题，该文献提供了根据本发明的化合物或包含所述化合物的药物组合物作为 DPP-4 抑制剂来制备药物用于所述疾病的治疗的技术方案。在其说明书发明内容部分对该发明各基本技术方案中的具体技术特征进行了阐释，强调了所述药物组合物适合于包括口服在内的途径给药；并指出本发明化合物可以是游离碱形式或酸加成盐形式。但没有公开具体用药时的剂量范围为 5 毫克至 250 毫克，因此关于其是否能够作为现有技术，取决于本专利是否能够享有优先权。

在 STN 数据库中，以 RN 号进行检索，时间最早的一个检索结果也能获得该文献。

总结上述检索出来的几篇文献与本专利发明构思比较见表 6-4。

表 6-4　检索出来的几篇文献与本专利发明构思比较

检索结果	本专利的发明构思				对比结果
	技术问题	技术方案		技术效果	
	抑制 GLP-1（7-36）降解	特定结构 DPP-Ⅳ抑制剂	治疗疾病类型	抑制肿瘤的效果	
WO2004087053A2	√	×	√	√	×
EP1506967B1	√	×	√	√	×
WO2005095381A1（P 类文件）	√	√	√	√	√
US20050070531A1	√	×	√	√	×

就具体技术方案而言，单纯从文字记载来看，WO2005095381A1 没有明确记载和涉案专利权利要求 1 表述方式完全相同的技术方案。但是综合考虑该文献记载的技术信息，该文献整体上已经披露了作为示例的化合物 4（涉案专利的化合物Ⅰ），以盐或者游离碱形式作为活性成分制备成口服药物，该药物可用于治疗 DPP-4 介导的病症，包括Ⅱ型糖尿病。即，该文献已经记载了化合物Ⅰ在制备药物组合物中的用途，所述药物组合物通过口服给予化合物Ⅰ用于治疗Ⅱ型糖尿病，其中化合物Ⅰ所述结构式，以药学上可接受的盐或游离碱的形式存在，因此该文献已经记载了和涉案专利权利要求 1

相同的技术方案。

就该文献记载的技术方案的技术效果而言，其记载了所述化合物和组合物给药治疗的疾病的实例包括但不限于 DPP-4 抑制的病症，具体为糖尿病、Ⅱ型糖尿病等；实施例中还记载了 DPP-4 测定法，并记载了化合物表现出选择性 DPP-4 抑制活性。虽然该文献中验证的是具有 DPP-4 抑制活性，而本专利说明书中除了验证 DPP-4 抑制活性外，进一步针对新诊断的Ⅱ型糖尿病患者展开临床试验证实了降血糖效果，还针对小鼠开展了药物联用的降血糖研究。但是，本领域技术人员结合常识并根据该文献的整体记载可以确认，具有 DPP-4 抑制活性意味着可以通过抑制 DPP-4 对 GLP-1 的裂解，从而刺激胰岛素分泌、抑制高血糖素分泌等机制来降低血糖，进而用于治疗Ⅱ型糖尿病。因此，将该文献作为一个整体进行分析，本领域技术人员能够确认，包含化合物 4 的药物组合物适用于Ⅱ型糖尿病的治疗。本专利说明书中在糖尿病患者和小鼠上开展的降血糖研究是对该文献已验证 DPP-4 抑制活性效果的进一步丰富和完善，并未产生新的技术效果。因此，该文献披露技术方案与涉案专利权利要求 1 具有相同的技术效果。

在技术方案、技术效果相同基础上，结合本专利和该文献披露的整体信息还可得知，该文献披露的技术方案和本专利权利要求 1 均属于糖尿病治疗的技术领域，具体来说涉及使用 DPP-4 抑制剂来治疗糖尿病的技术领域，要解决的技术问题都是制备适合治疗糖尿病的 DPP-4 抑制剂化合物及其药物组合物。综上，可以认为该文献中已经披露与本专利权利要求 1 相同主题的发明。如此，本专利要求享有优先权的 US60/717558（申请日为 2005 年 9 月 14 日）和 US60/747273（申请日为 2006 年 5 月 15 日）均已非首次申请，权利要求 1 不能享有这两件在先申请的优先权。如果上述认定能够得到认可，则该文献能够构成本专利的现有技术，因此在无效请求时应当将该文献作为影响专利的创造性的证据。

六、检索经验与技巧总结

技巧 1：在理解发明构思之后，还要回到权利要求的技术方案来理解其保护范围和权利要求中限定特征的实质限定作用。在医药领域，尤其要注意其特殊性及特殊规定，例如根据《专利审查指南 2010》第二部分第十章第 5.4 节关于化学产品用途发明的新颖性的规定中，对于涉及化学产品的医药用途发明，进行的特别规定，其中指出“给药对象、给药方式、途径、用量及时间间隔等与使用有关的特征是否对制药过程具有限定作用，仅仅体现在用药过程中的区别特征不能使该用途具有新颖性。”这一点的理解对于检索和对比文件的确定有时起到十分关键的作用。具体到本案，本专利权利要求 1 中的“所述药物组合物……日剂量为 5 毫克至 250 毫克的化合物 I”，仅仅是用药过程的特征，不能因此给权利要求带来新颖性。因此，基于上述理解，WO2005095381A1没有明确记载和涉案专利权利要求1表述方式完全相同的技术方案，但实际上公开了权利要求1的技术方案，因而可以认定本专利要求享受的优先权并非首次申请，进而WO2005095381A1能够用于影响本专利的新颖性和创造性。

技巧2：医药用途方面的专利的发明构思一般都基于药物的作用机理，因此对于发明构思的把握需要从药物分子的基团、结构与靶点的相互作用来理解发明人构思的过程。在这个过程中，能够帮助确定发明的先导化合物、药物筛选方向，从而帮助检索到与药物作用机理类似的相似结构的药物。

技巧3：检索要素提取方面，对于制药用途的专利，其权利要求的技术特征遵循典型的“药物结构（序列）”+“疾病类型”+“其他特征（用药特征、剂型）”的三分结构，其中化合物的结构和治疗疾病的类型是影响制药过程的核心检索要素，剩下的都是次要特征。因此要牢牢抓住物质的结构，和治疗的疾病类型这两个关键的检索要素，方能准确地实现精准检索。另外，对于检索要素的提取不要忘了结合发明构思提取那些药物作用机制的特征，会对检索大有帮助。

技巧4：检索策略方面，医药领域比较常用关键词检索，而涉及生物大分子和化合物的发明，序列的检索和结构式的检索也是不可或缺的。通常初步的检索会锁定化合物或大分子的结构，从结构相似性进行扩展，使用在结构和序列检索方面好用的检索工具，能够快速准确地了解与本发明最相关的文献。如果结构和序列检索都无法获得有效的检索结果，则建议扩展关键词的同义词、近义词、中英文表达等不同的表达方式，以扩展检索的范围。在这个过程中，也可以通过分类号、国别、申请人等其他检索方式限缩检索的范围，不断调整检索方法。

技巧5：追踪检索方面，众所周知，每款新药的研发都要经历漫长的研发过程，对于小分子化合物而言，其从药物作用机制的研究，到先导化合物的筛选，到优势化合物的确定，需要经过很长时间。药厂在研发过程中对药物的布局，也会根据研发进展多次提交申请，这些在先提交的申请，很大可能就可作为在后申请的对比文件。因此，针对申请人发明人的相关研究进行追踪检索，可能会有较好结果。

技巧6：对于化合物的检索，在经费允许情况下，用STN这种化学数据收录齐全，标引准确的数据库进行检索，会大大提高检出率和检索效率。

技巧7：在专利无效检索中，注意认定优先权不成立的情况下，即使采用检索到的中间文件能够影响专利的新颖性和/或创造性，仍然有必要做进一步检索获得影响专利的新颖性或创造性的现有技术文献。以防止优先权不成立的观点不被认可而无法达到无效专利的目的。在本案中，虽然检索到认为可用的中间文件，但还应当尽可能地检索有效的现有技术，则更为保险。

案例 11　核苷酸类似物

一、案例背景

替诺福韦二吡呋酯（Tenofovir disoproxil），又名替诺福韦酯，商品名韦瑞德（Viread），是一种逆转录酶抑制剂。在中国，其适应证包括慢性乙型肝炎和艾滋病。据世界卫生组织统计，全世界有 20 亿人感染乙肝病毒，3.5 亿以上的人患有慢性（长期）肝脏感染疾病，其中中国的乙肝患者约占 1/3，中国目前每年用于乙肝治疗的总费用超过 1000 亿元人民币，已成为全球最大的乙肝药物市场。

替诺福韦酯是吉里德科学公司在阿德福韦酯的基础上开发的另一种核苷类抗病毒药。替诺福韦是无环的 5’-单磷酸腺苷类似物，化合物本身不稳定，且口服吸收较差、半衰期短。为此，吉里德科学公司将其制备为替诺福韦二吡呋酯前药，提高了药物的稳定性，延长了药物的半衰期，口服吸收率明显增加，并能提高细胞对活性成分的摄取能力。在此研究成果基础上，吉里德科学公司将其进一步制备为替诺福韦二吡呋酯的富马酸盐形式❶。吉里德科学公司在中国的三项授权专利分别是替诺福韦酯的化合物专利（ZL97197460.8）、替诺福韦酯富马酸盐专利（ZL98807435.4）和化合物盐中替诺福韦酯和富马酸的摩尔比例专利（ZL200710196265.3）。目前，化合物盐专利和化合物盐的摩尔比例专利被全部无效，并且北京高院终审判决全部驳回上诉，维持原判。替诺福韦酯化合物的专利全部被无效后，北京高院终审判决撤消了专利复审委员会第 22284 号和北京知识产权法院（2015）京知行初字第 1297 号，另重新作出决定。本文以 ZL97197460.8 为例，从无效过程中的证据获得的角度，探讨如何检索专利无效证据。

ZL97197460.8 涉及膦酰甲氧基核苷酸类似物中间体，特别是适用于有效地口服传送的这种类似物的中间体。专利扉页如图 6-24 所示。

❶ 王博，等. 专利悬崖边缘的替诺福韦酯专利现状［J］. 药学进展，2017，41（11）：846-851.

[19] 中华人民共和国国家知识产权局

[12] 发 明 专 利 说 明 书

专利号 ZL 97197460.8

[51] Int. Cl.
C07F 9/6561 (2006.01)
A61K 31/675 (2006.01)
C07F 9/6512 (2006.01)

[45] 授权公告日 2008 年 4 月 30 日　　[11] 授权公告号 CN 100384859C

[22] 申请日 1997.7.25 [21] 申请号 97197460.8
[30] 优先权
[32] 1996.7.26 [33] US [31] 08/686,838
[86] 国际申请 PCT/US1997/013244 1997.7.25
[87] 国际公布 WO1998/004569 英 1998.2.5
[85] 进入国家阶段日期 1999.2.25
[73] 专利权人 吉里德科学公司
地址 美国加利福尼亚州
[72] 发明人 M·N·阿瑞米利 K·C·昆迪
J·P·道格提 C·U·金
R·欧利雅 V·J·斯泰拉
[56] 参考文献
EP0054512A2 1982.6.23
WO94/03467A2 1994.2.17
WO95/32957A1 1995.12.7
EP-482657A2 1992.4.29
EP-206459A2 1986.12.30
审查员 [illegible]

权利要求书 4 页 说明书 66 页

[54] 发明名称
核苷酸类似物

[57] 摘要
提供了一些新的化合物，其含有抗病毒膦酰甲氧基核苷酸类似物与结构式 $-OC(R^2)_2OC(X)X(R)_a$ 的碳酸酯和/或氨基甲酸酯形成的酯，其中 R^2 独立地为 H、未取代的或者被卤素、叠氮基、硝基或 OR^3（其中 R^3 为 C_1-C_{12} 烷基）取代的 C_1-C_{12} 烷基、芳基、链烯基、链炔基、链烯基芳基、链炔基芳基、烷基芳基、芳基链炔基、芳基链烯基或芳基烷基，X 为 N 或 O，R 独立地为 H、未取代的或者被卤素、叠氮基、硝基、$-O-$、$-N=$、$-NR^4-$、$-N(R^4)_2-$ 或 OR^3（其中 R^3 为 C_1-C_{12} 烷基）取代的 C_1-C_{12} 烷基、芳基、链烯基、链炔基、链烯基芳基、链炔基芳基、烷基芳基、芳基链炔基、芳基链烯基或芳基烷基，R^4 独立地为 $-H$ 或 C_1-C_8 烷基，条件是：至少一个 R 不是 H，而 a 是 1 或 2，条件是：当 a 是 2 而 X 是 N 时，(a) 两个 R 基团可以一起形成一个碳环或一个含氧的杂环，或者 (b) 一个 R 还可以是 OR^3。该化合物可用作制备抗病毒化合物或寡核苷酸的中间体，或者可用于直接向病人给药进行抗病毒治疗或预防。口服是特别有用的实施方案。

图 6-24　本专利的扉页

本专利授权的权利要求书如下：

1. 下式（1a）的化合物或其药学上可接受的盐、互变异构体或水合物：

$$A-O-CH_2-P(O)(-OC(R^2)_2OC(O)X(R)_a)(Z) \qquad (1a)$$

其中 Z 为 $-OC(R^2)_2OC(O)X(R)_a$ 或 $-OH$；

A 为抗病毒的膦酰甲氧基核苷酸类似物残基；

X 为 N 或 O；

R^2 独立地为 $-H$、未取代的或者被 1 个或 2 个卤素、氰基、叠氮基、硝基或 OR^3 取代的 C_1-C_{12} 烷基、C_5-C_{12} 芳基、C_2-C_{12} 链烯基、C_2-C_{12} 链炔基、C_7-C_{12} 链烯基芳基、C_7-C_{12} 链炔基芳基或 C_6-C_{12} 烷基芳基，其中 R^3 为 C_1-C_{12} 烷基、C_2-C_{12} 链烯基、C_2-C_{12} 链炔基或 C_5-C_{12} 芳基；

R 独立地为 -H、未取代的或者被 1 个或 2 个卤素、氰基、叠氮基、硝基、$-N(R^4)_2$-或 OR^3 取代的 C_1-C_{12} 烷基、C_5-C_{12} 芳基、C_2-C_{12} 链烯基、C_2-C_{12} 链炔基、C_7-C_{12} 链烯基芳基、C_7-C_{12} 链炔基芳基或 C_6-C_{12} 烷基芳基，其中 R^4 独立地为-H 或 C_1-C_8 烷基，条件是，至少一个 R 不是 H；

当 X 是 O 时，a 是 1，或者当 X 是 N 时，a 是 1 或 2；

条件是：当 a 是 2 而且 X 是 N 时，(a) 两个与 N 原子连接的 R 基团可以一起形成一个含一个氮的杂环或一个含一个氮和氧的杂环，(b) 一个与 N 原子连接的 R 基团还可以是 OR^3 或者 (c) 两个与 N 原子连接的 R 基团可以是-H。

2. 权利要求 1 的化合物或其药学上可接受的盐、互变异构体或水合物，具有下列结构：

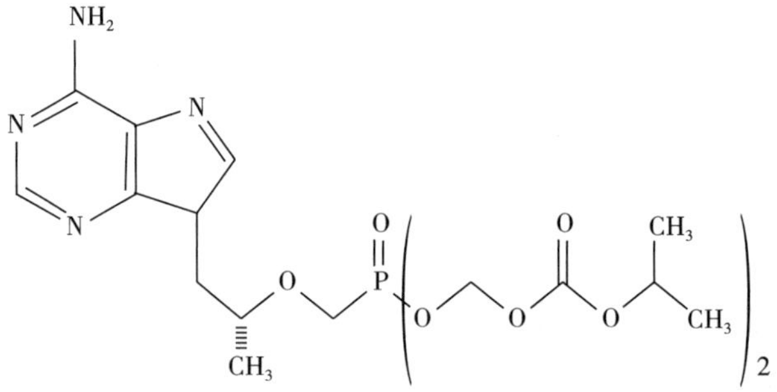

3. 权利要求 1 的式（1）的化合物或其药学上可接受的盐、互变异构体或水合物：

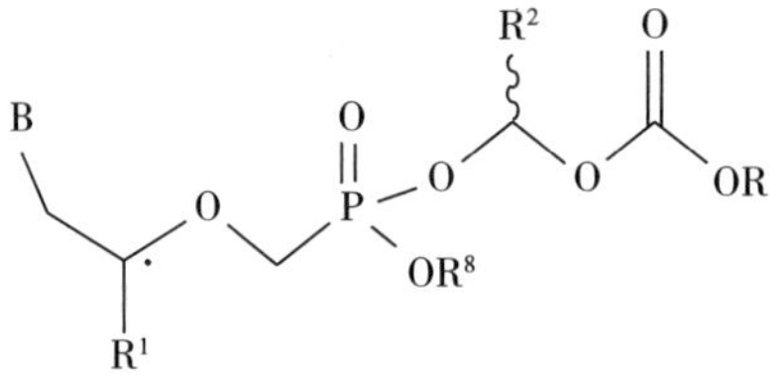

(1)

其中 B 为鸟嘌呤-9-基、腺嘌呤-9-基、2，6-二氨基嘌呤-9-基、2-氨基嘌呤-9-基或其 1-去氮杂、3-去氮杂或 8-氮杂类似物，或者 B 是胞嘧啶-1-基；

R 独立地为-H、未取代的或者被 1 个或 2 个卤素、氰基、叠氮基、硝基或 OR^3 取代的 C_1-C_{12} 烷基、C_5-C_{12} 芳基、C_2-C_{12} 链烯基、C_2-C_{12} 链炔基、C_7-C_{12} 链烯基芳基、C_7-C_{12} 链炔基芳基或 C_6-C_{12} 烷基芳基，其中 R^3 为 C_1-C_{12} 烷基、C_2-C_{12} 链烯基、C_2-C_{12} 链炔基或 C_5-C_{12} 芳基；

R^1 为 H、$-CH_3$、$-CH_2OH$、$-CH_2F$、$-CH=CH_2$ 或$-CH_2N_3$；

R^2 独立地为-H 或 C_1-C_6 烷基；而

R^8 为-H 或-CHR^2-O-C（O）-OR。

4. 权利要求 3 的化合物，其中 R^2 为-H。

5. 权利要求 4 的化合物，其中 R^1 为 $-CH_3$。

6. 权利要求 1 的化合物，其中 R^2 为 -H。

7. 权利要求 1 的化合物，其中一个 R^2 为 $-CH_3$，另一个 R^2 为 -H。

8. 权利要求 1 的化合物，其中 R^3 为 C_1-C_6 烷基或苯基。

9. 权利要求 1 的化合物，其中 R^3 为 $-CH_3$ 或 $-C_2H_5$。

10. 权利要求 1 的化合物，其中 X 是 O。

11. 权利要求 1 的化合物，其中 X 是 N，一个 R^3 是 $-CH_3$、$-C_2H_5$、$-C_3H_7$ 或 $-C_4H_9$。

12. 权利要求 5 的化合物，其中该化合物在标星号的碳原子处是富集的或拆分的。

13. 权利要求 5 的化合物，其中至少 90% 的化合物在标星号的碳原子处是（R）构型。

14. 权利要求 13 的化合物，其中 B 是腺嘌呤-9-基。

15. 权利要求 14 的化合物，其中每个 R 是乙基。

16. 权利要求 14 的化合物，其中每个 R 是异丙基。

17. 权利要求 14 的化合物，其中每个 R 是 3-戊基或新戊基。

18. 权利要求 14 的化合物，其中每个 R 是叔丁基或异丁基。

19. 权利要求 5 的化合物，其中 B 是 2，6-二氨基嘌呤-9-基。

20. 权利要求 4 的化合物，其中 R^1 是 H。

21. 权利要求 20 的化合物，其中 B 是腺嘌呤-9-基。

22. 权利要求 5 的化合物，其中 R 是 C_1-C_{12} 烷基。

23. 权利要求 4 的化合物，其中 R^1 是 $-CH_2OH$。

24. 权利要求 23 的化合物，其中 B 是胞嘧啶-1-基。

25. 权利要求 23 的化合物，其中至少 90% 的化合物在标星号的碳原子处是（S）构型。

26. 权利要求 1 的化合物在制备用于治疗感染了病毒或处于病毒感染危险之中的患者的药物中的用途。

权利要求 27~32 保护的是权利要求 1 或 3 的化合物的制备方法，由于权利要求 27~32 的新颖性和创造性，需要在权利要求 1 或 3 的化合物的新颖性和创造性的基础上进行判断，因此，本文的重点在于对权利要求 1~25 的化合物相关对比文件的检索。

二、理解发明构思

本发明的授权权利要求保护的是马库什通式化合物。发明点在于通式化合物本身。专利权人吉里德科学公司是本领域研究抗病毒药物的知名制药企业。

通过阅读说明书实施例的内容可知（见图 6-25），授权的通式（1a）化合物的发明实质是对现有技术已知的具有抗病毒活性物质膦酰甲氧基核苷酸类化合物进行酯化反应，以获得其酯前药，进而提高已知药物的稳定性、口服生物利用率、延长半衰期（见图 6-26）。其中，最为核心的内容是权利要求 2 保护的已知药物活性成分替诺福韦（PMPA）的双异丙氧基羰基氧基甲基酯［简称 bis（poc）PMPA］。在此基础上，专利权人还寻求对于包括 bis（poc）PMPA 在内的范围更大的马库什通式的保护，将药物活性成分扩展到“抗病毒的膦酰甲氧基核苷酸类似物残基”，并对酯化基团的数量（Z）、构成酯链的可选取代基（R、R^2）范围等马库什要素进行了限定。

实施例

实施例 1

PMPA 的合成

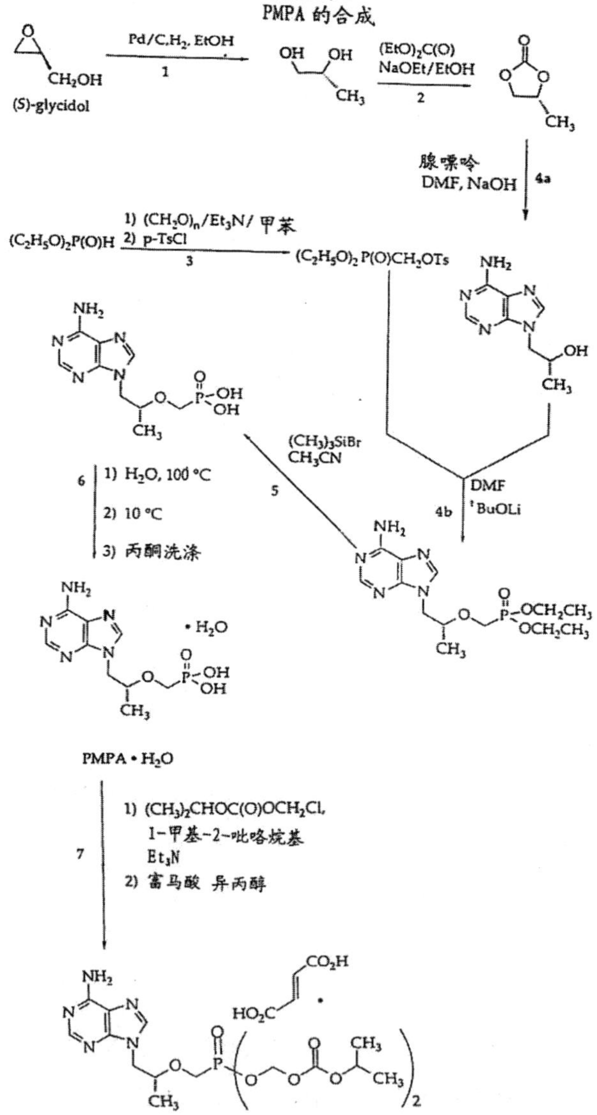

图 6-25　说明书实施例 1

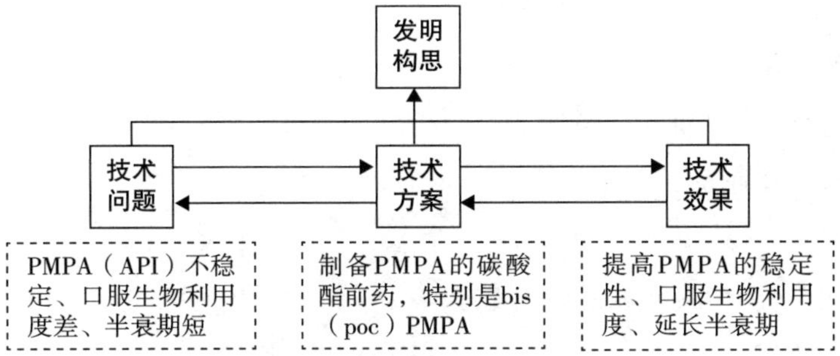

图 6-26　发明构思分析思路

三、确定检索要素

根据本专利的发明构思，可以按照从核心化合物到通式化合物，范围从小到大的辐射式检索，确定检索要素。根据发明构思，确定“bis（poc）PMPA”作为一级核心技术特征，该化合物体现了授权专利的发明实质；“式 1a”的通式化合物可作为二级主要技术特征，其体现了本专利权利要求涵盖的保护范围；“PMPA”和“碳酸酯前药”可作为三级的主要技术特征，其构成了在 PMPA 的基础上获得本发明的改进的重要技术启示（见图 6-27）。

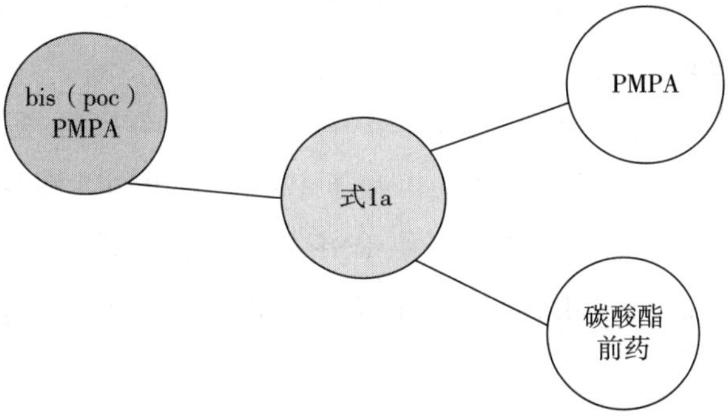

图 6-27　体现本专利发明构思的三种技术特征

下面简要介绍检索要素的表达。

（1）分类号的选取

对于化合物权利要求，IPC 或 CPC 分类系统依据化合物中的主要结构单元进行分类。这种分类形式往往比较上位，通常只能体现出化合物的部分结构特征，而且涵盖了大量与目标化合物无关的其他包含类似结构单元的化合物。以本专利为例，申请文件给出的 IPC 分类号为 C07F9/6561、A61K31/675 和 C07F9/6512，分类号的含义如下：

C07F9/6561

含周期表第 5 或 15 族元素的化合物；

. 磷化合物〔2〕；

.. 杂环化合物，例如含有磷作为杂环原子〔5〕；

... 含有稠合杂环系〔5〕；

C07F9/6512

含周期表第 5 或 15 族元素的化合物；

. 磷化合物〔2〕；

.. 杂环化合物，例如含有磷作为杂环原子〔5〕；

... 有两个氮原子作为仅有的杂环原子〔5〕；

.... 六元环〔5〕；

..... 在位置 1 和 3 有氮原子〔5〕；

A61K31/675

含有机有效成分的医药配制品〔2〕；

. 磷的化合物〔2〕；

.. 有氮作为环杂原子的，例如吡多醛磷酸〔2〕；

由此可见，分类号的含义与目标化合物的相关度不高，不利于检索要素的表达。因此，对于化合物的检索，主要考虑将关键词作为检索要素，进行扩展和表达。

（2）检索要素的表达

通过对研发背景的了解可知，替诺福韦（PMPA）是在阿德福伟（PMEA）的基础上改造而来，两者结构非常相似，区别仅在于 PMPA 将 PMEA 碳链中一个亚甲基上的 H 用甲基取代（见图 6-28）。因此，可将 PMPA 进一步扩展到 PMEA，将检索的目标拆分为：①检索 bis（poc）PMPA；②检索 PMPA 的所有酯前药；③检索 PMEA 的碳酸酯前药。

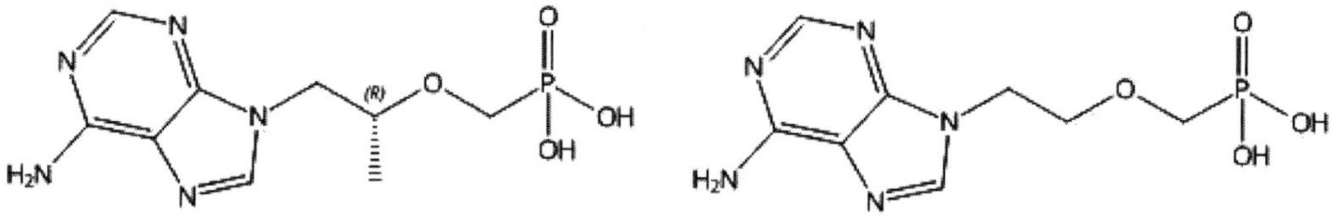

PMPA　　　PMEA

图 6-28　PMPA 和 PMEA 的结构式

因此，根据前文确定的核心技术特征和主要技术特征，检索要素表达见表 6-5。其中，可通过百度、必应、搜狗等互联网搜索引擎对中文关键词进行扩展。对英文关键词的扩展可以通过 PubMed 实现。

表 6-5 检索要素表达

要素表达	检索要素		
	bis（mac）PMPA	PMPA	前药
中文关键词	替诺福韦酯，泰诺福韦酯，替诺福韦地索普西，替诺福韦二吡呋酯	替诺福韦，泰诺福韦，阿德福伟，阿迪福韦，阿甘定	前药，酯，吡呋酯，碳酸酯，异丙酰氧羰基氧甲基酯，地索普希
英文关键词	bis-poc-PMPA，GS-4331，Tenofovir disoproxil，TDV，201341-05-1，202138-50-9	Tenofovir，PMPA，GS-1275，GS-1278，147127-20-6，Adefovir，GS-0393，PMEA，106941-25-7	Pro-drug，ester，bis-poc，disoproxil

四、确定检索策略

1. 检索总体策略

本专利是由美国制药企业吉里德科学公司提交，并进入中国国家阶段的 PCT 申请。因此，首先考虑查询本专利在其他国家的同族专利申请及其审查情况。可以在欧洲专利局的网站（网址 https://register.epo.org/regviewer）或美国专利局的网站（网址 https://globaldossier.uspto.gov/#/）查询到世界主要国家同族专利的审查过程。

若未获得合适的对比文件，接下来可以按照专利-非专利的顺序依次进行检索。目前可供检索的专利数据库包括国家知识产权局的免费专利检索数据库（网址 http://pss-system.cnipa.gov.cn），该数据库的优点在于免费。还可以选择一些性能更为优越的专利智能检索平台，例如，patsnap 智慧芽（网址 https://www.zhihuiya.com/），Patentics（网址 https://www.patentics.com/searchcn.htm）和 incoPat（网址 https://www.incopat.com/）等。这些检索平台的优势在于提供了丰富的检索入口和检索字段，数据库涵盖全球专利，可以进行更为便捷和全面的专利检索。

如果未获得相关文献，可以考虑进一步在非专利数据库中进行检索，可用于检索中文非专利文献数据库包括 CNKI、万方、维普以及百度学术等。可用于检索英文非专利文献的数据库包括 NCBI（PubMed）、ScienceDirect、Web of Science、Google Scholar 等，其中较为推荐的是百度学术和 Google Scholar，两者都属于综合性检索平台，其中百度学术涵盖 CNKI、万方、维普等多个中英文数据库，而 Google Scholar 则涵盖 NCBI、ScienceDirect、Web of Science 等其他大部分英文科技文献数据库，并且百度学术和 Google Scholar 都可以对全文内容进行检索。

以上的专利和非专利数据库都适用于要素检索，仅能通过分类号、关键词等检索要素的扩展和表达进行检索。而本专利的独立权利要求 1 是马库什通式化合物。马库什权利要求是一类用于保护化学和生物技术领域发明创造的特殊的权利要求类型。由于马库什权利要求的特殊撰写方式，使此类权利要求涵盖的具体化合物的数量十分庞大，其保护范围中存在推测而来的具体化合物，也有可能存在不能实现的具体化合物，因此，马库什权利要求并不能体现每个具体化合物的特性，而是概括了各个具体化合物的共性。对于马库什通式化合物无法用分类号或关键词进行准确的表达，最有效的检索手段是直接对通式结构进行检索。可利用 STNext 平台中的结构检索功能实现（见图 6-29）。

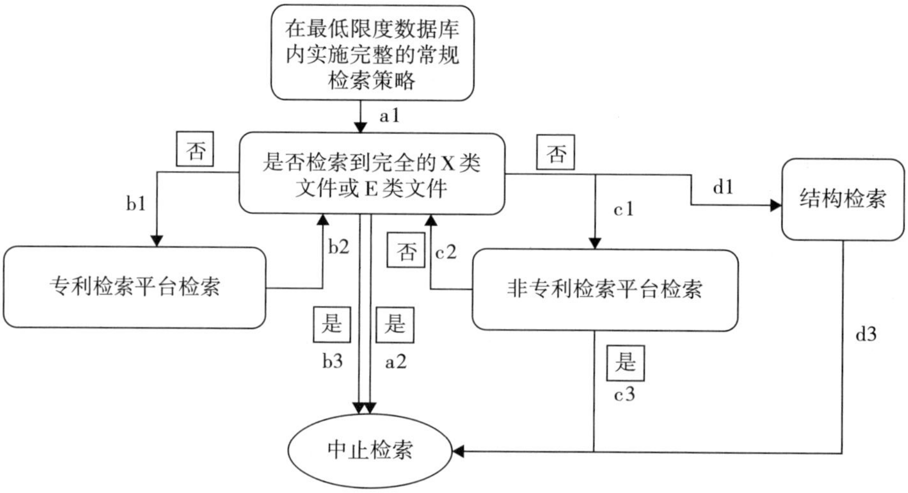

图 6-29　确定检索思路

2. 同族审查过程查询

通过 incoPat 检索平台的简单检索功能输入本专利的授权公告号，可以查询到本专利的所有同族申请及其法律状态（见图 6-30）。

特别关注的是美国、日本，以及欧洲同族的审查情况，同时还包含这些同族专利在审查过程中引用的证据。本专利由于年代比较久远，部分国家没有将早期专利的审查过程进行数字化处理，因此，仅获得了欧洲同族 EP915894B1 的审查过程，其在审查过程中没有引用除国际检索报告中列出的文献以外的其他文献（见图 6-31）。经核实，国际检索报告中引用的文献并不能影响授权权利要求的新颖性和创造性。

公开（公告）号	公开（公告）日	专利类型
AT240339T	2003/5/15	译文
AU3897097A	1998/2/20	发明申请
AU713374B2	1999/12/2	发明授权
CA2261619A1	1998/2/5	发明申请
CA2261619C	2006/5/23	发明授权
CN100384859C	2008/4/30	发明授权
CN101239989A	2008/8/13	发明申请
CN101239989B	2012/12/12	发明授权
CN1244200A	2000/2/9	发明申请
DE122005000041I1	2005/10/20	发明申请
DE122005000041I2	2012/5/24	发明授权
DE122008000033I1	2008/10/2	发明申请
DE69722004D1	2003/6/18	发明授权
DE69722004T2	2004/4/1	译文
DK915894T3	2003/9/15	发明授权
EP915894A1	1999/5/19	发明申请
EP915894B1	2003/5/14	发明授权
ES2198003T3	2004/1/16	译文
HK1020964A	2000/5/26	发明申请
HK1025334A	2000/11/10	发明申请
IN2076DEL1997A	2005/3/11	发明申请
IN602DEL2007A	2007/8/3	发明申请
JP2000515866A	2000/11/28	发明申请
JP2000515866A5	2004/8/19	发明申请
JP2007297406A	2007/11/15	发明申请
JP2011016847A	2011/1/27	发明申请
JP2014159450A	2014/9/4	发明申请
JP2015164934A	2015/9/17	发明申请
JP2017031212A	2017/2/9	发明申请
JP4033494B2	2008/1/16	发明授权
KR100619298B1	2006/8/25	发明授权
KR1020000029705A	2000/5/25	发明申请
LU91178A9	2005/8/22	发明授权
LU91178I2	2005/8/22	发明授权
LU91433A9	2008/6/30	发明授权
LU91433I2	2008/6/30	发明授权
NL300202I1	2005/9/1	发明申请
NL300344I1	2008/7/1	发明申请
NZ333687A	2000/8/25	发明申请
PT915894E	2003/10/31	发明授权
PT915894T	2003/10/31	发明授权
TW444020B	2001/7/1	发明授权
TW470748B	2002/1/1	发明授权
US5922695A	1999/7/13	发明授权
US5977089A	1999/11/2	发明授权
US6043230A	2000/3/28	发明授权
US6069249A	2000/5/30	发明授权
USRE038333E	2003/11/25	发明授权
WO9804569A1	1998/2/5	发明申请

图 6-30　同族申请及其法律状态

Y	LINDAHL A ET AL: "Synthesis of an acryloxymethyl prodrug of the inositol phosphate.alpha.-trinositol" J. CARBOHYDR. CHEM. (JCACDM,07328303);96; VOL.15 (5); PP.549-554, PERSTORP PHARMA;PERSTORP; S-284 80; SWED. (SE), XP002043027 see the whole document ---	1-32
Y	WO 95 07920 A (GILEAD SCIENCES INC ;BISCHOFBERGER NORBERT W (US); JONES ROBERT J) 23 March 1995 cited in the application see the whole document	1-32
Y	WO 92 09611 A (BEECHAM GROUP PLC) 11 June 1992 cited in the application see the whole document ---	1-32
Y	EP 0 481 214 A (SQUIBB BRISTOL MYERS CO) 22 April 1992 cited in the application see the whole document -----	1-32

图 6-31　国际检索报告中引用的文献

3. 专利数据库检索

在同族专利审查过程查询未获得相关对比文件的情况下，进一步通过 incoPat 平台进行专利文献检索。incoPat 全球科技分析运营平台收录了全球 105 个国家，1 亿多件专利，对 22 个主要国家的专利数据进行特殊收录和加工，检索字段多达 230 多个，可以实现专利检索和专利分析等多方面功能。并且提供了丰富的查询工具，包括专利权人查询，IPC、CPC、EC、UC、FI 等多个分类系统的分类号查询、相关词查询、国别代码和省市代码查询等。此外，incoPat 还支持在中英文数据库中同时检索。

首先，按照检索目标①，在 incoPat 的高级检索界面使用指令检索，对检索要素 1 “bis（poc）PMPA” 进行检索，构建检索式如下：

检索式 1：替诺福韦酯 OR 泰诺福韦酯 OR 替诺福韦地索普西 OR 替诺福韦二吡呋酯 OR bis（poc）PMPA OR bis-poc-PMPA OR GS4331 OR（tinofovir disoproxil）

获得了 2019 条检索结果，无效的主要目标是找到有可能影响授权专利新颖性或创造性的现有技术或中间文件。因此，用申请日作为限制条件，进一步调整检索式如下：

检索式 2：替诺福韦酯 OR 泰诺福韦酯 OR 替诺福韦地索普西 OR 替诺福韦二吡呋酯 OR BIS（POC）PMPA OR BIS-POC-PMPA OR GS4331 OR（TINOFOVIR DISOPROXIL）AND AD=［19600101 TO 19970726］

获得了 4 条检索结果，为本专利及其同族专利。

其次，按照检索目标②，在 incoPat 的高级检索界面使用指令检索，利用相关检索字段进行布尔逻辑检索，检索式如下：

检索式 3：（（TIABC=（替诺福韦 OR 替喏福韦 OR 泰诺福韦 OR Tenofovir OR PMPA OR Truvada OR GS1275 OR GS1278 OR Viread））AND（前药 OR 酯 OR 异丙酰氧羰基氧甲基酯 OR 地索普西 OR PRODRUG OR ESTER OR BISPOC OR DISOPROXIL OR BIS-POC））

获得了 4727 条检索结果，继续将申请日作为限定条件，构建检索式如下：

检索式 4：（（（（TIABC=（替诺福韦 OR 替喏福韦 OR 泰诺福韦 OR Tenofovir OR PMPA OR Truvada OR GS1275 OR GS1278 OR Viread））AND（前药 OR 酯 OR 异丙酰氧羰基氧甲基酯 OR 地索普西 OR PRODRUG OR ESTER OR BISPOC OR DISOPROXIL OR BIS-POC）））AND AD=［19600101 TO 19970726］）

获得了 14 条检索结果，经浏览，未发现相关对比文件。

最后，按照检索目标③继续检索，检索式如下：

检索式 5：（（（TIABC=（阿德福伟 OR 阿迪福韦 OR 阿甘定 OR ADEFOVIR OR GS0393 OR GS-0393 OR PMEA）））AND（异丙酰氧羰基氧甲基酯 OR 地索普西 OR

BISPOC OR DISOPROXIL OR BIS-POC））

获得了796条结果，继续将申请日作为限定条件，构建检索式如下：

检索式6：（（（（（TIABC=（阿德福伟 OR 阿迪福韦 OR 阿甘定 OR ADEFOVIR OR GS0393 OR GS-0393 OR PMEA）））AND（异丙酰氧羰基氧甲基酯 OR 地索普西 OR BISPOC OR DISOPROXIL OR BIS-POC）））AND AD=［19600101 TO 19970726］）

检索结果为0。

以上通过在专利库进行检索未发现能够有效影响授权专利新颖性和创造性的对比文件。

4. 非专利数据库的检索

由于本专利被授权后，权利要求2的化合物bis（poc）PMPA已作为药物上市。因此，考虑在非专利数据库中对PMPA的前药进行检索，以了解现有技术的情况。Google Scholar是能够对非专利文献进行全文检索的有效检索途径。

在Google Scholar中直接以“bis（poc）PMPA”为检索关键词，并限定时间范围至1997年，获得2篇中间文献“Anti-retrovirus activity and pharmacokinetics in mice of bi（POC）-PMPA，the bis（isopropyloxycarbonyloxymethyl）oral prodrug of PMPA，Naesens，L. et al.，Meeting of the International Society for Antiviral Research and the Tenth International Conference on Antiviral Research，April 6-11，1997”（文献1），以及“Development of resistance of human immunodeficiency virus（HIV）to anti-HIV agents：how to prevent the problem?，Erik De Clercq，International Journal of Antimicrobial Agents，9（1997）21-36，June 1997”（文献2）（见图6-32），公开了化合物“bis（poc）PMPA”。

在Google Scholar中以“PMPA prodrug”为关键词进行检索，并限定时间范围至1997年，在检索结果的第1页，获得1篇现有技术文献“Metabolism and In Vitro Antiretroviral Activities of Bis（Pivaloyloxymethyl）Prodrugs of AcyclicNucleoside Phosphonates，RANGA V. SRINIVAS et al.，ANTIMICROBIAL AGENTS AND CHEMOTHERAPY，2247-2250，Oct，1993”（文献3），公开了与bis（poc）PMPA结构相似的化合物bis（pom）PMPA（见图6-33）；在检索结果的第3页同样可以获得中间文献对比文件1（见图6-34）。

2020 以後
2017 以後
自訂範圍...
— 1997
搜尋

按照關聯性排序
按日期排序

不限語言
搜尋所有中文網頁
搜尋繁體中文網頁

☐ 包含專利
☑ 只包含書目/引用資料

✉ 建立快訊

Metabolism and pharmacokinetics of novel oral prodrugs of 9-[(R)-2-(phosphonomethoxy) propyl] adenine (PMPA) in dogs
JP Shaw, CM Sueoka, R Oliyai, WA Lee... - Pharmaceutical ..., 1997 - Springer
... Based on good oral bioavailability (30.1%), chemical and intestinal stability bis-(isopropyloxycarbonyloxymethyl) PMPA (bis-POC PMPA) 4 was selected as a candidate for clinical evaluation. Download to read the full article text. REFERENCES. 1 ...
☆ 99 被引用 156 次 相關文章 全部共 10 個版本 [文獻分析]

Antiretroviral Activity and Metabolism of bis (POC) PMPA, An Oral Bioavailable Prodrug of PMPA.
A Fridland, BL Robbins, RV Srinivas, M Arimili, C Kim... - Antiviral Research, 1997 - elibrary.ru
PMPA is an acyclic nucleotide analog that has shown marked efficacy in the prevention of SIV infection in rhesus macaques. PMPA has also reduced SIV RNA by 2-3 logs in chronically infected macaques. To increase the low bioavailability of PMPA, a prodrug ...
☆ 99 被引用 15 次 相關文章 全部共 2 個版本 [文獻分析]

Anti-retrovirus activity and pharmacokinetics in mice of bis (POC)-PMPA, the bis (isopropyloxycarbonyloxymethyl) oral prodrug of PMPA.
L Naesens, N Bischofberger, M Armilli, C Kim... - Antiviral Research, 1997 - elibrary.ru
The potent anti-retrovirus agent (R)-9-(2-phosphonylmethoxypropyl)-adenine (PMPA) has recently entered Phase I/II trials in HIV-infected patients. The low oral bioavailability of PMPA, which requires daily intravenous infusion, could be by-passed by the oral ...
☆ 99 被引用 7 次 相關文章 全部共 3 個版本 [文獻分析]

Synthesis, in vitro biological evaluation and oral bioavailability of 9-[2-(phosphonomethoxy) propyl] adenine (PMPA) prodrugs
MN Arimilli, CU Kim, J Dougherty... - Antiviral Chemistry ..., 1997 - journals.sagepub.com
... dose for 5 days], and improved oral bioavailability over PMPA, bis(POC)PMPA 5fwas selected
for clinical development and is currently being investigated in a Phase I/II study for pharmacokinetics, safety and efficacy in HIV-infected individuals. Acknowledgements ...
☆ 99 被引用 152 次 相關文章 全部共 4 個版本 [文獻分析]

Acyclic nucleoside phosphonates in the chemotherapy of DNA virus and retrovirus infections
E De Clercq - Intervirology, 1997 - karger.com
... Page 3. Cidofovir (HPMPC) R = H : Adefovir (PMEA) R = (Cr¾,C-CO-O-C⅓ : Adefovir dipivoxü
Bis(POM)-PMEA R •■= H : PMPA R = (C⅓)2CH-0-CO-0-Cr⅓ : Bis(POC)-PMPA ... propyloxycarbonyloxymethyl)-PMPA [bis(POC)-PMPA] , respectively (fig. 1) ...
☆ 99 被引用 110 次 相關文章 全部共 7 個版本 [文獻分析]

Development of resistance of human immunodeficiency virus (HIV) to anti-HIV agents: how to prevent the problem?
E De Clercq - International journal of antimicrobial agents, 1997 - Elsevier
... zidovudine, didanosine, zalcitabine, stavudine, lamivudine, saquinavir, ritonavir, indinavir and
nevirapine) have been approved and several others (ie adefovir dipivoxyl [bis(POM)-PMEA], PMPA, bis(POC)-PMPA, 1592U89, delavirdine ... 0 Bis(POC)-PMPA 15921189 Fig ...
☆ 99 被引用 32 次 相關文章 全部共 6 個版本 [文獻分析]

10th International Conference on Antiviral Research
RJ Brideau - Expert opinion on investigational drugs, 1997 - Taylor & Francis
... A Fridland (Memphis, USA) summarised the data avail- able on the PMPA Gilead compounds, bis(POM)PMEA and bis(POC)PMPA; acyclic nucleoside phosphonates targeting the reverse transcriptase of HIV. The new de- rivative ...

图 6-32 Google Scholar 中以“bis（poc）PMPA”为检索关键词的检索页面

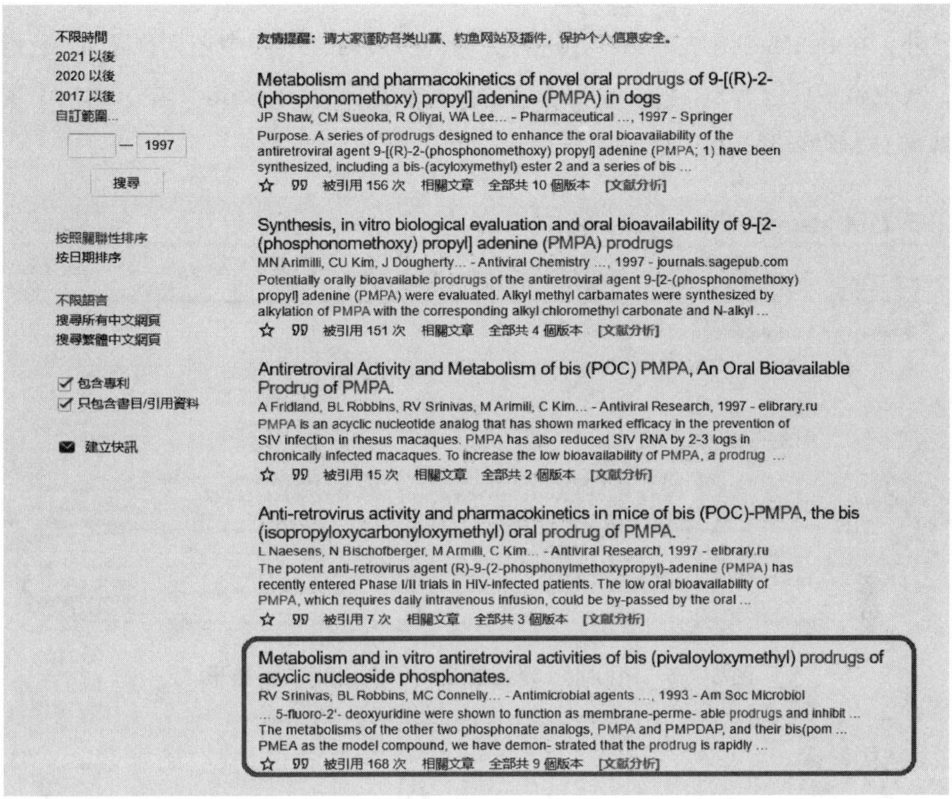

不限時間
2021 以後
2020 以後
2017 以後
自訂範圍...
— 1997
搜尋
按照關聯性排序
按日期排序
不限語言
搜尋所有中文網頁
搜尋繁體中文網頁
包含專利
只包含書目/引用資料
建立快訊

友情提醒：请大家谨防各类山寨、钓鱼网站及插件，保护个人信息安全。

Metabolism and pharmacokinetics of novel oral prodrugs of 9-[(R)-2-(phosphonomethoxy) propyl] adenine (PMPA) in dogs
JP Shaw, CM Sueoka, R Oliyai, WA Lee... - Pharmaceutical ..., 1997 - Springer
Purpose. A series of prodrugs designed to enhance the oral bioavailability of the antiretroviral agent 9-[(R)-2-(phosphonomethoxy) propyl] adenine (PMPA; 1) have been synthesized, including a bis-(acyloxymethyl) ester 2 and a series of bis ...
☆ 99 被引用 156 次 相關文章 全部共 10 個版本 [文獻分析]

Synthesis, in vitro biological evaluation and oral bioavailability of 9-[2-(phosphonomethoxy) propyl] adenine (PMPA) prodrugs
MN Arimilli, CU Kim, J Dougherty... - Antiviral Chemistry ..., 1997 - journals.sagepub.com
Potentially orally bioavailable prodrugs of the antiretroviral agent 9-[2-(phosphonomethoxy) propyl] adenine (PMPA) were evaluated. Alkyl methyl carbamates were synthesized by alkylation of PMPA with the corresponding alkyl chloromethyl carbonate and N-alkyl ...
☆ 99 被引用 151 次 相關文章 全部共 4 個版本 [文獻分析]

Antiretroviral Activity and Metabolism of bis (POC) PMPA, An Oral Bioavailable Prodrug of PMPA.
A Fridland, BL Robbins, RV Srinivas, M Arimili, C Kim... - Antiviral Research, 1997 - elibrary.ru
PMPA is an acyclic nucleotide analog that has shown marked efficacy in the prevention of SIV infection in rhesus macaques. PMPA has also reduced SIV RNA by 2-3 logs in chronically infected macaques. To increase the low bioavailability of PMPA, a prodrug ...
☆ 99 被引用 15 次 相關文章 全部共 2 個版本 [文獻分析]

Anti-retrovirus activity and pharmacokinetics in mice of bis (POC)-PMPA, the bis (isopropyloxycarbonyloxymethyl) oral prodrug of PMPA.
L Naesens, N Bischofberger, M Armilli, C Kim... - Antiviral Research, 1997 - elibrary.ru
The potent anti-retrovirus agent (R)-9-(2-phosphonylmethoxypropyl)-adenine (PMPA) has recently entered Phase I/II trials in HIV-infected patients. The low oral bioavailability of PMPA, which requires daily intravenous infusion, could be by-passed by the oral ...
☆ 99 被引用 7 次 相關文章 全部共 3 個版本 [文獻分析]

Metabolism and in vitro antiretroviral activities of bis (pivaloyloxymethyl) prodrugs of acyclic nucleoside phosphonates.
RV Srinivas, BL Robbins, MC Connelly... - Antimicrobial agents ..., 1993 - Am Soc Microbiol
... 5-fluoro-2'- deoxyuridine were shown to function as membrane-perme- able prodrugs and inhibit ... The metabolisms of the other two phosphonate analogs, PMPA and PMPDAP, and their bis(pom ... PMEA as the model compound, we have demon- strated that the prodrug is rapidly ...
☆ 99 被引用 168 次 相關文章 全部共 9 個版本 [文獻分析]

图 6-33　Google Scholar 中以"PMPA prodrug"为检索关键词的检索页面（一）

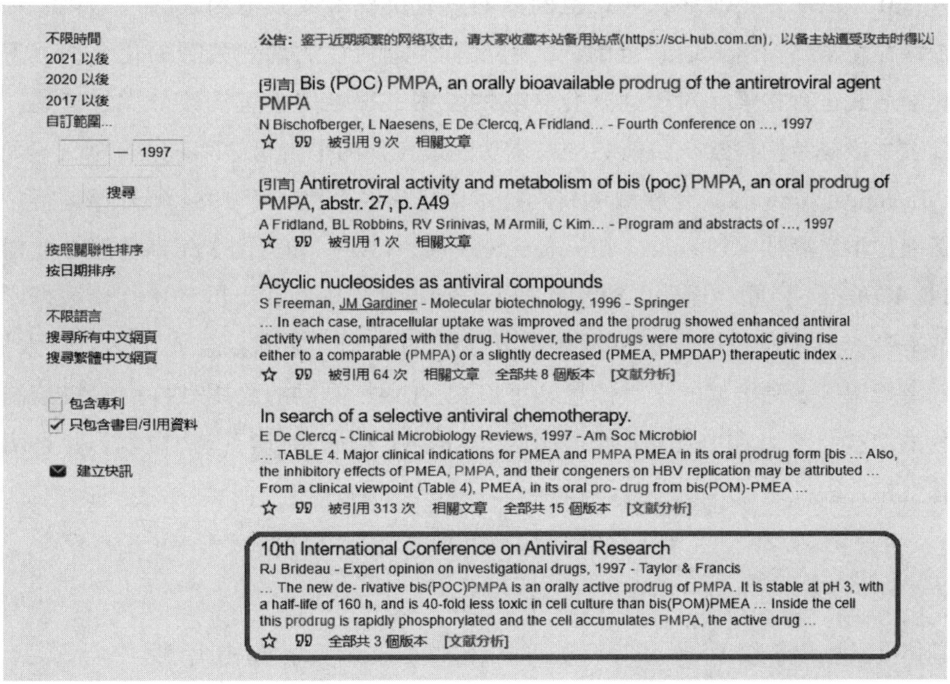

不限時間
2021 以後
2020 以後
2017 以後
自訂範圍...
— 1997
搜尋
按照關聯性排序
按日期排序
不限語言
搜尋所有中文網頁
搜尋繁體中文網頁
包含專利
只包含書目/引用資料
建立快訊

公告：鉴于近期频繁的网络攻击，请大家收藏本站备用站点(https://sci-hub.com.cn)，以备主站遭受攻击时得以

[引言] Bis (POC) PMPA, an orally bioavailable prodrug of the antiretroviral agent PMPA
N Bischofberger, L Naesens, E De Clercq, A Fridland... - Fourth Conference on ..., 1997
☆ 99 被引用 9 次 相關文章

[引言] Antiretroviral activity and metabolism of bis (poc) PMPA, an oral prodrug of PMPA, abstr. 27, p. A49
A Fridland, BL Robbins, RV Srinivas, M Armili, C Kim... - Program and abstracts of ..., 1997
☆ 99 被引用 1 次 相關文章

Acyclic nucleosides as antiviral compounds
S Freeman, JM Gardiner - Molecular biotechnology, 1996 - Springer
... In each case, intracellular uptake was improved and the prodrug showed enhanced antiviral activity when compared with the drug. However, the prodrugs were more cytotoxic giving rise either to a comparable (PMPA) or a slightly decreased (PMEA, PMPDAP) therapeutic index ...
☆ 99 被引用 64 次 相關文章 全部共 8 個版本 [文獻分析]

In search of a selective antiviral chemotherapy.
E De Clercq - Clinical Microbiology Reviews, 1997 - Am Soc Microbiol
... TABLE 4. Major clinical indications for PMEA and PMPA PMEA in its oral prodrug form [bis ... Also, the inhibitory effects of PMEA, PMPA, and their congeners on HBV replication may be attributed ... From a clinical viewpoint (Table 4), PMEA, in its oral pro- drug from bis(POM)-PMEA ...
☆ 99 被引用 313 次 相關文章 全部共 15 個版本 [文獻分析]

10th International Conference on Antiviral Research
RJ Brideau - Expert opinion on investigational drugs, 1997 - Taylor & Francis
... The new de- rivative bis(POC)PMPA is an orally active prodrug of PMPA. It is stable at pH 3, with a half-life of 160 h, and is 40-fold less toxic in cell culture than bis(POM)PMEA ... Inside the cell this prodrug is rapidly phosphorylated and the cell accumulates PMPA, the active drug ...
☆ 99 全部共 3 個版本 [文獻分析]

图 6-34　Google Scholar 中以"PMPA prodrug"为检索关键词的检索页面（二）

另外，在PubMed网站对PMPA进行关键词扩展时，结果中还列出了42个相关化合物，其中第3页包括bis（pom）PMPA，在其第5项“Literature”中，给出了现有技术文献3（见图6-35）。

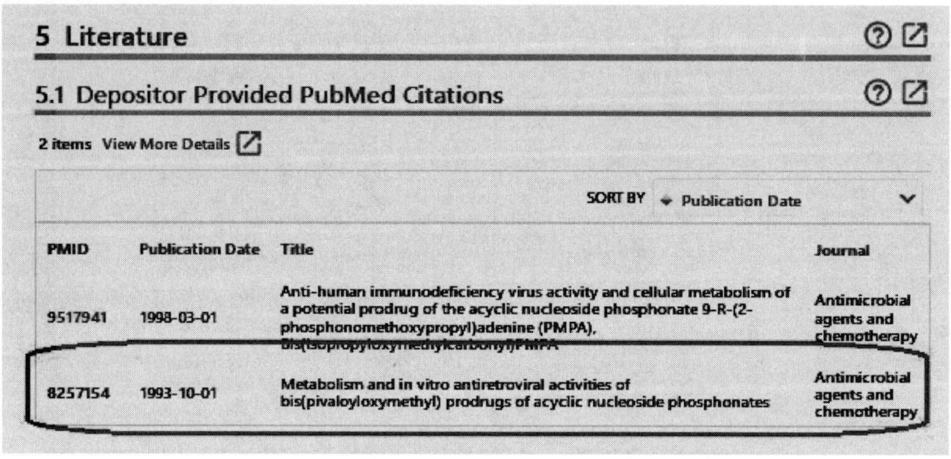

5 Literature

5.1 Depositor Provided PubMed Citations

2 items View More Details

SORT BY Publication Date

PMID	Publication Date	Title	Journal
9517941	1998-03-01	Anti-human immunodeficiency virus activity and cellular metabolism of a potential prodrug of the acyclic nucleoside phosphonate 9-R-(2-phosphonomethoxypropyl)adenine (PMPA), Bis(isopropyloxymethylcarbonyl)PMPA	Antimicrobial agents and chemotherapy
8257154	1993-10-01	Metabolism and in vitro antiretroviral activities of bis(pivaloyloxymethyl) prodrugs of acyclic nucleoside phosphonates	Antimicrobial agents and chemotherapy

图6-35 PubMed网站以PMPA关键词扩展结果

5. **结构检索**

授权的权利要求1、3~26保护的是通式化合物，为了检索是否存在除bis（poc）PMPA以外，其他落入通式范围内的具有抗病毒或其他药理活性的化合物，或者是否存在化学结构落入通式范围内，但没有药理活性的偶然公开的化合物，需要对整个化学通式进行检索。对于通式化合物的检索，很难用关键词或分类号表达，最有效的检索手段是结构检索，目前结构检索功能最完善的平台是STNext。STN（全称Scientific Technical Network）是权威的科学技术信息集成平台，于1984年开始运行。该平台由美国化学文摘社（Chemical Abstracts Service，CAS）和德国卡尔斯鲁厄专业情报中心（FIZ Karlsruhe）联合运营。STN涵盖了全球权威出版商旗下的约130个数据库，在统一的平台上为用户提供全球范围内公开发表的期刊、专利、会议论文、技术报告、在线网络资源等多种类型的文献信息。可以在STNext提供的绘图软件中直接绘制通式化合物的结构，然后在Registry数据库或MARPAT数据库进行结构检索，并且两个数据库都支持片段检索。

具体而言，将权利要求1的通式（1a）绘制为结构片段 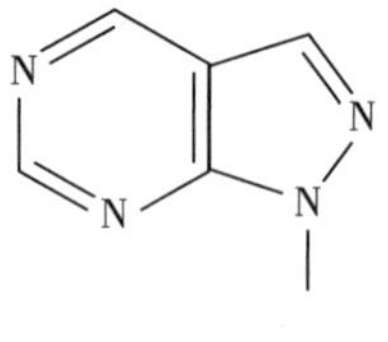

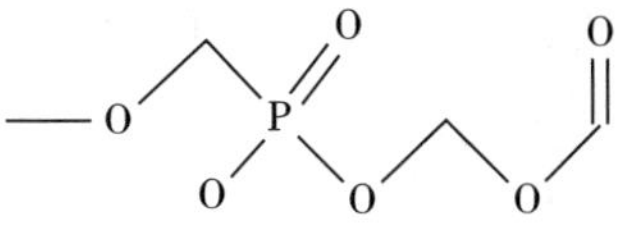，该结构片段中，环原子和链原子均为开放位点，支持任意的非融合取代。在 REGISTRY 数据库中检索该结构 “s l1 sss ful”，获得了 833 个结果，考虑到化合物从公开到被 STN 平台收录，中间存在几个月的滞后期，因此，进一步限定日期在 1998 年以前，检索 “s l1 and ED=<19981231”，获得了包括 bis（poc）PMPA 在内的 28 个结果。结果中涵盖了腺嘌呤的各种膦酰酯前药，但没有在 1997 年以前收录进入 REGISTRY 数据库的碳酸酯前药。在 CAPLUS 中对这 28 个结果进行检索（S l2 AND（PY<1998 OR AD<1998）），获得 31 条文献记录，其中同样包含了现有技术文献对比文件 3。

考虑到权利要求 1 广泛地限定了 “A 为抗病毒的膦酰甲氧基核苷酸类似物残基”，其发明实质在于膦酰碳酸酯前药部分，因此，仅检索结构片段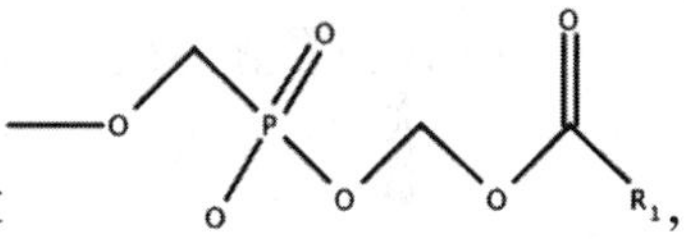，其中 R_1 为 O、S 或 N。在 REGISTRY 数据库中检索 1998 年以前公开的具有上述结构片段的化合物（s l11 and ED<19981231），获得了 13 个结果，同样没有构成本专利现有技术的化合物。

6. **检索过程分析**

按照进入国家阶段的 PCT 专利申请的一般检索原则，从查询国际检索报告和同族检索报告开始，以期能够快速获得影响发明新颖性和创造性的有效对比文件。

在此基础上，在充分理解发明内容的前提下，按照从专利文献检索到非专利文献检索的检索原则，分别在专利数据库和非专利数据库中进行检索；按照从体现发明实质的核心化合物到体现发明保护范围的通式化合物的检索原则，分别对核心化合物 bis（poc）PMPA 和通式（1a）进行检索。不同于本领域常规的马库什权利要求，本专利虽然保护的是马库什通式化合物（1a），但是其发明实质是合成已知药物 PMPA 特定的碳酸酯前药 bis（poc）PMPA，即虽然授权专利表面上保护的是马库什通式，但是其核心内容在于通式范围内的一个特定化合物。因此，在检索的过程中，准确理解发明构思、正确提取检索要素对检索结果起到至关重要的影响。

对于特定化合物的检索，首先从化合物本身出发，对化合物的通用名、化学名、CAS 号进行扩展，检索可能影响化合物新颖性的对比文件。然后对核心化合物 bis（poc）PMPA 进行解构，分别从 PMPA 的酯前药和其他核苷类药物的碳酸酯前药的角度，进行创造性检索。最后，利用结构检索的手段对通式（1a）的整个范围的新颖性和创造性进行检索。检索过程遵循由核心到通式，由小范围到大范围，由点到面，由检索影响新颖性的对比文件到影响创造性的对比文件的渐进式和辐射式的检索原则，在抓住发明实质的同时，兼顾全面检索，最终获得最接近现有技术的文献。

五、检索结果的确定

通过以上检索，获得了与本专利最为接近的3篇文献：

文献1：Anti-retrovirus activity and pharmacokinetics in mice of bi（POC）-PMPA, the bis（isopropyloxycarbonyloxymethyl）oral prodrug of PMPA，Naesens，L. et al.，Meeting of the International Society for Antiviral Research and the Tenth International Conference on Antiviral Research，April 6-11，1997。

文献2：Development of resistance of human immunodeficiency virus（HIV）to anti-HIV agents：how to prevent the problem? Erik DeClercq，International Journal of Antimicrobial Agents，9（1997）21-36，June 1997。

文献3：Metabolism and In Vitro Antiretroviral Activities of Bis（Pivaloyloxymethyl）Prodrugs of Acyclic Nucleoside Phosphonates，RANGA V. SRINIVAS et al.，ANTIMICROBIAL AGENTS AND CHEMOTHERAPY，2247-2250，Oct，1993。

文献1的公开日为"April 6-11，1997"，文献2的公开日为"June 1997"，两篇文献的公开日都在授权专利的优先权日（1996年7月26日）和申请日（1997年7月25日）之间，两篇文献都公开了权利要求2的化合物bis（poc）PMPA，构成授权专利的PX文献。

文献3的公开日为1993年10月，早于授权专利的优先权日1996年7月26日，构成本专利的现有技术。文献3公开了9-（2-膦酰甲氧基丙基）腺嘌呤化合物，简称PMPA；以及9-（2-膦酰甲氧基丙基）腺嘌呤双（特戊酰氧甲基）酯，简称bis（pom）PMPA，并且公开了这类化合物具有抗HIV活性。

通过对比可知，授权专利权利要求2的bis（poc）PMPA与文献1的bis（pom）PMPA结构非常接近，区别技术特征仅在于：膦酸酯基上连接的修饰基团不同，授权专利权利要求2中的修饰基团为异丙基氧基，其与羰氧基连接形成碳酸酯类修饰基团；文献1的bis（pom）PMPA的相应位置为叔丁基，其与羰氧基连接形成羧酸酯类修饰基团（特戊酰氧基），换句话说即bis（pom）PMPA比bis（poc）PMPA在上述方框位置少了一个氧基而多了一个甲基（见图6-36）。

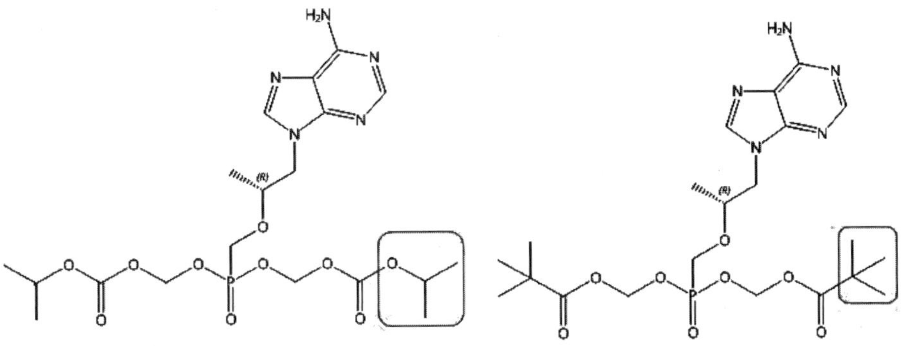

图 6-36　bis（pom）PMPA 与 bis（poc）PMPA 的结构比较

六、检索经验与技巧总结

技巧 1：正确理解发明构思是检索的前提。由于对发明构思理解不同，直接影响到检索思路。具体到本案，国际初审意见中引用的最接近现有技术（Synthesis of an Acyloxymethyl Prodrug of the Inositol Phosphate α-Trinositol，Anneli Lindahl et al.，Journal of Carbohydrate Chemistry，15（5），PP. 549-554，19960327）公开的是磷酸肌醇 α-三糖醇的酰氧基甲基前药 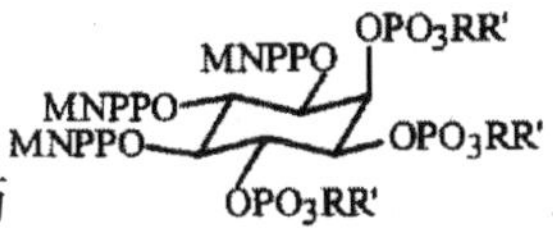 ，其中 R=R' =$EtOCOOCH_2$。可见，其所认定的本发明的技术贡献在于特定的碳酸酯前药$-OC(R^2)_2OC(O)X(R)_a$的部分，从而忽略了对于现有技术中已有的 PMPA 酯前药的检索。本文在没有检索到影响核心化合物 bis（poc）PMPA 新颖性文献的前提下，将检索思路扩展到两个方面：①检索 PMPA 的所有酯前药；②检索与 PMPA 结构相似核苷化合物的碳酸酯前药。进而获得了本专利的最接近现有技术文献 3。

技巧 2：对于化合物专利，可以通过对特定化合物的化学名、通用名、代号或 CAS 号进行扩展。具体到本案，通过阅读授权专利说明书实施例的内容，可以确定本专利是在已知药物 PMPA 的基础上进行的结构改造，旨在通过合成新的酯前药以提高药物活性成分 PMPA 的稳定性和生物利用度。因此，可以容易地提取 PMPA 作为检索关键词，并对其进行合理的扩展，进而对现有技术中 PMPA 的相关酯前药进行全面检索。

技巧 3：了解背景技术，可以帮助理解发明构思，确定检索思路，有助于检索式的构建。具体到本案，对药物活性成分（API）替诺福韦的现有技术状况的了解，对于本专利的检索有很大的帮助。但是，在本专利提出之时，现有技术对替诺福韦的性质研究才处于起步阶段，关于替诺福韦的研发过程了解非常有限。可以通过很多申请日以后的非现有技术文献，反溯替诺福韦的发展脉络和研究进展，进而反向获得授权专利申请日以前的相关文献。

技巧 4：进入国家阶段的 PCT 申请不但在国际阶段会由国际检索机构做出国际检索报告，而且进入不同的国家时，同族专利的审理机构也会再次做出相应的国家阶段检索报告。查询同族检索报告，在大多数情况下，是获得对比文件或者相关信息的最便捷、有效的手段。因此，面对进入国家阶段的 PCT 申请的检索时，首先应当去查询其国际检索报告和同族检索报告。

技巧 5：incoPat 是一个全球性专利检索平台，提供了丰富的检索入口，可以对专利文献的著录项目、标题、文摘、权利要求、说明书、全文、背景技术、发明内容、具体实施方式、技术效果等部位进行检索，支持中英文混检。而且提供了丰富的查询入口，是检索专利文献的有利工具。具体到本案，不但可以通过分类号、关键词等构建检索式，还可以通过引证文献查询，迅速获得专利领域的现有技术概况。

技巧 6：NCBI 检索平台中的 PubChem Compound 数据库是对化合物的化学名、通用名、商品名、CAS 号等关键词进行扩展的有利工具。其不但能够检索到化合物的专利，而且会列出该化合物所有的盐、水合物、前药以及结构相似的化合物等关联信息。具体到本案，通过对药物活性成分 PMPA 进行检索，迅速获得了 PMPA 的化学名、通用名、商品名等同义表达，而且其直接关联到相似酯前药 bis（pom）PMPA，以及公开了该酯前药的最接近现有技术文献 3。

技巧 7：在非专利检索方面，Google Scholar 是非常强大的搜索引擎，其收录范围涵盖了世界上绝大部分出版的学术期刊，能够帮助用户查找包括期刊论文、学位论文、书籍、预印本、文摘和技术报告在内的学术文献。而且对出版文章的全文进行索引，能够进行全文检索。在本专利检索过程中，获得相关文献 1~3 最便捷、高效的方式是利用 Google Scholar 进行全文检索。

技巧 8：对于早期的非专利文献，其在线出版时间可能远远晚于纸质文献的出版日期；近些年，有许多期刊在线发表却早于纸质文献的公开。需要特别注意这一点，可能影响检索结果。虽然相关现有技术文献 3 的公开日是 1993 年 10 月，但是，其在线出版时间可能远远晚于纸质文献的出版日期，在国际检索报告作出之时，该文献可能只能通过图书馆文献传递的途径获得，无法基于网络出版平台获知该文献的相关信息。对于另外两篇 PX 文献，其公开时间更是与授权专利的申请日非常接近，首次检索时获得上述两篇 PX 的途径更为有限。

技巧 9：在生物医药领域，有一类特殊的文献是以会议论文摘要的形式发表的，会议论文摘要在学术会议结束后随即公开发表，相对于完整的学术论文，其公开时间更早。同时，会议论文的收录方面也有特殊性，在很多传统非专利文献数据库中对于会议论文的收录并不全面。具体到本案，文献 1 是一篇会议论文摘要，在其他非专利检索数据库，例如 Science Direct 中没有收录。

技巧 10：通式化合物是一类特殊的马库什权利要求，对于通式化合物结构的检索要素难以用常规的分类号或关键词进行表达。STN 的 Registry 数据库和 Marpat 数据库为这类通式化合物的结构检索提供了有效的检索入口。具体到本案，为了确认是否存在除核心化合物 bis（poc）PMPA 以外其他落入通式范围内的化合物，分别利用腺嘌呤残基和膦酰酯（包括膦酰羧酸酯和膦酰碳酸酯）两个结构片段进行了检索，其范围涵盖了式（1a）范围内的全部化合物，又对单独的膦酰碳酸酯结构片段进行了检索，以期获得具有相同酯前药部分的现有技术文献。

技巧 11：在针对现有技术的实际检索过程中，检索人员在对发明内容充分理解的基础上，通常对于检索结果有一定的预判。以马库什通式化合物为例，如果发明实质在于通式化合物本身，例如，说明书中合成了通式范围内的大量化合物，并对这些化合物的某一共同性质或用途进行了效果实验的研究，这种类型的马库什化合物的发明点可能在于合成一种新的母核结构，或者对现有技术中具有相似母核结构和相同性质或用途的已知化合物进行结构改造，以获得更多的类似化合物。这类马库什通式权利要求的最接近现有技术，以专利文献的形式出现的概率更大，因此，应着重在专利数据库中进行检索。而对于本案的情况，虽然表面上看，权利要求保护的也是马库什通式化合物，但是，结合背景技术和效果实施例的内容可知，其真正的发明实质在于马库什通式范围内的一个特定化合物 bis（poc）PMPA，而且 PMPA 是现有技术已知的药物活性成分。对于这类核心技术方案在于对具有确定结构的已知药物活性成分进行结构改造，以获得更优的效果或性能的权利要求，通常在科研领域的研究更为广泛，因此，最接近现有技术出现在非专利文献中的可能性更大。此外，还要注意，对于上市药物的检索，药物Ⅰ期至Ⅲ期的临床研究数据，有时可能也会构成发明技术内容的现有技术证据。

案例 12 用于吸入的格隆铵盐组合物

一、案例背景

格隆溴铵可通过注射给药来减少麻醉期间的分泌物，以及通过口服来治疗胃溃疡。随后发现气雾剂形式的格隆溴铵在治疗哮喘中的用途，其中单次施用预定的剂量实现支气管扩张作用多达 12 小时；格隆溴铵与福莫特罗组配的吸入剂具有很大的市场。

但是，由于格隆溴铵在储存期间易于团聚，因而影响了药物稳定性及其在制剂中的性能。而本案例所涉及的专利（下文称为本专利）正是针对该技术问题而提出的改进。

除在中国获得授权之外，本专利在欧洲及美国、日本、韩国、加拿大、澳大利亚等多个国家和地区均获得了授权，体现出其技术具有较高的先进性，如图 6-37 所示。

公开号	公开日	申请号	申请日	链接
AU2007264000 AA	20080103	AU20070264000	20070628	
AU2007264000 BB	20110609	AU20070264000	20070628	
BRPI0713777 A2	20121030	BR2007PI13777	20070628	
BRPI0713777 B1	20190827	BR2007PI13777	20070628	
CA2655381 AA	20081215	CA20072655381	20070628	
CA2655381 C	20141021	CA20072655381	20070628	
EP2037879 A1	20090325	EP20070764925	20070628	
EP2037879 B1	20130515	EP20070764925	20070628	
ES2424754 T3	20131008	ES20070764925T	20070628	
IN10441DN2008 A	20090320	IN2008DN10441	20081217	
IN277715 B	20161202	IN2008DN10441	20081217	
JP2009541393 T2	20091126	JP20090516996T	20070628	
JP5266213 B2	20130821	JP20090516996T	20070628	
KR101400579 B1	20140528	KR20087031818	20070628	
MX2008016356 A1	20090116	MX20080016356	20070628	
PL2037879 T3	20130930	PL20070764925T	20070628	
PT2037879 T	20130827	PT20070764925T	20070628	
WO08000482 A1	20080103	WO2007EP05744	20070628	

公开号	公开日	申请号	申请日
CN101484134 A	20090715	CN200780025015	20070628
CN101484134 B	20120808	CN200780025015	20070628
GB200613161 A0	20060809	GB20060013161	20060630
KR20090023650 A	20090305	KR20087031818	20070628

图 6-37　格隆铵盐组合物专利在各个国家/地区的法律状态

（绿色代表有效，数据源自 PatBase™ 数据库）

本专利的优先权日为 2006 年 6 月 30 日，申请日为 2007 年 6 月 28 日，中国专利授权公告日为 2012 年 8 月 8 日，专利号为 ZL200780025015. 1，其扉页如图 6-38 所示。

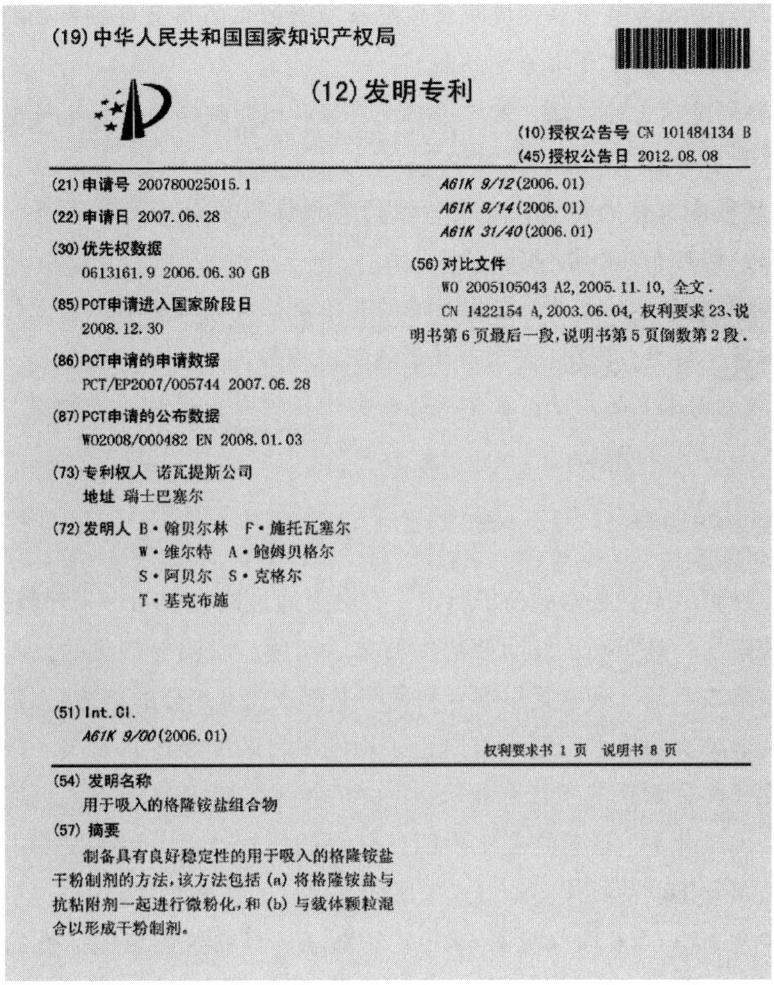
(19) 中华人民共和国国家知识产权局

(12) 发明专利

(10) 授权公告号 CN 101484134 B
(45) 授权公告日 2012.08.08

(21) 申请号 200780025015.1
(22) 申请日 2007.06.28
(30) 优先权数据
0613161.9 2006.06.30 GB
(85) PCT申请进入国家阶段日
2008.12.30
(86) PCT申请的申请数据
PCT/EP2007/005744 2007.06.28
(87) PCT申请的公布数据
WO2008/000482 EN 2008.01.03
(73) 专利权人 诺瓦提斯公司
地址 瑞士巴塞尔
(72) 发明人 B·翰贝尔林 F·施托瓦塞尔
W·维尔特 A·鲍姆贝格尔
S·阿贝尔 S·克格尔
T·基克布施
(51) Int. Cl.
A61K 9/00(2006.01)
A61K 9/12(2006.01)
A61K 9/14(2006.01)
A61K 31/40(2006.01)
(56) 对比文件
WO 2005105043 A2, 2005.11.10, 全文.
CN 1422154 A, 2003.06.04, 权利要求 23、说明书第 6 页最后一段, 说明书第 5 页倒数第 2 段.

权利要求书 1 页　说明书 8 页

(54) 发明名称
用于吸入的格隆铵盐组合物
(57) 摘要
制备具有良好稳定性的用于吸入的格隆铵盐干粉制剂的方法，该方法包括 (a) 将格隆铵盐与抗粘附剂一起进行微粉化，和 (b) 与载体颗粒混合以形成干粉制剂。

图 6-38　格隆铵盐组合物专利扉页

本专利授权的权利要求如下：

1. 制备用于吸入的格隆溴铵干粉制剂的方法，该方法包括步骤：(a) 将格隆溴铵与硬脂酸镁进行混合以得到均一的混合物；(b) 将所述混合物进行微粉化；和 (c) 将微粉化的混合物与结晶糖类载体颗粒混合以形成干粉制剂，其中该方法增加了格隆溴铵的稳定性。

2. 根据权利要求 1 的方法，其中格隆溴铵与硬脂酸镁以 1%～20% 的重量比进行微粉化。

3. 根据权利要求 2 的方法，其中格隆溴铵与硬脂酸镁以 2%～10% 的重量比进行微粉化。

4. 根据权利要求 1 的方法，其中载体颗粒与微粉化的格隆溴铵和硬脂酸镁的混合物以 2000：1 到 5：1 的重量比进行混合。

5. 根据权利要求4的方法，其中载体颗粒与微粉化的格隆溴铵和硬脂酸镁的混合物以200：1到20：1的重量比进行混合。

6. 根据权利要求1的方法，其中将格隆溴铵和硬脂酸镁的混合物与1种、2种、3种或更多种其他活性成分一起进行微粉化。

7. 根据权利要求6的方法，其中所述的其他活性成分选自抗炎药、支气管扩张药、抗组胺药、解充血药和镇咳药。

8. 根据权利要求7的方法，其中所述的其他活性成分选自β2-肾上腺素受体激动剂、抗毒蕈碱剂、甾类、PDE4抑制剂或钙通道阻滞剂。

9. 根据权利要求8的方法，其中所述的其他活性成分选自沙美特罗、茚达特罗和莫米松。

二、理解发明构思

为了深入理解本专利技术的精华所在，有必要通过阅读说明书来理解其发明构思。发明构思的要素之一是明确本发明要解决的技术问题。发明要解决的技术问题往往与现有技术的缺陷或不足（通常是根据专利说明书背景技术部分的描述），以及发明内容部分所声称的要解决的技术问题（有时也采用发明目的的表述）有关。接着重点理解技术方案（第一步通常是基于权利要求1）中的技术特征及其相互关系以及采取所述技术手段的原因或理由，最后结合本发明所获得的技术效果，包括发明内容或发明描述中提及的技术效果以及具体实施方式中所体现出来的技术效果。

首先，说明书第0006段（见图6-39）记载了，具有抗毒蕈碱活性的季铵化合物在储存期间倾向于团聚，影响到药物的物理和化学稳定性及其在制剂中的性能。也就是说，现有技术中已经知晓了格隆溴铵等季铵化合物的存储团聚问题（期望解决的技术问题）。

对此，说明书第0007段（见图6-39）提及格隆溴铵可以配制成干粉，用于肺部递送的控释制剂，例如国际专利申请WO2001/76575公开了将微粉化的格隆溴铵与硬脂酸镁以75：25的重量比混合并制备为干粉混合物。也就是说，现有技术中也已经知晓了格隆溴铵干粉可以用于肺部递送的控释制剂（药物的特定用途）。

[0006] 具有抗毒蕈碱活性的季铵化合物已知在储存期间倾向于团聚。例如，Ticehurst等人在微粉化的瑞伐托酯氢溴酸盐中观察到了这种现象，参见International Journal of Pharmaceutics 193(2000)247-259页。这一问题影响到药物的物理和化学稳定性及其在制剂中的性能。

[0007] 国际专利申请WO 2001/76575公开了格隆溴铵可以配制成干粉，用于肺部递送的控释制剂。在实施例中，将微粉化的格隆溴铵与硬脂酸镁以75:25的重量比混合，混合物用球磨机研磨并干燥，得到干粉。

图6-39 说明书原文（一）

说明书第0029段（见图6-40）进一步公开了，硬脂酸镁可以用于制备吸入的干粉制剂，且制备这类用于吸入的干粉制剂通常是将载体颗粒与硬脂酸镁混合以得到初步的混合物或被硬脂酸镁包被的载体颗粒混合物，接着再与活性颗粒混合以得到所需制剂（现有技术中对于解决技术问题所采用的技术方案）。

[0029] 近年来，某些化合物如硬脂酸镁（其有时称为“力控制剂（force controlagent）”）已经被包含在用于吸入的干粉制剂中。例如，美国专利US 6645466公开了在用于吸入的干粉制剂中的硬脂酸镁对改善湿度抵抗力和储存稳定性的用途。美国专利US 6528096公开了在用于吸入的干粉制剂中的润滑剂如硬脂酸镁的用途，其用于提供所要求的稳定混合物并且在加工期间和使用之前没有活性颗粒离析。制备这类用于吸入的干粉制剂通常是将载体颗粒与硬脂酸镁混合以得到初步的混合物或被硬脂酸镁包被的载体颗粒混合物，接着再与活性颗粒混合以得到所需制剂。

[0030] 与其相反，现在已经令人惊奇地发现，将格隆铵盐与抗粘附剂如硬脂酸镁或乳糖一水合物一起进行微粉化、随后与载体颗粒混合是有利的。这降低了所得的微粉化格隆铵盐团聚的倾向，而这种倾向在微粉化的季铵衍生物中是常见的问题。本发明的方法使得与团聚有关的给药和递送的问题最小化。它还增强微粉化格隆铵盐的稳定性，这使药物的加工更加容易，并且显著增强在不同储存条件（例如25℃/60%相对湿度（RH）、30℃/75% RH）下的储存稳定性。

图6-40 说明书原文（二）

在前述背景技术的基础上，本专利提出了改进的技术方案，即将格隆溴铵与抗黏附剂如硬脂酸镁或乳糖一水合物一起进行微粉化，随后与载体颗粒混合，从而降低了微粉化格隆溴铵的团聚的倾向，使与团聚有关的给药和递送的问题最小化。说明书中提供了两个实施例，结论性地声称了该技术方案所达到的技术效果。

至于说明书中提到的其他内容，包括格隆溴铵与硬脂酸镁的重量比、载体颗粒与微粉化的格隆溴铵和硬脂酸镁的混合物的重量比，以及进一步与其他活性成分一起进行微粉化，本专利并没有进一步证明其获得的技术效果。

结合对说明书的理解，根据专利的技术方案可以归纳为：将格隆铵盐与抗黏附剂混匀后一起微粉化，然后再与载体颗粒混合以形成干粉制剂。本专利的技术效果在于：将格隆铵盐与抗粘附剂混合，接着与载体颗粒混合，有利于减少了所得药物的团聚倾向，并因此改善所得药物的稳定性，使与团聚有关的给药和递送的问题最小化，还增强微粉化格隆铵盐的稳定性，使药物的加工更加容易，并且显著增强在不同储存条件［如25℃/60%相对湿度（RH）、30℃/75% RH］下的储存稳定性。

由此可以得出本专利的发明构思如图6-41所示。

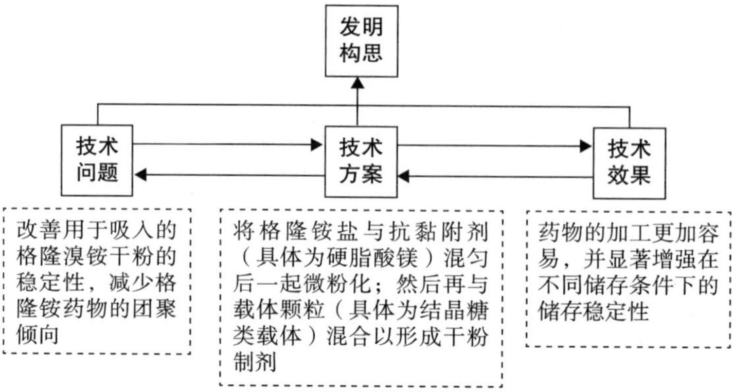

图 6-41　格隆铵盐组合物专利的发明构思

基于上述发明构思的解析可知，本发明的关键在于格隆溴铵与硬脂酸镁（抗黏附剂）先进行混合并进行微粉化，然后再与结晶糖类载体颗粒混合以形成干粉制剂，而不是像现有技术那样先将载体颗粒与硬脂酸镁（抗黏附剂）混合，然后再与活性颗粒（格隆溴铵）混合得到所需制剂，这在权利要求 1 中进行了充分体现。

三、确定检索要素

1. 检索要素的确定

理解了本专利的发明构思之后，应当回归到其权利要求，围绕专利的保护范围来确定检索要素。基于前述理解，以确定检索要素及检索要素的表达。

对于专利检索而言，分类号是重要检索途径，通常首先需要进行确定。本专利的分类号相对比较明确，集中在 A61K9 和 A61K31 这两个大组。

一方面涉及本专利是特定剂型即粉剂的制备方法，因此精确分类号为 A61K9/14（以特殊物理形状为特征的医药配制品→分散剂；乳剂→细粒状，例如粉末的医药配制品），本专利关键在于剂型，因此该分类号是重点，根据检索需要可以对其进行适当的扩展。

另一方面涉及活性成分即格隆溴铵，精确的分类号为 A61K31/40（含有机有效成分的医药配制品→杂环化合物→有氮作为环杂原子的→有仅以 1 个氮作为环杂原子的五元环的，例如舒必利、琥珀酰亚胺、托尔米丁、甲氧吡丁苯）。由于本专利并不在于发现新的活性成分，因此该分类号相对来说重要性不如前者，但在检索中可能考虑其他类似药物也是采取类似制备方法获得粉剂，在必要时也可以进行合理的扩展检索。

综上所述，根据情况可以针对上述两方面的精确分类号进行检索，在没有获得好用的对比文件的情况下，可以在该两个大组中进行扩展。必要时可以对其同位组和上位组的分类号进行扩展，例如 A61K9/00、A61K9/12、A61K9/72 等。

在进行检索时，关键词也极其重要，尤其是在非专利文献库中进行检索，离不开合理的关键词的确定。根据体现发明构思的重要技术特征，可以确定较为精确的关键词，即从格隆溴铵、硬脂酸镁、载体颗粒、微粉化、吸入性等几个方面进行，包括其异名、同义词以及上位词进行扩展。由于本专利的技术以国外研究居多，因此也需要特别注意其外文文献的检索。

2. **检索要素的表达**

理解了本专利的发明构思之后，应当回归到其权利要求。基于前述分析，在权利要求 1 中充分体现了发明构思，可以确定相关重要技术特征（见图 6-42），应当作为检索的重点。

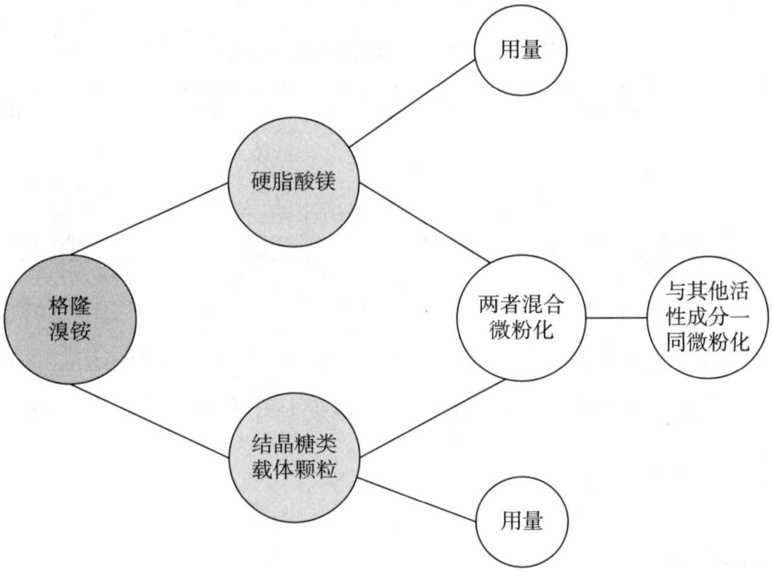

图 6-42　体现本专利发明构思的技术特征

而权利要求 2 和权利要求 3 涉及格隆溴铵与硬脂酸镁之间的重量比的进一步限定，权利要求 4~5 涉及载体颗粒与微粉化的格隆溴铵和硬脂酸镁的混合物的重量比的进一步限定，以及权利要求 6~9 涉及将格隆溴铵和硬脂酸镁的混合物进一步与其他活性成分一起进行微粉化（权利要求 7~9 给出具体的其他活性的种类或物质）。

根据前述对发明内容和发明构思的理解可知，对于创造性的贡献来说，其依赖于权利要求 1，由此可以明确针对本发明检索影响新颖性和创造性文献的方向和重点，即重点针对已充分体现发明构思的权利要求 1 进行检索。对该权利要求 1 的特征进行归纳，见表 6-6。

表 6-6 本专利权利要求 1 的技术特征

权利要求	技术特征	技术特征性质
1	格隆铵盐与硬脂酸镁混匀后一起微粉化；然后再与结晶糖类载体混合以形成干粉制剂	体现发明构思，检索重点
2~4	格隆溴铵与硬脂酸镁之间的重量比	次要特征，非检索重点，结合公知常识（必要时检索公知常识性证据）
4~5	载体颗粒与微粉化的格隆溴铵和硬脂酸镁的混合物的重量比	
6~9	进一步与其他活性成分一起进行微粉化	

基于上述分析，可以确定本专利检索要素见表 6-7。

表 6-7 本专利检索要素的表达

要素表达	格隆溴铵	硬脂酸镁	微粉	功能/效果
中文	格隆溴铵	硬脂酸镁	微粉 粉末	吸入 稳定性
英文	Glycopyrronium	magnesium		Inhalation stability
IPC	A61K31/40		A61K9/14	

此外，考虑到本专利的权利人是知名的医药生产企业，因此还需要关注本专利权人，包括其在本专利之前的相关专利申请等，以期从中获得有价值的检索线索。

四、检索策略及其分析

1. 初步检索策略

首先进行相对精确的检索，直接采用精准的关键词进行。

在国家知识产权局提供的专利检索与分析数据库中进行检索，以中文进行精确检索，并没有获得有效的文献。

随后考虑外国专利，至少应当涵盖 WIPO、EPO、US、JP、KR 等主要国家/地区/组织，如果条件允许，可以进一步涵盖 GB、FR 等欧盟成员国。在“关键词”字段执行“glycopyrronium and magnesium”的检索式（见图 6-43），命中公开日在本专利优先权之前的专利，共 31 件。但是，经过逐一阅读，依然没有获得有效的文献。

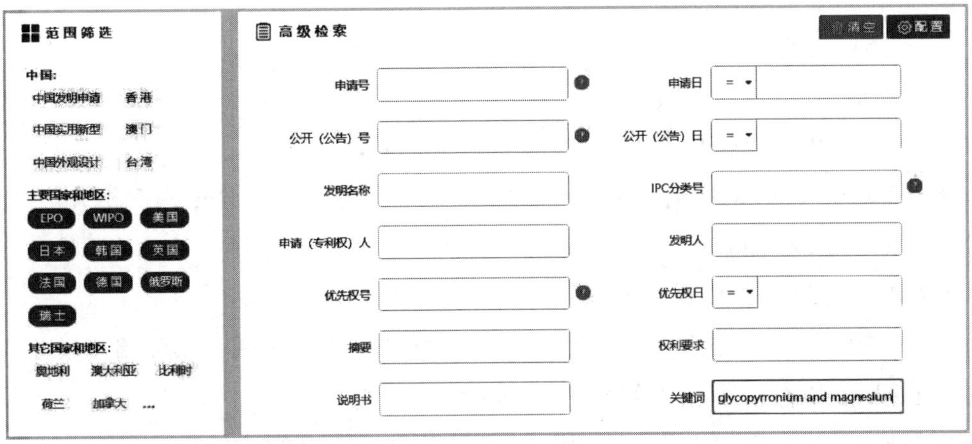

图 6-43　主要国家和地区专利文献的检索

由于精确检索不能获得有效结果，进一步对关键词的选用进行优化。考虑到“glycopyrronium”是活性成分，故仅采用“glycopyrronium”作为关键词可以扩大检索范围。基于此，按照前述条件进行检索，命中 50 条结果，该结果数量仍然在可以逐一阅读的合理范围之内。从中找到了审查过程中引用过的文献 WO2005/105043A2（下文称为文献 2），见图 6-44。

从其摘要来看也涉及格隆溴铵的干粉的稳定性，尽管与权利要求 1 的技术方案高度相关（公开了相关的物料），但是并不涉及权利要求 1 限定的关键性的物料混合顺序，即没有披露本专利的发明构思。这可能也是实质审查对本专利最终作出授权决定的原因所在。因此，仅以此作为无效宣告请求的证据，会有较大难度，故需要进一步进行检索。

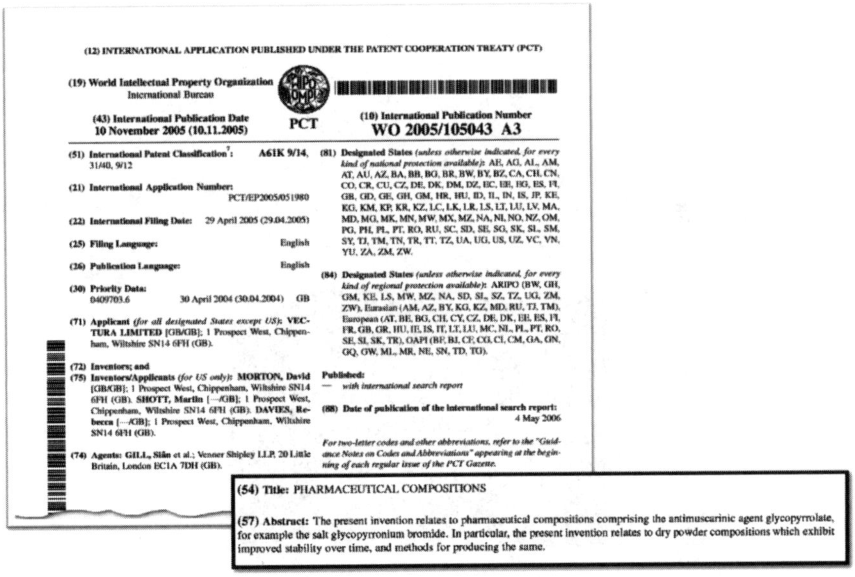

(12) INTERNATIONAL APPLICATION PUBLISHED UNDER THE PATENT COOPERATION TREATY (PCT)

(19) World Intellectual Property Organization
International Bureau

PCT

(43) International Publication Date
10 November 2005 (10.11.2005)

(10) International Publication Number
WO 2005/105043 A3

(51) International Patent Classification[7]: A61K 9/14, 31/40, 9/12

(21) International Application Number: PCT/EP2005/051980

(22) International Filing Date: 29 April 2005 (29.04.2005)

(25) Filing Language: English

(26) Publication Language: English

(30) Priority Data:
0409703.6　30 April 2004 (30.04.2004)　GB

(71) Applicant (for all designated States except US): VECTURA LIMITED [GB/GB]; 1 Prospect West, Chippenham, Wiltshire SN14 6FH (GB).

(72) Inventors; and
(75) Inventors/Applicants (for US only): MORTON, David [GB/GB]; 1 Prospect West, Chippenham, Wiltshire SN14 6FH (GB). SHOTT, Martin [—/GB]; 1 Prospect West, Chippenham, Wiltshire SN14 6FH (GB). DAVIES, Rebecca [—/GB]; 1 Prospect West, Chippenham, Wiltshire SN14 6FH (GB).

(74) Agents: GILL, Siân et al.; Venner Shipley LLP, 20 Little Britain, London EC1A 7DH (GB).

(81) Designated States (unless otherwise indicated, for every kind of national protection available): AE, AG, AL, AM, AT, AU, AZ, BA, BB, BG, BR, BW, BY, BZ, CA, CH, CN, CO, CR, CU, CZ, DE, DK, DM, DZ, EC, EE, EG, ES, FI, GB, GD, GE, GH, GM, HR, HU, ID, IL, IN, IS, JP, KE, KG, KM, KP, KR, KZ, LC, LK, LR, LS, LT, LU, LV, MA, MD, MG, MK, MN, MW, MX, MZ, NA, NI, NO, NZ, OM, PG, PH, PL, PT, RO, RU, SC, SD, SE, SG, SK, SL, SM, SY, TJ, TM, TN, TR, TT, TZ, UA, UG, US, UZ, VC, VN, YU, ZA, ZM, ZW.

(84) Designated States (unless otherwise indicated, for every kind of regional protection available): ARIPO (BW, GH, GM, KE, LS, MW, MZ, NA, SD, SL, SZ, TZ, UG, ZM, ZW), Eurasian (AM, AZ, BY, KG, KZ, MD, RU, TJ, TM), European (AT, BE, BG, CH, CY, CZ, DE, DK, EE, ES, FI, FR, GB, GR, HU, IE, IS, IT, LT, LU, MC, NL, PL, PT, RO, SE, SI, SK, TR), OAPI (BF, BJ, CF, CG, CI, CM, GA, GN, GQ, GW, ML, MR, NE, SN, TD, TG).

Published:
— with international search report

(88) Date of publication of the international search report: 4 May 2006

For two-letter codes and other abbreviations, refer to the "Guidance Notes on Codes and Abbreviations" appearing at the beginning of each regular issue of the PCT Gazette.

(54) Title: PHARMACEUTICAL COMPOSITIONS

(57) Abstract: The present invention relates to pharmaceutical compositions comprising the antimuscarinic agent glycopyrrolate, for example the salt glycopyrronium bromide. In particular, the present invention relates to dry powder compositions which exhibit improved stability over time, and methods for producing the same.

图 6-44　WO2005/105043A2 的扉页和摘要

（图片使用本专利的 A3 公开版本）

2. 调整检索策略

基于前面的初步检索策略，单纯地基于关键词（物料名称）进行检索，是无法获得有效文献的，因此需要基于发明构思来调整检索策略。

由于分类号（A61K9/14）本身涉及药物类型，因此考虑结合结构的相关特性的关键词，即吸入（inhalation）和/或稳定性（stability），来进行检索。采用以下检索式：

SS 1IPC=（A61K9/14）AND 关键词=（inhalation and stability）

命中约 70 条结果。在排除之前已经检索并阅读的专利之后，实际阅读量并不大。因此，直接对该检索式的命中结果进行逐一阅读。

通过阅读发明名称和摘要，可以初步筛选至文献 WO02/43701A2（下文称为文献 1，见图 6-45）。该文献涉及用肺部给药吸入性药剂，其中也涉及其提高活性成分的分散性，与本发明具有较大相关性，但摘要中并没有涉及本发明涉及的具体物质（即药物格隆溴铵、抗黏附剂硬脂酸镁），因此单从摘要信息不能确定是否能影响本发明的新颖性或创造性。对于此类从原理或上位角度描述发明信息的文献，需要特别注意仔细阅读其说明书全文，特别是实施例采用的具体技术方案。

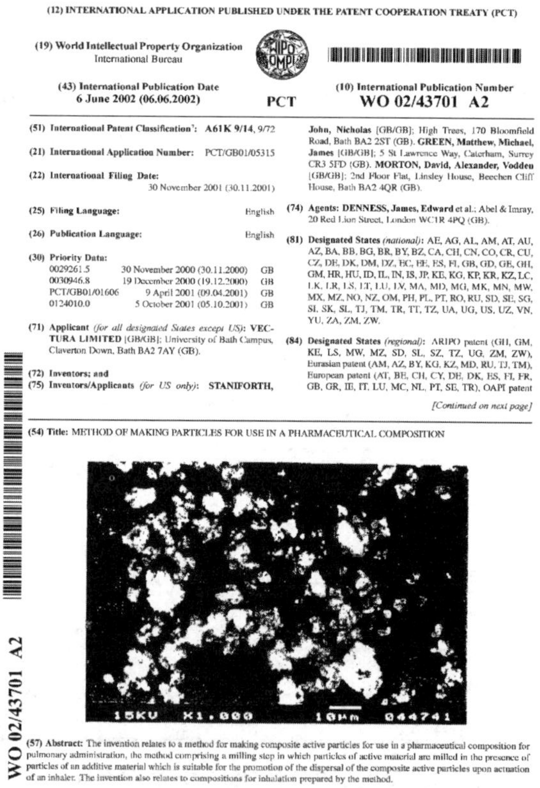

(12) INTERNATIONAL APPLICATION PUBLISHED UNDER THE PATENT COOPERATION TREATY (PCT)

(19) World Intellectual Property Organization
International Bureau

(43) International Publication Date
6 June 2002 (06.06.2002)

PCT

(10) International Publication Number
WO 02/43701 A2

(51) International Patent Classification⁷: A61K 9/14, 9/72

(21) International Application Number: PCT/GB01/05315

(22) International Filing Date: 30 November 2001 (30.11.2001)

(25) Filing Language: English

(26) Publication Language: English

(30) Priority Data:

0029261.5	30 November 2000 (30.11.2000)	GB
0030946.8	19 December 2000 (19.12.2000)	GB
PCT/GB01/01606	9 April 2001 (09.04.2001)	GB
0124010.0	5 October 2001 (05.10.2001)	GB

(71) Applicant (*for all designated States except US*): VECTURA LIMITED [GB/GB]; University of Bath Campus, Claverton Down, Bath BA2 7AY (GB).

(72) Inventors; and

(75) Inventors/Applicants (*for US only*): STANIFORTH, John, Nicholas [GB/GB]; High Trees, 170 Bloomfield Road, Bath BA2 2ST (GB). GREEN, Matthew, Michael, James [GB/GB]; 5 St Lawrence Way, Caterham, Surrey CR3 5FD (GB). MORTON, David, Alexander, Vodden [GB/GB]; 2nd Floor Flat, Linsley House, Beechen Cliff House, Bath BA2 4QR (GB).

(74) Agents: DENNESS, James, Edward et al.; Abel & Imray, 20 Red Lion Street, London WC1R 4PQ (GB).

(81) Designated States (*national*): AE, AG, AL, AM, AT, AU, AZ, BA, BB, BG, BR, BY, BZ, CA, CH, CN, CO, CR, CU, CZ, DE, DK, DM, DZ, EC, EE, ES, FI, GB, GD, GE, GH, GM, HR, HU, ID, IL, IN, IS, JP, KE, KG, KP, KR, KZ, LC, LK, LR, LS, LT, LU, LV, MA, MD, MG, MK, MN, MW, MX, MZ, NO, NZ, OM, PH, PL, PT, RO, RU, SD, SE, SG, SI, SK, SL, TJ, TM, TR, TT, TZ, UA, UG, US, UZ, VN, YU, ZA, ZM, ZW.

(84) Designated States (*regional*): ARIPO patent (GH, GM, KE, LS, MW, MZ, SD, SL, SZ, TZ, UG, ZM, ZW), Eurasian patent (AM, AZ, BY, KG, KZ, MD, RU, TJ, TM), European patent (AT, BE, CH, CY, DE, DK, ES, FI, FR, GB, GR, IE, IT, LU, MC, NL, PT, SE, TR), OAPI patent

[Continued on next page]

(54) Title: METHOD OF MAKING PARTICLES FOR USE IN A PHARMACEUTICAL COMPOSITION

(57) Abstract: The invention relates to a method for making composite active particles for use in a pharmaceutical composition for pulmonary administration, the method comprising a milling step in which particles of active material are milled in the presence of particles of an additive material which is suitable for the promotion of the dispersal of the composite active particles upon actuation of an inhaler. The invention also relates to compositions for inhalation prepared by the method.

WO 02/43701 A2

图 6-45　WO02/43701A2 的扉页

3. 检索过程分析

通过上述检索可以发现，尽管涉及格隆溴铵和硬脂酸镁等抗黏附剂复配的专利众多，但是真正能够影响到本专利新颖性和创造性的文献则不多见。在实际检索过程中，当然还需要对其他可用的检索资源进行检索看能否获得更多的相关现有技术文献。但就本文介绍的本专利的检索过程来看，重点是考虑发明构思，从发明的目的和获得的效果方面来选择关键词有时能够提高命中率或检索效率。

此外，作为专利有效性检索而言，最终获得有效的证据不仅包括检索命中相关文献，还要能够准确地筛选出来。本专利的检索中，从检索过程来说并非复杂，但要准确地找到有效文献，需要全面分析和理解对比方的内容才能确定（在后续的文献的确定中有更详细的分析）。

五、检索结果的确定

由于本专利的权利要求 1 采用了制备步骤的方法特征来对产品进行限定，而对比文件对于制备过程的描述文字或者切入角度往往千差万别，因此除了阅读对比文件的摘要、权利要求等之外，还需要阅读说明书正文部分和实施例中的相应记载。

WO02/43701A2（称为文献 1）涉及一种包括复合活性颗粒的药物组合物及其制造方法，其公开了当在药物组合物包括复合活性颗粒时，添加剂材料能够提高复合活性颗粒吸入式给药时的药物分散性，赋予受控或延迟的释放性能，并可以提供对湿气的阻隔；与不存在添加剂材料的情况进行对比，文献 1 的活性物质颗粒在添加剂材料存在下进行研磨，产生了显著更小的颗粒和/或需要更少的时间和更少的能量。

文献 1 的实施例 5（见图 6-46）具体公开了：首先，将微粉化的格隆溴铵与均质化的硬脂酸镁（如实施例 4 中描述的，其粒径小于 2μm）以重量比 75：25 来组合，然后将该混合物在机械熔融 AMS-Mini 系统中按如下步骤进行研磨：将粉末在速度约 900r/min 下预混合 5min。然后将机器速度增加至约 4800r/min 持续 30min。在研磨处理期间，运行机械熔融机器，在元件和容器壁之间有 3mm 间隙，并且施加冷却水。然后，从鼓容器回收复合活性颗粒粉末。

Example 5:

Micronised glycopyrrolate and homogenised magnesium stearate (as described in Example 4) were combined in a weight ratio of 75:25. This blend (~20g) was then milled in the Mechano-Fusion AMS-Mini system as follows. The powder was pre-mixed for 5 minutes at ~900rpm. The machine speed was then increased to ~4,800rpm for 30 minutes. During the milling treatment the Mechano-Fusion machine was run with a 3mm clearance between element and vessel wall, and with cooling water applied. The powder of composite active particles was then recovered from the drum vessel.

The experiment was repeated using the same procedure but the active particle and homogenised magnesium stearate were

图 6-46 文献 1 的实施例 5

结合说明书的正文部分公开的内容可以知晓，文献 1 的实施例 5 的方法同样可获得防止干粉制剂的团聚、阻隔湿气的效果，从而改善干粉制剂中活性成分（即格隆溴铵）的稳定性。

本专利权利要求 1 与文献 1 的实施例 5 的区别特征在于：

①权利要求 1 中将未微粉化的格隆溴铵和未微粉化的硬脂酸镁混合后进行微粉化，文献 1 中是将微粉化的格隆溴铵和微粉化的硬脂酸镁混合后进行研磨。

②本专利权利要求 1 还包括步骤（c）“与结晶糖类载体颗粒混合，以形成干粉制剂”，而文献 1 的实施例 5 中没有该步骤。

根据上述区别特征，本发明实际解决的技术问题可以确定为：如何更为有效地解决吸入用格隆溴铵药物组合物的存储团聚问题。

对于区别特征①，文献 1 还公开了：活性物质颗粒在添加剂材料存在下进行研磨，将产生显著更小的颗粒和/或需要更少的时间和更少的能量。在活性物质已经是极细，例如在研磨步骤之前具有低于 20μm 的质量中值空气动力学直径的情况下，这些颗粒的尺寸可能不会显著减少。在添加剂颗粒极小时，通常需要较少的工作……当添加剂颗粒不是那么小，以单独通过范德华力充分附着时，或者存在将添加剂颗粒基本上变形和/或嵌入的益处时，需要通过研磨获得更高度的能量。在这种情况下，添加剂颗粒将经受足够的力，来将它们软化和/或破碎、变形和变平。另外，文献 1 的实施例 1~3 中的硬脂酸镁均是未微粉化形式。从上述内容可知，活性物质颗粒（如格隆溴铵）或添加剂颗粒（如硬脂酸镁）在研磨之前可以是未微粉化的颗粒，并且，当使用未微粉化的颗粒时，经过研磨将会使尺寸显著减少或破碎，即研磨过程将会导致微粉化。由此可见，文献 1 已经给出了对于格隆溴铵吸入用药物组合物而言，可以选择未经微粉化的原料混合后、再进行微粉化的技术启示。

对于区别特征②，文献 1 公开了：本发明进一步提供包括复合活性颗粒的药物组合物。优选地，药物组合物是干燥粉末，并且适合用在干燥粉末吸入器中。可以基本上只包括复合活性颗粒，或者它们可以包括另外的成分，例如载体颗粒和调味剂。载体颗粒可以是任何可接受的赋形剂材料或材料的组合。特别是，载体颗粒可以是结晶糖的颗粒，例如甘露醇、葡萄糖或乳糖，优选地，载体颗粒是乳糖。由于在文献 1 中活性物质和硬脂酸镁等添加剂材料需要一起制备成活性颗粒，因而载体物质引入的步骤必然是在活性物质和硬脂酸镁混合制备成复合活性颗粒之后，即文献 1 中隐含公开了将活性成分和硬脂酸镁等添加剂材料制备成复合活性颗粒后，进一步和结晶糖类载体混合，并将药物组合物制备成干粉制剂。由此可见，文献 1 同样给出了格隆溴铵、硬脂酸镁和结晶糖类载体 3 类原料混合顺序的技术启示。

综上所述，权利要求 1 相对于文献 1 而言，存在极大的不具备创造性的可能性。

虽然实质审查过程并没有坚持使用文献 2 以至于作出驳回决定，但是该文献 2 的技术内容与本专利密切相关，其也记载了与文献 1 的前述内容基本相同的内容，可以作为备选对比文件，在无效宣告程序中用作现有技术证据。

六、检索经验和技巧总结

技巧 1：在检索前首先要正确把握发明构思，这是检索的基础。具体的检索过程中应当回归权利要求限定技术方案，重点围绕体现发明构思的核心技术方案提取关键词、构建检索式。具体到本专利而言，授权文本的权利要求 1 充分体现了发明构思，应该作为重点检索对象；对于从属权利要求，可以考虑增加其他对比文件或者公知常识性证据的检索，以满足无效请求程序中对于举证的相对于发明实审而言更严苛的要求。

技巧 2：对于涉及具体物质的发明，可以先采用精确的关键词进行初步检索。在检索结果数量较多时，再结合分类号等其他因素进行限缩。

技巧 3：了解发明领域的创新来源，特别针对外国技术来源的专利的检索工作，应当考虑以外文（特别是英文）作为重点的检索语言，重视对于关键词的有效、全面的扩展。

技巧 4：对于从原理和性能角度进行限定发明，由于文字描述的不确定性（多样性），有效的文献并不一定会在摘要、权利要求中直接记载这种原理、性能，因此对于高度相关的文献，还需要进一步阅读其说明书正文和实施例。本案例中，文献 1 的发明名称、摘要或权利要求中，均没有记载其使用的具体物质（格隆溴铵、硬脂酸镁等抗黏附剂、乳糖等结晶糖类载体），而是在实施例 5 中方才公开了这些具体物料及其混合工艺流程；饶是如此，实施例中也没有描述其技术效果，需要进一步借助于发明内容等部分的记载才能确定得出。综合该文献 1 的全文，方可确定通过其实施例的工艺流程，能够达到防止干粉制剂的团聚、阻隔湿气、改善干粉制剂中活性成分（即格隆溴铵）稳定性的技术效果。

技巧 5：阅读文献时，不仅要关注文献明文记载的内容，还要结合本领域技术人员的一般技术水平，发现那些隐含公开的内容。特别是对于药物化学领域而言，技术手段之间的关系，以及技术手段和技术效果的关系等，文献中可能并不会以文字直接地进行明示。以文献 1 为例，其实施例 5 或说明书其他部分，并没有采用诸如“之后”“随后”等明确表示步骤先后的文字，但是本领域技术人员在阅读该实施例 5 之后，能够直接、毫无疑义地确定，载体物质是在活性物质和硬脂酸镁混合造粒之后再混入的。

技巧 6：文献筛选过程中，需要从创造性的角度进行考虑，有时需要重视全文的教导，避免遗漏相关的文献。对于大化学领域而言，作为与机械电学等领域的一类典型的区别，该领域的专利文件在摘要、权利要求中提供的信息可能不能全面记载或者描述不精准。如果在基本著录项目的字段中无法检索得到有效的文献，必要情况下也应当考虑在说明书全文的范畴内进行检索，同时辅以其他的降噪手段。

技巧 7：实质审查过程中引用的文献同样值得重视。尽管在该阶段，审查员已经就这些文献与申请人进行了交锋，导致单独使用这些文献往往难以达成专利无效的诉求，但是，考虑到这些文献一般与涉案专利在技术层面甚至发明构思层面密切相关，在其基础上结合其他文献、公知常识性证据，或者将其作为现有技术证据使用，往往会有事半功倍的效果。

参考文献

［1］David Hunt，Long Nguyen，Matthew Rodgers. 专利检索：工具与技巧［M］. 陈可南，北京市知识产权局，译. 北京：知识产权出版社，2013.

［2］甘绍宁. 全球专利信息公共检索资源指南［M］. 北京：知识产权出版社，2015.

［3］马天旗. 专利分析：检索、可视化与报告撰写［M］. 北京：知识产权出版社，2019.

［4］魏保志. 专利检索之道［M］. 北京：知识产权出版社，2019.

［5］国家知识产权局人事教育部. 计算机检索高级教程：检索策略和手段［M］. 北京：知识产权出版社，2020.